Eine ebenso anrührende wie informative Geschichte über einen Landstrich, über den im Unterschied zu Schlesien und Ostpreußen noch nicht viel geschrieben wurde.

Der Erste Weltkrieg bricht aus. Die Nachricht von der russischen Kriegserklärung wird auf Gut Senjin begeistert aufgenommen. Annas Mann Gottfried und viele andere träumen von Heldentaten, von Ruhm und Ehre. Bei den Polen nährt der Kriegsausbruch die Hoffnung auf Wiederherstellung ihres Staates, der 1795 mit der dritten Teilung Polens aufgehört hatte zu existieren. Nur Annas Schwager Robert ist der überschäumende Patriotismus beider Seiten fremd, als ahne er, wieviel Unglück dieser Krieg noch bringen wird. Gottfried kehrt als Krüppel zurück. Schwerer noch als die körperliche Behinderung wiegen jedoch seine Zweifel, ob Anna aus Liebe oder nur aus Mitleid zu ihm hält.

Lieselotte Rathje, geboren 1927 in Osnabrück, lebte einen Großteil ihrer Jugend in Hamburg, Berlin und in der Provinz Posen. 1945 Flucht, danach Studium und Heirat. Lieselotte Rathje ist eine Cousine der Protagonistin Anna.

Lieselotte Rathje

Senjin

Eine Familiengeschichte
aus Westpreußen-Posen

Rowohlt Taschenbuch Verlag

Veröffentlicht im Rowohlt Taschenbuch Verlag GmbH,
Reinbek bei Hamburg, Oktober 2001
Copyright © 2000 by Universitas Verlag in der
F. A. Herbig Verlagsbuchhandlung GmbH, München
Umschlaggestaltung Susanne Heeder
(Foto: Verlag Dr. A. Defner)
Gesamtherstellung Clausen & Bosse, Leck
Printed in Germany
ISBN 3 499 22982 X

Prolog

Um dem Leser einen Einblick zu geben, was mich bewogen hat, diese Familiengeschichte – vieles habe ich selbst erlebt, vieles wurde mir erzählt – niederzuschreiben, halte ich es für hilfreich, einen kurzen Rückblick in die deutsch-polnische Geschichte zu tun, damit Ursachen und Geschehnisse in den Ostgebieten und somit auch in der Provinz Posen, in der meine Familiengeschichte spielt, verständlich werden.

Schon im zwölften Jahrhundert begann im Osten die Europäisierung. Slawische und deutsche Fürsten wollten einen Ausgleich des Kulturvivants der Randzonen an den des Westens erreichen. So begann die deutsche Kolonisation, die Assimilierung und Eindeutschung der slawischen Bevölkerung der Elbe-Oder-Gebiete, Pommerns, Schlesiens und der westlichen Randgebiete.

Erste Universitäten entstanden: 1348 in Prag, 1346 in Krakau, 1365 in Wien. Polen und Litauen verbanden sich 1386 durch Heirat zum mächtigsten Staat Osteuropas, zur Jagiellonischen Dynastie, eine Vormauer der abendländischen Christenheit gegen Moskau, die Mongolen und die Türken. Es war eine folgenreiche Verbindung – bis zu den Teilungen Polens im achtzehnten Jahrhundert. Immer mehr wurde der Staat zu einer Adelsrepublik. Die Privilegien, das unbeschränkte Vetorecht jedes Adligen im polnischen Reichstag, führten zu innerer Zerrüttung und brachten die Adelsrepublik an den Rand des Abgrunds.

1772 erfolgte die Erste Teilung Polens! Rußland nahm sich das Land östlich der Düna und des Dnjepr. Preußen besetzte Westpreußen mit Ausnahme von Thorn und Danzig, das Bistum Ermland und den Netzedistrikt. Österreich bekam Ostgalizien. Widerwillig stimmte der polnische Reichstag zu.

1793 kam es zur Zweiten Teilung Polens! Rußland besetzte den noch übrigen Teil von Litauen, Wolynien und Podolien. Preußen verleibte sich Danzig, Thorn, Posen und Kalisch (Südpreußen) ein.

1795: Bei der Dritten Teilung Polens erhielt Österreich Westgalizien und Krakau. Preußen besetzte Masowien, Warschau, das Land zwischen Weichsel, Bug und Njemen, auch einen Teil des Gebietes von Krakau. Den Rest des polnischen Gebietes und das Herzogtum Kurland nahm sich Rußland. Es war ein beispielloser Gewaltakt in der europäischen Geschichte, der besonders zu einem Machtanstieg Rußlands in Ost-, Mittel- und Südosteuropa führte.

In allen Wirren dieser Zeit lebten die betroffenen Menschen im Königreich Polen und in Preußen überraschenderweise lange Zeit friedfertig in Freundschaft und guter nachbarlicher Toleranz zusammen.

* * *

Meine Familiengeschichte erzählt von diesem freundschaftlichen Zusammenleben zwischen Polen und Preußen, aber auch von dem Sog des Schreckens, in den alle gerieten.

Ich möchte mein Buch verstanden wissen als frei von jeglichem Selbstmitleid.

Was nach außen (Besitz, Grenzen) verlorenging, kann man ertragen. Die inneren Werte bleiben, wie die Vergangenheit! Sie zu korrigieren würde zu einer sinnlosen Anstrengung werden.

Ich hoffe, mit meinem Buch nicht nur ein wenig Interesse für das Geschehene zu wecken, sondern auch ein Gefühl dafür, daß es notwendig ist, trotz unterschiedlicher, sich frei entfaltender, aber auch gebändigter Gestaltung jeden Staates zukünftig auf einem gemeinsamen Boden zu stehen, der Krieg und Gewalt gegeneinander ausschließt.

Für mich liegen die Siege, die wir erringen dürfen, in der Kunst, in der Wissenschaft und in der Technik. Auf diesen Gebieten steht es uns frei, zu kämpfen und unsere Kräfte zu messen. Dort entscheidet es sich, ob wir in Zukunft geachtet werden und bestehen.

Erster Teil
LIEBE

Die Sonne glitzerte auf den vom Nachttau feuchten Blättern. Unten am Hirschsprung, wo der Bach die Wiesen teilte, war noch ein letzter Rest zartgrauen Nebelschleiers sichtbar. Keine Vogelstimme war mehr zu hören. Für kurze Zeit war es ganz still.

Anna hatte ihren Morgenmantel umgelegt und öffnete das Fenster. Sie liebte dieses Erwachen des Tages, bevor noch das geschäftige Leben auf dem Gut begann. Die ersten Sonnenstrahlen flimmerten auf den Kristallgegenständen ihrer Frisiertoilette. Sie setzte sich und begann – wie jeden Morgen –, ihr langes, dunkles, sehr volles Haar zu bürsten. Anna Herrlitz war eine sehr reizvolle Frau. Vielleicht konnte man sie nicht unbedingt eine Schönheit nennen, doch sie besaß einen unwiderstehlichen Charme. Ihr liebevolles und fröhliches Wesen spiegelte sich in ihrem Gesicht wider. Ihre Gestalt war weich und voll weiblicher Anmut.

Es wird wieder ein heißer Tag, dachte sie und blickte aus dem Fenster. Von hier aus konnte sie den Park von Senjin ganz überblicken. Die langgestreckte Rasenfläche wurde eingerahmt von einem Kranz hellroten Phloxes. Im Hintergrund die große Trauerbuche mit der weißen Bank. Noch weiter hinten der kleine Pavillon und die Karpfenteiche, die man auf zierlichen, in Bogen verlaufenden Brücken überschreiten konnte. Ihr Schwiegervater hatte sie angelegt. Ein Hochzeitsgeschenk an seine Frau.

Die Teiche waren nicht so groß wie die Fischteiche von Wircowo und Koyja, wo Anna herstammte. Sie waren nur mehr eine Zierde, »etwas für die romantische Seele einer Frau«, wie ihr Schwiegervater zu sagen pflegte.

Anna saß noch immer an ihrem kleinen Frisiertisch. Sie hatte die Haare zu einem dicken Knoten verflochten und im Nacken zusammengesteckt. Ein Lächeln spielte um ihre Lippen. Es verlieh ihrem Gesicht einen sehr jungen, fast mädchenhaften Ausdruck.

Sie stützte den Kopf in die Hände und träumte vor sich hin. »Etwas für die romantische Seele einer Frau!« Ihr Schwager Robert hatte es auch immer gesagt. Das erste Mal, als er einen Besuch in Koyja machte. Es war um 1900. Er war gerade Leutnant geworden, und sie war noch keine fünfzehn Jahre alt. Eigentlich hatte er sich nur mit Olga, ihrer älteren Schwester, unterhalten. Dabei war Olga so stolz und kalt zu ihm und sie, Anna, so verliebt!

Beim Abschied hatte sie ihn immer ansehen müssen, so schön war er!

Da hatte er sich plötzlich einen Knopf von seiner Uniformjacke abgerissen und ihn ihr gegeben: »Etwas für die romantische Seele einer Frau!«

Vater und Mutter lachten, und Vater rief ihm noch nach: »Vergessen Sie nicht, ihn sich wiederzuholen.«

Olga war wütend. Sie hat ihr diese Bevorzugung nie so richtig verziehen. Arme Olga, auch sie war in Robert verliebt!

Kaum drei Jahre später hatte Roberts Bruder Gottfried um ihre Hand angehalten. Zwar war es nicht alltäglich, daß polnischer Adel sich mit preußischen Familien verband, doch ihre Großväter und Väter waren durch die gleiche, am Ende des sechzehnten Jahrhunderts in Frankreich aufgekommene Sammelleidenschaft von Autographen befreundet. So kam es zu der elterlichen Absprache ihrer Ehe.

12

Gottfried hatte Anna oft in Koyja besucht. Von Robert hatte sie all die Jahre nichts mehr gehört, und so war es nur natürlich, daß sie annehmen mußte, er habe sie längst vergessen. Was anderes hätte sie tun sollen, als sich dem Wunsch ihrer Eltern zu fügen? Gottfried war Roberts Bruder, schon deshalb hatte sie ihn gern. Was wußte sie von Liebe, was von einem Mann? Wie lebensfremd war sie damals, wie unberührt und ahnungslos!

Anna seufzte. Wieder gingen ihre Gedanken zurück. Es war Sommer, und auf einmal war Robert wieder da. Einen Monat vor ihrer Hochzeit war er zum traditionellen Rosenfest nach Koyja gekommen. Sie hatten getanzt und gelacht und waren fast eine Woche lang zusammen. Sie glaubte schon, er hätte die Knopfgeschichte ganz vergessen, aber bei Tisch schaute er sie immer so eigenartig an.

An einem warmen, hellen Abend – Vater und Gottfried waren in die Stallungen gegangen – bat Robert sie, mit ihr einen Abendspaziergang machen zu dürfen. Unten an der alten Wassermühle fragte er dann unvermittelt, ob sie den Knopf noch habe.

Ihr zitterten die Hände, als sie ihn aus ihrer Rocktasche hervorholte.

»Hast du ihn geküßt?« fragte Robert.

Sie wäre am liebsten davongelaufen, aber er packte sie fest an den Schultern, schaute ihr in die Augen und sagte: »Ich will sie alle wiederhaben, die Küsse!«

Ihr war, als spüre sie seine kräftigen Arme wie damals, als er sie umschlang und an sich preßte und immer wieder ihren Mund, ihre Augen, ihren Hals mit Küssen bedeckte. Sie hatte ihn geliebt, und sie liebte ihn noch. Vergessen war, daß sie eine verheiratete Frau war, verheiratet mit Roberts Bruder.

Ihr Herz jubelte: Gestern, nach Jahren der Abwesenheit, war Robert wiedergekommen. Er war wieder da! Genauso plötzlich, so unerwartet wie damals stand er vor ihr! Ihr Liebster, der Mann, dem ihre ganze Sehnsucht galt, ihr Robert!

Anna blickte in den kleinen venezianischen Spiegel auf ihrer Frisiertoilette. Sie hatte Tränen in den Augen. Immer wenn sie sehr glücklich war, hatte sie Tränen in den Augen.

Drüben vom Küchenhof hörte man Stimmen. Die Frauen im Waschhaus ärgerten den alten Kowalski, der draußen auf der Bank saß. Paula hatte die Leine auf dem Wäscheplatz ihm gegenüber zwischen den beiden schon etwas morschen Wäschepfeilern und der alten Linde zu einem Dreieck gespannt. Der Klammerbeutel schaukelte wie bei einem alten Känguruh vor ihrem Bauch hin und her.

Paula war die Mamsell, und ihr unterstand die Küche, auch die Küche für das Hauspersonal, das zum Schloß gehörte, wie man das Gutshaus allgemein nannte. Nur am Waschtag half sie außerhalb ihres Reviers. Darum gab es am Waschtag für die Herrschaften ebenso wie für das Personal nur eine Suppe zum Mittagessen. So hatte sie es eingeführt vor knapp dreißig Jahren, als sie aufs Gut kam, und so würde es auch bleiben! Sie hatte ihre Prinzipien und hielt auf Ordnung. Sie führte ein strenges Regiment, das heißt, es sah nur so aus. Im Grunde ihres Herzens war sie butterweich. Alle wußten es, aber keiner ließ es sich anmerken. Paula hatte es nicht gern, wenn man sie durchschaute.

»Frühstück für die Herrschaften!« Franz, der Diener, rief es aus dem Küchenfenster. Paula ließ alles stehen und liegen und sauste in die Küche. Der Kaffee war bereits fertig und stand warm im Wasserbad auf dem Herd. Nur die Eier mußten noch gekocht werden.

Franz stand da mit dem Tablett in der Hand. Er überprüfte, ob auch alles vorhanden sei. Brot, Butter, Sahne, Zucker, Kaffee, Eier kommen gleich, Schinken für den gnädigen Herrn, Salz, Pfeffer. Ach, die Milch für die Kinder hätte er fast vergessen!

Paula tat die gekochten Eier in die Eierbecher. »Genau fünf Minuten«, sagte sie, »es kann losgehen.«

Sie öffnete Franz die Tür, durch die er wie immer etwas übertrieben gerade und würdevoll schritt.

Robert und sein Vater hatten den Tisch auf der Terrasse in den Schatten gerückt. So war es angenehmer! Es war schon sehr warm. Der Morgen war herrlich, der Himmel stahlblau. »Seit langer Zeit zum ersten Mal im Elternhaus!« Robert streckte die Arme und wölbte die Brust. »Kinder, ihr wißt gar nicht, wie schön das ist!«

»Zu schade«, sagte sein Vater, »daß dein Bruder gerade jetzt in Posen sein muß. Ich hoffe aber, du läufst uns nicht so bald wieder davon! Ich kann es immer noch nicht fassen, mein Junge, daß du jetzt wieder bei uns bist!«

Robert lachte: »Ich bin nun mal für Überraschungen, Papa, das weißt du doch, und das ewige Briefeschreiben hatte ich endgültig satt, vor allem aber das Alleinsein, das könnt ihr mir glauben!«

Bei diesen Worten schaute er zu Anna hinüber. Sie merkte, wie ihr das Blut in die Wangen stieg. Es ist alles wie früher, dachte sie. Nichts hat sich verändert. Ich liebe ihn noch immer. Sie schämte sich dieses Eingeständnisses. Sie schämte sich, weil sie hoffte, daß auch Robert so empfinden möge, und sie schämte sich ihrer Schwäche, ihrer gedanklichen Untreue ihrem Mann gegenüber. Ich habe Gottfried geheiratet, nicht Robert. Ich muß Gottfried lieben! zwang sie sich zu denken. Alles hat sich geändert. Es kann nichts mehr so sein wie früher.

Wie zur Bestätigung sah sie zu den Kindern hinüber. Flüchtig glitten ihre Augen über Sascha, den Sohn einer verstorbenen Verwandten, der im Haus miterzogen wurde, zu Michael, ihrem und Gottfrieds Sohn. Zum ersten Mal wurde ihr bewußt, wie unterschiedlich die Kinder waren: Sascha mit seinen fast schwarzen Haaren und den Haselnußaugen war ganz ein Borrodin, ein Pole. Und Michael, blond, strahlend, sehr schlank, ein wenig schlaksig, schon jetzt mit einer selbstverständlichen Sicherheit in seiner Haltung, war ein Preuße, ein Herrlitz wie Gottfried, oder irrte sie sich? Sah er nicht aus wie Robert? Sie ließ den Blick von einem zum anderen wandern. Ja, wirklich genau wie Robert: die Nase, der Mund und erst recht die Augen, der gleiche ein wenig verträumte Blick, als wäre das tiefe Blau mit einem zarten Schleier überzogen. Wie Robert, dachte sie, und wieder zog eine feine Röte über ihr Gesicht.

Anna hatte während ihrer Gedankengänge das Gespräch der Herren an sich vorbeirauschen lassen. Wie aus weiter Ferne hörte sie Lachen und Stimmen, bis plötzlich wieder laut und deutlich ganze Sätze an ihr Ohr klangen.

»Man kann in China eine Menge Geld verdienen«, sagte Robert, »aber das Heimweh kann man damit nicht fortwischen. Ich habe mich oft gefragt, warum ich so lange in China geblieben bin. Zuerst war es wohl die Abenteuerlust und dann der Spaß am Handel, am Geld. Doch was mir gefehlt hat, das war die Familie. Das weiß ich jetzt genau!« Wieder sah er zu Anna hinüber.

Sie fühlte sich ganz flau im Magen. Wenn Franz nur bald mit dem Frühstück käme! dachte sie.

Robert sprach weiter: »Nach Beendigung des Boxeraufstandes wurden die deutschen Truppen in die Heimat geschickt. Niemand durfte bleiben, der nicht einen Bürgen oder eine feste Verdienstmöglichkeit nachweisen konnte. Ich hatte Glück, ich fand beides. Vom ersten Tag an habe ich jede freie Minute genutzt, um Chinesisch zu lernen, soweit man diese Sprache überhaupt lernen kann. Ich arbeitete zuerst für einen Hungerlohn in einem kleinen chinesischen Handelshaus. Es war der berühmte Scheuersack, durch den wohl jeder einmal gehen muß, wenn er erfolgreich werden will. Es war mühsam, doch die Aussichten waren sehr gut! Wo gab es schon deutsche Kaufleute, und wer von ihnen konnte wenigstens einige Brocken Chinesisch sprechen? Bald wurde ich überall herumgereicht, bis ich die Vertretungen größter deutscher Firmen bekam. Komisch, Papa, wie das Leben so läuft! Großkaufmann in China zu werden, das hätte ich mir nie träumen lassen. Es paßt eigentlich gar nicht zu mir. Findest du nicht auch?«

»Mein lieber Robert, zu jemandem, der in so jungen Jahren so viel auf die Beine gestellt hat wie du, muß es schon passen, selbst wenn es einen alten Bauern wie mich ein wenig fremdartig anmutet, einen Kaufmann als Sohn zu haben. Bislang gab es in unserer Familie nur Offiziere des Königs und Landwirte, aber anscheinend geht es auch anders.«

»Was geht auch anders?« Cora von Felsen war auf die Terrasse hinausgetreten.

Sieh da, dachte Robert, Papas alte Liebe existiert auch noch!

Die Herren hatten sich erhoben, um die verwitwete Baronin zu begrüßen.

Cora war sprachlos. »Das kann doch nicht Robert sein«, sagte sie. Sie hatte sich gestern zeitig zurückgezogen und dadurch die Ankunft des Heimkehrers nicht miterlebt. »Laß dich anschauen, alter Chinese, wie ist es möglich? Du erlaubst doch«, sagte sie, zu Ernst Herrlitz gewandt, nahm Robert, ehe er es recht begriff, stürmisch in die Arme und küßte ihn auf beide Wangen.

Das hat sie früher auch schon gern getan, dachte Robert. Verflixt, noch immer ein rassiges Frauenzimmer! Er hielt sie ein Stück von sich ab und schaute sie an. »Sie haben sich wirklich nicht verändert, liebe Baronin«, schmunzelte er, »noch immer so schön wie damals!«

Alle lachten.

»Und Sie sind immer noch der gleiche charmante Schmeichler!« Cora war entzückt. Sie hatte schon immer ein Faible für Robert gehabt. Er war der eleganteste und attraktivste junge Mann in dieser Gegend. Sie hatte ihn bald nach dem Tod ihres Mannes auf einer Jagd kennengelernt. Wie lustig war es damals, als sie feststellten, daß sie verwandt waren, wenn auch um tausend Ecken! Immerhin war das ein Grund, Senjin zu besuchen. Zuerst nur kurz, später länger, bis sie dann wie jetzt nur noch wenige Monate in Berlin verbrachte.

Cora schaute Robert verstohlen von der Seite an. Er kann nur drei, vier Jahre jünger sein als ich, überlegte sie. Sie hätte damals gern mit ihm geflirtet, aber es ging nicht wegen der Trauer um ihren verstorbenen Mann. Wer weiß, dachte sie, vielleicht ließe sich ein kleiner Flirt jetzt noch nachholen. Vielleicht auch noch mehr!

Das Frühstück verlief in angeregter, lustiger Unterhaltung. Anschließend beschlossen alle, gemeinsam einen Ausritt zu unternehmen. Robert sollte wieder einmal gute deutsche Landluft zu riechen bekommen, und sein Vater wollte sehen, ob »der Herr Kaufmann«, wie er neckend sagte, noch etwas von der Landwirtschaft verstünde.

Die Kinder hatten im Stall Bescheid gesagt. Der alte Kowalski und Jochen sattelten Kornett und Panje für die Herren und die beiden Araber für die Damen. Es war selbstverständlich, daß Michael und Sascha allein für ihre Ponys sorgten. Die Kinder wurden liebevoll, aber preußisch-spartanisch erzogen. So war es auf den meisten Gütern üblich, und diese Methode war nicht schlecht. Man bewahrte die Tradition und Lebensweise der Generationen vor sich, lebte bescheiden und arbeitsam. Man war vermögend, aber man zeigte es nicht. Nur an Festtagen und zu Geselligkeiten schöpfte man aus dem vollen, und Geselligkeiten waren auf Senjin nicht selten. Oft konnte ein Fest oder eine Jagd sich über eine Woche hinziehen. Dann war das Haus bis unter das Dach mit Gästen gefüllt. Die Tische brachen vor Üppigkeit, köstliche Weine und andere Getränke gab es reichlich. Man verstand zu leben, und man verstand auch zu sparen.

So war die Familie Herrlitz zu Ansehen und Wohlstand gelangt. Mit dieser Lebensweise hatte sie ihr Gut und ihre Tradition über Generationen zu erhalten verstanden.

Die Rückkehr von Robert Herrlitz war ein Grund zum Feiern: Am letzten Julitag 1914 sollte ihm zu Ehren ein chinesisches Fest stattfinden. Bis dahin würde auch Annas Mann Gottfried von seinen Geschäften aus Posen zurück sein. Die Hausfrau hatte alle Hände voll zu tun, und Paula stöhnte über die leicht chinesisch gefärbte Speisefolge. Was sie nicht zu kochen gewohnt war, beunruhigte sie, und daß Herr Robert ständig in der Küche in ihrem Gewürzschrank herumwühlte und immer eigenartigere Essensvorschläge machte, beunruhigte sie noch mehr. Nur Franz war nicht aus der Ruhe zu bringen. Er übte mit den beiden Buben, die er sich zur Hilfe ausgesucht hatte, was und wie sie dieses und jenes zu tun hätten.

Im großen Saal waren die Kimonos und Schals, die Robert mitgebracht hatte, an den Wänden drapiert worden. Außerdem versuchte er, mit allerlei chinesischen Schriftzeichen, die er auf große Papierrollen malte, dem Haus einen asiatischen Ausdruck zu verleihen. Alle waren begeistert.

Anna hatte sich in den wenigen Tagen daran gewöhnt, Robert um sich zu haben. Sie wurde auch nicht mehr rot, wenn er sie ansah. Anfänglich hatte sie Angst gehabt, daß er von früher reden würde, aber er hatte taktvoll jedes Gespräch darüber vermieden. Sie war ihm dankbar dafür. Es war wirklich schön, Robert um sich zu haben. Auch ihr Schwiegervater strahlte und war so glücklich und gelöst wie nie zuvor. Selbst Cora war zauberhaft, stellte keine Ansprüche, hatte keine Migräne und lachte und sang den ganzen Tag. Vielleicht ein bißchen zu aufdringlich, dachte Anna. Es war ihr nicht entgangen, daß Cora immer dort zu finden war, wo Robert gerade steckte. »Du bist doch wohl nicht eifersüchtig«, sagte Anna zu sich selbst. »Es wäre albern, und außerdem bist du eine verheiratete Frau. Robert geht dich nichts an!«

Aber so einfach war das nicht: Anna mußte mehr an Robert denken, als ihr guttat. Zum ersten Mal konnte sie nachts nicht mehr richtig schlafen. Sie träumte von seinen Augen und sah seinen Mund ganz dicht vor sich. Sie wollte ihn im Traum küssen, konnte es aber nicht. Wenn sie aufwachte, weinte sie oft. Sie sehnte sich sehr nach ihm, aber sie schämte sich. Es bekümmerte sie, daß sie so empfand. Nein, das hatte ihr Mann nicht verdient! Warum war auf einmal alles so schwer? Sie liebte ihren Mann. Er war so gut, so ehrlich, so anständig. Ja, sie schämte sich.

Robert ging es nicht viel anders. Seitdem er Anna wiedergesehen hatte, spürte er dieses seltsame Gefühl, das wohl Liebe bedeutete. Er hatte in seinem abenteuerlichen Leben viele Frauen im Arm gehalten, hatte sie geküßt und geliebt. Er hatte aber nie viele Gedanken an sie verschwendet. Manchmal war er drauf und dran gewesen, eine von ihnen zu heiraten, aber irgend etwas hielt ihn immer wieder davon ab. War es Anna? In ihrer Gegenwart fühlte er sich keineswegs mehr so sicher. Nie hatte eine andere Frau eine solche Anziehungskraft auf ihn ausgeübt wie Anna. Auch er träumte nachts von ihr, und auch er fand sein Verlangen unwürdig. Ein Mann stiehlt seinem Bruder nicht die Frau, dachte er. Nein, er würde seine Gefühle bezwingen müssen, es durfte einfach nicht sein. Anna hatte es verwunden, wie es schien, und er mußte sich ebenfalls damit abfinden.

Gottfried Herrlitz hatte in Posen sein Gepäck zur Bahn bringen lassen und schlenderte zum Bahnhof. Sein Weg führte ihn durch die sommerliche Altstadt, vorbei an dem alten Rathaus mit seinem Brunnen und dem Pranger, durch die Schulstraße zum Petriplatz, die Halbdorfer Straße entlang und weiter am Fort Grolmann vorbei. Dort bog er links in den Kurfürstenring und ging dann durch die großen, freien Grünanlagen des Schillerparks bis zum Bahnhof. Dabei überdachte er noch einmal die letzten Tage: Die Verhandlungen mit dem Posener Genossenschaftsverband waren gut und schnell verlaufen. Er hatte das Erbteil seiner Mutter, das Haus am Königsring, verkauft und einen annehmbaren Abschluß über das zweihundert Morgen umfassende Feldstück zwischen seiner Mühle und dem Platterngrund erreicht. Er konnte zufrieden sein.

Am Bahnhof herrschte trotz dieser frühen Zeit schon ein reges Leben: Deutsche, Polen, Juden, Arme und Reiche kamen und gingen. Die Warthestadt war der Mittelpunkt der Provinz, der Brennpunkt des politischen, wirtschaftlichen und kulturellen Lebens. Eine pulsierende deutsche Stadt im Kernland des polnischen Siedlungsgebietes.

Gottfried ging durch die Sperre und suchte sich ein freies Abteil erster Klasse. Die Wagen schienen frisch gereinigt. Auf den Kopfteilen der roten Polstersitze waren neue, weiße Leinenbezüge angebracht.

Eine Zigarre wäre jetzt genau das richtige, dachte er und holte sein nicht mehr ganz neues Etui aus seiner Rocktasche. Sorgfältig schnitt er die Spitze ab und zündete sich die Zigarre an. Genüßlich begann er zu rauchen. Er schlug ein Bein über das andere, öffnete den Knopf seines eleganten Einreihers und fühlte sich restlos glücklich. Seine Gedanken waren bei Anna, bei den Kindern und natürlich bei seinem geliebten Senjin.

Es war der 30. Juli 1914. Der Herr, der zu Gottfried ins Abteil stieg, machte einen bescheidenen, vornehmen Eindruck, schien aber sehr aufgeregt. Ohne sich vorzustellen, sprudelte er heraus: »Stellen Sie sich vor, Generalmobilmachung des Zaren gegen Österreich-Ungarn!«

Gottfried war wie vor den Kopf geschlagen: Das bedeutete über kurz oder lang Krieg auch für Deutschland! Er antwortete zunächst nicht, zu sehr hatte ihn diese Nachricht überrascht. Dann sprang er auf einmal, wie von der Tarantel gestochen, auf, umarmte den Fremden und jubelte: »Krieg, endlich Krieg!«

Sie drehten sich im Kreis, Gottfried war wie von Sinnen. Der andere sank erschöpft auf die Polster und wischte sich den Schweiß von der Stirn. Gottfried achtete nicht auf ihn. Er dachte an sein Regiment, an die stolzen Fürstenwalder Dragoner. Und er dachte, wie herrlich es sein würde, endlich in den Krieg zu ziehen. Sein Großvater hatte oft vom Krieg erzählt, von den glorreichen Schlachten von 1870/71. Welch ein Stolz, welch ein Glück hatte sie alle bei diesen Erzählungen erfüllt! Und jetzt durfte er dabeisein, durfte zum Ruhm von König und Vaterland mitkämpfen! Endlich, endlich!

»Bitte erzählen Sie«, wandte er sich an den Fremden. »Wo haben Sie die Nachricht bekommen?«

»Kurz bevor ich das Abteil betrat, verbreitete sich die Kunde auf dem Bahnhof. Ich mußte mich beeilen, um den Zug noch zu erreichen, und sah nur, wie die Menschen sich lachend und weinend in die Arme fielen. Ich selbst kann es noch gar nicht fassen. Nun ist es also soweit. Nach dem Attentat auf den Erzherzog Franz Ferdinand in Sarajewo vor gut einem Monat ist dies nun die Antwort!«

»Ja«, sagte Gottfried, »und es wird gewiß so sein, daß Deutschland im Einklang mit seinen Bündnisverpflichtungen an der Seite Österreich-Ungarns stehen wird.«

Sie konnten so bald nicht aufhören, von dem bevorstehenden Krieg zu sprechen. Mit der Zeit wurde die Luft im Abteil so stickig, daß Gottfried das Fenster öffnete. Die letzten Häuser verschwanden, der Ausblick wurde weit. Die frische Luft tat ihnen gut. Gottfrieds Gegenüber hatte sich ebenfalls eine Zigarre angezündet. Er beugte sich zu Gottfried hinüber, zuckte ein wenig mit den Schultern und fragte: »Ich wüßte zu gern, welcher Tätigkeit Sie nachgehen.«

»Ich bin Landwirt«, antwortete Gottfried, »wir haben

ein Gut. Es ist ein alter Familienbesitz. Hauptsächlich Getreide und Zuckerrüben.«

»Dacht' ich's doch! Sie sehen ganz so aus, wie man sich einen deutschen Großgrundbesitzer vorstellt. Vielleicht ein bißchen zu elegant, aber sonst wie aus dem Bilderbuch: groß, schlank, mit kräftigen Schultern, blauen Augen und blondem Haar. Und gesund, das sieht man.«

Gottfried mußte lachen.

»Ja, ja«, fuhr der Fremde fort, »ich sehe, wer gesund ist und wer nicht. Dafür bekommt man in meinem Beruf schnell einen Blick. Ich bin nämlich Arzt, müssen Sie wissen, Professor für Chirurgie an der Posener Universität. Von Landwirtschaft verstehe ich leider nichts. Ich fahre zu einem Vortrag meines verehrten Kollegen Bergmann über Anästhesie nach Breslau. Ein sehr interessantes Gebiet und für die Chirurgie von größter Wichtigkeit.« Professor Melanowski verlor sich ganz in seinem Fachgebiet. Er breitete vor Gottfried eine Welt aus, die ihn ganz gefangennahm. Anschaulich und voller Begeisterung erzählte er von seiner Arbeit, seinen Plänen und Hoffnungen. Seine feinnervigen Hände, die ständig in Bewegung waren, ließen Gottfried den Ablauf einer Operation erahnen.

Die Zeit verging wie im Flug. Die Landschaft wurde jetzt von immer neuen, wie Kettenglieder aneinandergereihten Seen untermalt. Langgezogene, sandige, von Kiefern umgebene Höhenzüge waren zu sehen.

»Ist er nicht herrlich, der deutsche Osten?« Der Professor wies bei diesen Worten mit einer alles umfassenden Handbewegung aus dem Fenster. »Meine Familie stammt aus Warschau. Mein Großvater hat in Warschau gelebt, als E. T. A. Hoffmann, der große deutsche Dichter, als preußischer Kammergerichtsrat dort seines Amtes waltete. Er hat öfter mit ihm in den Fuggerschen Weinstuben am Alten Markt seinen Schoppen getrunken. Glückliche Zeiten! Lang, lang ist's her! Fast drei Menschenalter führen jetzt russische Beamte des Zaren ein eisernes, brutales Regime! Wie anders ist dagegen das Leben hier in den an Preußen abgetretenen Gebieten! Wohl keine Teilungsmacht hat praktisch soviel für die wirtschaftliche und verwaltungsmäßige Organisation ihres polnischen Gebietes getan wie das königliche Preußen. Was geschah zum Beispiel mit uns Polen? Wir konnten an deutschen Universitäten studieren. Viele Polen hatten hohe Ämter in der preußischen Regierung in Berlin inne, wurden Rechtsanwälte, geachtete Kaufleute oder Wissenschaftler wie ich. Wir haben die deutsche Literatur liebengelernt, haben Kenntnis vom deutschen Wesen und nehmen teil an seiner Kultur. Wir könnten ebensogut Deutsche sein, was macht das schon aus!«

Gottfried sah erstaunt auf. »Wie meinen Sie das: Sie könnten ebensogut Deutscher sein? Sind Sie es denn nicht?«

»So wörtlich habe ich das nicht gemeint. Ich wollte nur ausdrücken, daß es mir wie vielen meiner Landsleute geht. Wir sind uns unserer polnischen Abstammung zwar bewußt, doch innerlich sind wir schon längst im deutschen Volk aufgegangen. Drei Menschenalter sind eine lange Zeit. Eine Assimilation bleibt da nicht aus.«

»Ich bin nicht so sicher, ob man schon von einer Assimilation sprechen kann. Als Preuße würde ich sie natürlich begrüßen. Ich selbst habe eine Frau aus altem polnischem Adel geheiratet. Unsere Familien verstehen sich sehr gut, doch das sind leider noch Ausnahmen. Ich weiß von manch offenem Gespräch mit meinem Schwiegervater, wie stark trotz drei Generationen das nationalbewußte Denken noch in vielen Polen verankert ist. Sosehr es mich als Preuße erfreut, gerade von einem Mann polnischer Abstammung so viel Gutes und Anerkennendes über mein deutsches Vaterland zu hören, sosehr bin ich mir darüber auch im klaren, daß ein Großteil der Polen trotz der gesellschaftlichen und politischen Rolle, die sie im Land oder im kaiserlichen Berlin spielen mögen, und trotz aller Auszeichnungen, mit denen vor allem Kaiser Wilhelm II. sie bedenkt, keineswegs innerlich an Preußen herangebracht worden sind. Die seit Ende des achtzehnten Jahrhunderts gewaltsame Unterdrückung der nationalen und staatlichen Selbständigkeit durch die Teilungsmächte Rußland, Österreich und Preußen ist eine Wunde, die keineswegs geheilt ist. Viele Polen sehen es leider immer noch als ein ungeheuerliches historisches Unrecht in jedem Augenblick ihres Daseins an. Es wäre eine Gefühlsduselei, sich dieser Erkenntnis zu verschließen.«

»Es mag sein«, erwiderte der Gelehrte, »daß meine Meinung nicht allgemein zu setzen ist. Wahrscheinlich haben Sie recht. Wir Polen sind ein sehr stolzes Volk und waren immer sehr nationalbewußt. Doch die Zeit der Jagellonischen Dynastie läßt sich nicht wieder heraufbeschwören. Keine Uhr läuft rückwärts. Ein selbständiges Polen würde doch nur zwischen den Mahlsteinen von Ost und West zerrieben.«

Gottfried wollte antworten, doch der Kirchturm seines Kreisstädtchens war eben hinter dem Waldvorsprung sichtbar geworden. »Schade, nun ist meine Reise beendet!« Gottfried bedauerte es ehrlich. Er hätte gerne mit diesem aufgeschlossenen und interessanten Gelehrten weitergeplaudert.

Der Zug hielt. Gottfried zögerte, dann holte er aus seiner Brieftasche eine Visitenkarte hervor und reichte sie seinem Gegenüber. »Vielleicht führt Sie Ihr Weg einmal in die Nähe von Senjin. Es wäre mir immer eine Freude, Sie zu bitten, unser Gast zu sein.«

Gottfried war schon auf dem Trittbrett. Sie reichten sich die Hände. »Gute Weiterreise!« Sie sahen sich an. Unverhohlene Sympathie lag in ihrem Blick.

Der neue Break wartete vor dem Bahnhof. Es war ein schöner, leichter Wagen. Jochen, der Knecht, der auch die Dienste des Kutschers versah, begrüßte seinen Herrn mit breitem Grinsen. Er hatte wie immer, wenn die Herrschaften oder Gäste gefahren werden sollten, seinen mit Goldknöpfen verzierten blauen Rock angezogen, auf den er sehr stolz war. »Jeder in der Stadt weiß dann gleich, daß ich nicht nur ein Pferdeknecht bin, sondern etwas Besseres«, prahlte er. Jochen war der beste Kutscher weit und breit. Selbst im Vierer war er nicht zu schlagen, doch wenn er ganz ehrlich war, lag das nicht nur an ihm, sondern auch an den Rössern. Der alte und auch der junge Herr verstanden schon was von Pferden. So gute Rösser gab es kaum mehr wieder. Ja, im Rösserkauf konnte selbst der alte Knoblauch, der Pferdehändler, bei seinen Herren was lernen, und das war ein gerissener Bursche. Von dem würde selbst er sich nicht trauen, ein Pferd zu kaufen, ganz abgesehen davon, daß er ja für so etwas kein Geld hätte, obwohl er schon ganz schön gespart hatte, seitdem er auf dem Gut arbeitete.

So gut wie bei den Herrschaften hatte er noch nie verdient, und darum wollte er ja auch bleiben. Und heiraten wollte er auch, aber das wußte noch keiner. Erst mußte er mal sehen, ob Meta ihn nehmen würde. Gefragt hatte er sie noch nicht, aber er hatte sie schon öfter in den Hintern gekniffen, und das schien ihr gar nicht so unangenehm gewesen zu sein, wenn sie auch immer ein fürchterliches Geschrei angefangen hatte. Aber das taten die Weiber ja immer. Er hatte da so seine Erfahrungen.

Jochen kratzte sich am Hinterkopf. »Es wird Zeit, daß ich mit der Meta mal weiterkomme«, dachte er, »ich werde mal aufpassen, wenn sie auf den Heuboden geht. Dann können wir ja klären, wie das mit uns steht.«

Ja, auch da hatte er seine Erfahrungen, und die Meta, die hatte er sich genau angesehen. Die hatte alles so schön reichlich. Die wollte er haben.

Herr Herrlitz klopfte ihm auf die Schulter. »Na, Jochen, heute den Break und davor die Charlotte und der Kornett, da hast du dir ja etwas ganz Neues ausgedacht. Gehen die beiden denn überhaupt zusammen?«

Jochen wurde ein bißchen verlegen. »Das ist man bloß, weil die beiden beschlagen werden mußten, und da dachte ich, ich kann das gleich mit erledigen. Ein bißchen groß ist die Lotte ja für den Kornett, aber die gehen fast so gut zusammen wie die Rappen.«

»Na, Jochen, dann zeig mir das mal.« Herr Herrlitz war in den Wagen geklettert. Ein feiner Kerl, der Jochen, dachte er. Ich bin froh, daß ich ihn genommen habe. Er ist erst ein Jahr bei mir, aber er macht sich ganz ausgezeichnet. Sorgt wirklich gut für die Tiere und denkt mit. Ja, solche Leute kann ich gebrauchen. Er macht eine gute Figur auf dem Bock, und eitel ist er auch. Das kann nicht schaden, dann hält er auf sich.

Jochen hatte die Pferde geschickt im Bogen über den kleinen Bahnhofsplatz in die enge Luisenstraße und links hinüber zum steinernen Torweg gelenkt.

Gleich nach der Kirche wurden die Straßen belebter. Hier und da erwiderte Gottfried einen Gruß. Im Gasthof »Zum Goldenen Lamm« und in der »Krone« herrschte schon reger Betrieb. Die Fenster waren geöffnet, und man hörte laute, fröhliche Stimmen.

Gottfried war in Hochstimmung. Die Nachricht von einem bevorstehenden Krieg beherrschte ganz seine Gedanken. »Jochen«, begann er, »möchtest du gern in den Krieg?«

Jochen lachte. Was für eine komische Frage! Welcher Mann wollte nicht in den Krieg? Das wär' was, da wäre er gleich dabei! Ja, Krieg! Er schneidig in Uniform, ein Held, der in den Kampf zieht! Da würde Meta staunen! Er schnalzte mit der Zunge und ließ die Pferde schneller laufen. Dann hätte er sie gleich, die Meta, das wußte er genau, aber er hätte dann keine Zeit zum Heiraten, und es gäbe für ihn keine Frauen, sondern nur Kampf und Sieg! Später, wenn er heimkehrte, blumengeschmückt, ein umjubelter Held, dann, ja dann würde er sie heiraten. Und stolz würde sie sein auf ihren Krieger, ja, das wär' was!

Jochen schaute ganz verklärt bei diesem Gedanken. Da hörte er hinter sich seinen Herrn sagen: »Dann mach dich fertig, Jochen. Es gibt Krieg«, und Herr Herrlitz erzählte von der russischen Kriegserklärung an Österreich und von der zu erwartenden deutschen Mobilmachung.

Jochen schüttelte sich. Ihm war, als ob er träumte. Er war ganz durcheinander. Die Pferde wurden hin und her gerissen. Aus lauter Unsicherheit waren sie in Galopp gefallen.

»Aber Jochen, man immer sachte. Gleich liegen wir im Straßengraben.«

Jochen brachte die Pferde zum Stehen. »Entschuldigen Sie, gnädiger Herr.« Er wandte sich nach hinten um. »Ist es wirklich so, wie Sie sagen? Gibt es Krieg?«

»Ja, Jochen, und du wirst dabeisein.«

Jochen mußte sich mächtig beherrschen, um nicht vor lauter Freude loszuschreien. Auf einmal hatte er es furchtbar eilig, nach Hause zu kommen. Was Meta wohl sagen würde? Seine Brust wölbte sich, und sein Rücken wurde breit. Er, der Kutscher des gnädigen Herrn, er, Jochen Pallutschek, würde in den Krieg ziehen! Wie oft hatte er als kleiner Junge davon geträumt, einmal in den Krieg zu ziehen, einmal ein Held zu sein!

Beide Männer waren erfüllt von ihren Gedanken. Gottfried hatte sich gemütlich zurückgelehnt. Der leichte, jetzt zum Nachmittag schon etwas kühlere Sommerwind tat ihm gut nach der Hitze in dem stickigen Eisenbahnabteil.

Vom Bahnhof aus mußten sie links abbiegen und kamen in eine hübsche Birkenallee, die zum Platterngrund führte. Gleich würden sie an dem Feldstück vorbeikommen, das er neu erworben hatte. Sein Besitz! Gottfried war stolz! Er war ein guter Landwirt, und er war es mit Leib und Seele. Aber er war auch Kaufmann. Alles, was er tat, mußte auch einen finanziellen Nutzen haben. Die Ziegelei, die er selbst errichtet hatte, und auch die Brennerei vom Großvater, das waren gute Geschäfte. Trotzdem, dachte er, so geht es nicht weiter: Vater darf nicht ein Darlehen nach dem anderen aufnehmen. Ist er denn blind? Sieht er denn nicht, wie Cora das Geld zum Fenster rausschmeißt?

Gewiß, Cora war eine charmante und reizvolle Frau und fast so jung wie Anna. Es war verständlich, daß sein Vater sie liebte, und auch er hatte Cora gern und hatte sich an ihre häufige Anwesenheit auf Senjin gewöhnt. Natürlich war sie ganz anders als Anna. Nicht so zuverlässig, nicht so herzlich und bescheiden. Cora war anspruchsvoll, immer ein wenig undurchsichtig und exzentrisch. Trotz allem aber mochte man sie gern. Ihre Ehe mit dem Baron von Felsen war gewiß kein schöner Abschnitt in ihrem jungen Leben gewesen. Sie hatte den wenig ansehnlichen, alten Mann, wie jeder wußte, nur geheiratet, um ihre verschuldete Familie vor dem Bankrott zu retten.

Immerhin, dachte Gottfried, Familiensinn hat sie, das muß man ihr lassen. Daß sie über den baldigen Tod ihres Mannes nicht gerade traurig war, war selbstverständlich. Aber daß sie ihr nicht gerade geringes Erbteil so schnell verschleudert hatte und nun anfing, an Vaters Geld zu knabbern, das war weniger schön. Da mußte man aufpassen. Er mußte mit seinem Vater reden.

Die alte Mühle war erreicht. Gleich würde das weiße, langgestreckte Herrenhaus hinter dem Knick sichtbar werden. Gottfried verspürte Hunger. Er hatte seit den frühen Morgenstunden nichts gegessen. Es ist gut, wieder nach Hause zu kommen, dachte er.

Das Wiedersehen der beiden Brüder war überaus herzlich. Die vielen Jahre der Trennung hatte jeder von ihnen als schmerzlich empfunden. Wenn auch beide in ihrem Wesen sehr verschieden waren, so verband sie doch eine innige brüderliche Liebe.

Die Nachricht von der russischen Kriegserklärung an Österreich ließ alle, auch das Gesinde, in unbeschreiblichen Jubel ausbrechen. »Es lebe der König, es lebe das Vaterland, endlich wieder einmal Krieg.«

»Heil dir im Siegerkranz«, »Deutschland, Deutschland über alles« und viele andere nationale Lieder wurden immer wieder gesungen.

Roberts Gedanken schwankten zwischen seiner Begeisterung und der Entscheidung, sofort wieder nach China zurückzukehren, hin und her. Er war der einzige in dieser Runde, der sich nicht ganz so uneingeschränkt freute. Aber das durfte er natürlich nicht zeigen, sonst hätte man ihn für unpatriotisch gehalten. Nein, unpatriotisch war er ganz gewiß nicht, er hatte nur zu lange im Ausland gelebt.

Anna kam auf ihn zu: »Denkst du an China? Du wirst doch wohl nicht zurückgehen?« fragte sie ängstlich.

Komisch, dachte Robert, sie hat mich nur angesehen, und schon wußte sie, was ich denke. Ja, Anna versteht mich. Sie würde mich nicht für unpatriotisch halten. »Ich weiß noch nicht, Anna. Erst einmal feiern wir unser Fest. Eine so wichtige Entscheidung läßt sich nicht so schnell fällen. Geduld habe ich in China gelernt.« Er bot ihr den Arm und ging mit ihr zu den andern ins Speisezimmer, wo Franz die belgischen Weingläser noch etwas korrekter hinter den Tellern zurechtrückte.

Ein delikater, leichter Duft der schon angerichteten Pilzsuppe stieg ihnen in die Nase.

Schon im Lauf des frühen Nachmittags waren die ersten Gäste auf Senjin eingetroffen. So auch Annas Vater, Herr von Borrodin, mit ihren Brüdern Borris und Wolja. Auch Olga, die auf einer Domäne in der Nähe von Ostrow verheiratet war, kam mit ihrem Mann und ihren Kindern. Die Kinder steckten sofort die Köpfe zusammen, hatten sich unendlich viel zu erzählen und waren vorerst nicht wieder zu sehen.

Mit anderen Gästen erschien auch Gräfin Bernstorff, die Leiterin der Maidenschule in Wailbach war. Sie wurde von den meisten Damen stürmisch begrüßt. Sie alle verband mit der Gräfin die wunderschöne Erinnerung an ihre Jungmädchenzeit. Viele Töchter aus angesehenen Familien hatten nach ihrer Schulzeit ein Jahr auf der Maidenschule verbracht. Man lernte dort alles: Waschen, Nähen, Kochen, Kleintierzucht, Buttern und Käsen, Gartenbau, Bienenzucht und sogar handwerkliche Fertigkeiten.

Neben der Maidenschule gab es auch eine Kolonialschule für junge Männer. Gemeinsam wurde dort manch schönes Fest gefeiert, und manche Ehe ist dort gestiftet worden. Einige Male kam die Kaiserin zu Besuch. Wer eine besonders gute Führung hatte, durfte Tee einschenken, Klavier spielen oder etwas vorsingen. Glückliche Erinnerungen!

Anna freute sich besonders, einen Teil ihrer Familie wiederzusehen. Leider hatte jeder mit seinem Leben und den Seinen so viel zu tun, daß man sich nur selten sah. Ihre jüngsten Brüder waren aktive Offiziere in einem Potsdamer Garderegiment. In den letzten Jahren hatte sie sie nur gesehen, wenn sie mit Gottfried zur Landwirtschaftlichen Woche nach Berlin kam. Aber mit Olga und ihrem Vater war sie mindestens zweimal im Jahr zusammen, denn Olgas Domäne bei Ostrow war ebenso weit oder nah gelegen wie Koyja von Senjin. Später einmal würde Borris, ihr ältester Bruder, Koyja übernehmen.

Anna dachte daran, wie sie doch alle seit Generationen mit dem Land verwachsen waren. Offiziere und Landwirte. Ob sie nun Herrlitz oder Borrodin hießen, ob sie polnischer oder preußischer Abstammung waren! Es gab ihnen Sicherheit und einen festen Platz im Leben! Es erfüllte sie mit Tradition, mit Zufriedenheit. Auch ihre Kinder und Kindeskinder würden dieses Leben so weiterführen. Für sie alle war es eine Selbstverständlichkeit. Es war der Verdienst ihrer Väter und Vorväter, erworben durch Treue, Anständigkeit, Fleiß und Gottesfurcht. Ein festes Fundament. Niemand würde es je zerstören können.

Forstmeister Hansen hatte die Gäste auf Wunsch des Hausherrn mit dem Jagdhorn zusammengerufen. Man war in der großen Halle versammelt. Ernst Herrlitz hatte Anweisung gegeben, daß das Hauspersonal auch anwesend sein sollte. Durch die seitlichen, offenen Fenster sah das Hofgesinde neugierig herein. Die mühsam hergestellten chinesischen Drapierungen waren durch schwarz-weiß-rote Fahnen ersetzt worden. Eine feierliche Stimmung lag im Raum.

Das Hauspersonal hatte sich in einer Ecke zusammengeschart und blickte ein wenig verständnislos und ängstlich. Nur an Geburtstagen der Herrschaften und zu Weihnachten war es üblich, in der Halle einer Ansprache des gnädigen Herrn beizuwohnen. Auf dem langen Eichentisch, an dessen äußerem Ende Ernst Herrlitz stand, waren Champagnergläser aufgestellt. Franz war dabei, diese Gläser zu füllen.

Die schweren silbernen Kerzenleuchter brannten und verliehen dem Raum eine noch größere Feierlichkeit. Nur für kurze Zeit, bis Franz die Gläser herumgereicht hatte, entstand eine leichte Unruhe. Dann blickte alles gespannt auf den Hausherrn. Kein Laut war mehr zu hören.

Ernst Herrlitz begann zu sprechen: »Liebe Verwandte! Liebe Freunde! Als ältestes Mitglied der Familie begrüße ich Sie alle herzlich auf Senjin. Wir hatten Sie zu einem chinesischen Fest eingeladen, um Sie an unserer Freude über die Rückkehr meines Sohnes Robert aus China teilhaben zu lassen. Wie Sie alle wissen, hat sich inzwischen aber etwas noch Wichtigeres ereignet:

die Kriegserklärung Rußlands an Österreich. Aus diesem Grund feiern wir heute den Beginn eines neuen, ehrenvollen Krieges.« Ein allgemeines Hurra-Rufen erscholl. Herr Herrlitz winkte mit der Hand ab, bat um Ruhe und sprach weiter: »Nach dieser Kriegserklärung ist es für uns alle gewiß, daß Seine Majestät, unser geliebter Kaiser und König, im Einklang mit seinen Bündnisverpflichtungen und mit seiner Freundschaft zu Kaiser Franz-Joseph treu an der Seite Österreich-Ungarns stehen wird. Ein langersehnter Traum, der Wunsch eines jeden Jünglings und jedes ergrauten Mannes ist es, für König und Vaterland in den Krieg ziehen zu dürfen, zu kämpfen und sein Leben zu geben. Der Soldat ist der erste Mann im Staat. Voll Stolz denke ich an unsere Vorfahren. Ich denke an den Begründer Senjins, der einst aus dem Brandenburgischen herüberkam ins Posener Land, an den mutigen Schäfer Johann Jakob Herrlitz, der sich während des schwedisch-polnischen Krieges 1655–1666 durch besondere Tapferkeit ausgezeichnet hatte, so daß er im Heer des großen Kurfürsten Friedrich Wilhelm zum Offizier befördert wurde.«

Die Augen des Hausherrn wanderten hinüber zu den Wänden der großen Freitreppe. Dort hingen die Ölgemälde der Familie. Die ältesten waren klein und bescheiden in der Malerei, so wie Senjin einstmals als Schäferei klein und bescheiden in seinen Anfängen gewesen war. Mit zunehmendem Wohlstand und Ansehen der Familie wurden sie größer und farbenfroher wie das Gut und das Leben auf dem Gut selbst.

Nach einer kleinen, besinnlichen Pause hörte man wieder die Stimme des Hausherrn: »Immer haben sich Männer der Familie Herrlitz ihrem König gegenüber als würdig erwiesen. Diese Tradition lebt weiter in uns und in unseren Kindern. Glorreiche Siege liegen hinter uns, glorreiche Siege werden vor uns liegen. Ich erhebe mein Glas zuerst, wie es in diesem Hause üblich ist, auf den König, als zweites auf unser deutsches Vaterland, als drittes auf den Sieg!«

Wie in Hypnose, noch ganz im Bann der ergreifenden Worte, erhoben alle ihr Glas und tranken es in einem Zuge aus. Dann brach es los, das brausende Hurra, und voller Stolz und Glück fiel man sich in die Arme. Der Jubel wollte kein Ende nehmen. Vom Hof her hörte man ebenfalls lautes Geschrei und Hurra-Rufe. Auch das Gesinde, schon ein wenig betrunken vom Kartoffelschnaps, machte seiner Freude Luft. Die Nationalhymne erklang. Irgendeiner hatte sie angestimmt, und schon sangen alle mit: »Heil dir im Siegerkranz, Heil, Kaiser dir ...«

Robert war tief beeindruckt von den Worten seines Vaters. Wenn gestern noch ein leiser Gedanke in ihm gewesen war, nach China zurückzukehren, so war ihm doch jetzt klargeworden, daß er ein Herrlitz war, ein Offizier des Königs! Für ihn, für sein Vaterland würde auch er freudigen Herzens kämpfen und sterben.

Anna stand an eine Säule gelehnt. Er ging auf sie zu, streckte seine Arme nach ihr aus. Er wollte sie umfassen, aber er nahm nur ihre beiden Hände. Sie standen sich gegenüber und schauten sich fragend in die Augen.

»Du bleibst«, sagte Anna.

Er nickte.

»O Robert!«

Es bedurfte einer gewissen Zeit der Beruhigung, bis man in den Speisesaal hinüberging. Die lange Tafel war mit schwarzen Bändern, weißen Lilien und roten Rosen geschmückt. Paula, die Mamsell, und ihre Mädchen hatten sich bei diesem Diner wieder einmal selbst übertroffen. Die Mahlzeit zog sich über zwei Stunden hin und wurde noch von manch herzlicher Rede unterbrochen.

Draußen war es dunkel geworden. Es leuchteten nur die Kerzen im Raum. Ihr Licht wurde von Silber und Kristall zurückgeworfen, schien auf die Gesichter der Gäste, flackerte über Schultern und Brustansätze der Damen, funkelte in den Orden und Ehrenzeichen der Herren und gab allem Glanz und Wärme. Ein glückliches Bild!

Für alle sollte dieser Abend in unauslöschlicher Erinnerung bleiben.

Am anderen Morgen nach dem Frühstück nahm man Abschied. Für viele war es ein Abschied für immer.

Am 1. August 1914 erfolgte die Kriegserklärung Deutschlands an Rußland, am 3. August eine Kriegserklärung Deutschlands an Frankreich. In der Nacht vom 4. zum 5. August lief das Ultimatum Englands ab, das die Achtung der Neutralität Belgiens verlangte. Der deutsche Generalstab hatte den Durchmarsch deutscher Truppen durch Belgien geplant, um an der stark befestigten Ostgrenze Frankreichs Verluste zu vermeiden und um Zeit zu gewinnen. Die politische Führung konnte sich zu diesem Zeitpunkt nur noch der militärischen Planung unterordnen. So trat auch England in den Krieg gegen Deutschland.

Robert hatte Senjin noch am Abend des 1. August verlassen. Bevor er sich bei seinem Regiment meldete, wollte er von Hamburg aus, wo seine besten Handelspartner saßen, seine Geschäfte in China so gut wie möglich ordnen. Den größten Teil seines Barvermögens hatte er bereits in Wertpapieren bei der Dresdner

Bank deponiert. Aber seine Firma mußte sicher und gut verwaltet werden, bis er sich selbst wieder um die Dinge kümmern konnte.

Er saß im Zug und überdachte, wie turbulent und ereignisreich die letzten Wochen für ihn gewesen waren. Zuerst die Reisevorbereitungen in China. Er dachte an Kaschamuja, an ihre hübschen Mandelaugen in dem blaßgelben Gesicht, an ihr Lächeln. Wie klein und zierlich war sie, wenn sie für ihn tanzte mit den reizvollen Handbewegungen, deren Sprache so beredt war. Oder wenn sie eine fremde Musik sang, die er nie ganz verstanden hatte, die ihm aber fehlte, wenn er sie lange nicht hören konnte. Ja, seine kleine Kaschamuja verstand es, den Tee zuzubereiten und ihn zu lieben, besser als jede andere Chinesin. Sie war selbstlos, fürsorglich und so anschmiegsam. Immer empfand er in ihrer Nähe Zufriedenheit.

Robert streckte sich und lehnte sich weiter zurück in die Polster. Er dachte an den letzten Abend im Landclub von Tientsin. Alle seine Freunde, was würden sie jetzt machen? Wann würde er sie wiedersehen?

Auch in China gab es eine Frau. Brigitt. Vielleicht hätte er sie geheiratet, wäre er geblieben. Sie war ein anständiger, feiner Kerl. Gewiß wäre sie ihm eine gute Frau geworden, kameradschaftlich und treu. Aber geliebt? Nein, geliebt hatte er immer nur Anna.

Er hielt die Hände vor das Gesicht und versuchte, die Gedanken an Anna zu verscheuchen. Er erinnerte sich wieder, wie er das Schiff bestiegen hatte, das ihn nach Europa bringen sollte. Wie anders war diese Reise gegenüber dem Transport gewesen, der ihn als Soldat nach China gebracht hatte: Diesmal war er Luxusklasse gefahren und nicht seekrank geworden. Ganz abgesehen davon, daß eine Fülle neuartiger Eindrücke und

Begebenheiten in den Hafenstädten dazukamen. Von Tsingtau über Hongkong nach Singapur, weiter nach Ceylon und durch den Suezkanal bis Tunis, dann nach Gibraltar, Lissabon, Le Havre, Amsterdam, Hamburg. Welch eine Reise! In Hamburg war er nur kurz geblieben. Ein Essen mit Geschäftsfreunden, einige Besprechungen, ein Spaziergang entlang der Alster, über den Jungfernstieg bis zum Rathaus. Dann hielt es ihn nicht länger. Mit dem Nachtzug fuhr er nach Posen. Zurück in die Heimat, zurück zu seiner Liebe.

Robert schloß die Augen, er sah alles vor sich, die vertrauten Wege, das schlichte, langgezogene zweistöckige Haus, sein Elternhaus, die alte Feldsteinmauer, die Toreinfahrt, den Hof, ein wenig verändert durch die neuen Pferdeställe und die Leutehäuser. Und dann Franz! Die Überraschung war ihm gelungen, zum ersten Mal hatte er den immer beherrschten Franz ganz außer Fassung gesehen. Und Vater! Welche Freude! Er war wie immer. Ein wenig älter, an den Schläfen etwas grau, aber gerade und stolz.

Robert war glücklich. Ja, es war schön, wieder daheim zu sein. Und dann kam Anna! Wie oft hatte er sich das Wiedersehen ausgemalt. Es wurde ganz anders, als er es sich vorgestellt hatte – nichts war dramatisch. Sie war ihm nicht in die Arme gesunken. Sie hatten sich nicht geküßt. Sie hatten nicht geweint. Ahnungslos schritt Anna mit den Kindern die Treppe hinunter.

»Robert ist da«, rief der Vater ihr zu.

Ihr stockte der Atem, augenblicklich blieb sie stehen. Er spürte ihr Zittern und ging auf sie zu. Kein Wort kam über ihre Lippen. Sie sahen sich an. Nicht lange, nur einen Augenblick. Dann brachen die Kinder das Schweigen.

Robert schien es, als sähe er nochmals ihre Augen. So viel Leid, so viel Schmerz, so viel Glück lag darin. Alles, so schien es ihm, wollte sie ihm sagen. Auch sie hatte gelitten, auch sie liebte ihn noch.

Robert merkte nicht, daß er stöhnte. Der Herr neben ihm im Eisenbahnabteil fragte besorgt, ob er Schmerzen habe. Robert lächelte ihn abwesend an: »Aber nein, nein, danke, es geht schon vorüber.« Er fühlte sich müde.

Gleichmäßig ratterte der Zug dahin. Robert schlief ein.

Cora hatte ihr zauberhaftes, tiefrotes Seidenkleid mit dem perlenbestickten Gürtel und dem sehr dekorativen, wenn auch wie immer bei ihr etwas zu tiefen Ausschnitt angezogen. Dazu trug sie den großen, gelben Strohhut aus Florenz mit den Maréchal-Niel-Rosen. Sie sah wirklich ganz entzückend aus. Ihre ebenmäßige Figur, sehr schlank mit einer betont zarten Taille, mußte einfach jeden entzücken. Sie wirkte wie ein Gemälde. Ihre etwas rötlich schimmernden Haare waren am Hinterkopf hochgesteckt und fielen in Korkenzieherlocken auf die Schultern. Ihre Brüste waren fest und groß, jedoch nicht zu voll. Begehrlich und ein wenig rätselhaft schauten ihre Augen. Die schmalen, leicht hervortretenden Backenknochen gaben dem Gesicht etwas Exotisches. Ihre Haut schimmerte alabastern. Immer etwas feucht und kirschrot waren ihre Lippen, so als sehnte sie sich danach zu küssen.

Alle hatten bei Coras Anblick ihr Gespräch unterbrochen. Sie schritt langsam und federnd die Treppe hinunter, sich ihres Eindrucks voll bewußt.

Sie ist wirklich schön, dachte Anna; für einen Mann muß es schwer sein, sich nicht in sie zu verlieben. Sie hat so ein gewisses Etwas, damit können wir Frauen hier auf dem Land nicht konkurrieren. Resigniert zuckte sie mit den Schultern.

Ernst Herrlitz war auf Cora zugegangen und küßte ihr die Hand. Er war hingerissen. Sie wird immer schöner, dachte er. Alles scharte sich um Cora, sogar Robert und Annas Vater, der noch nicht wieder nach Koyja zurückgefahren war, um bis zum Schluß von den ins Feld Ziehenden Abschied zu nehmen. Cora genoß ihren Triumph. Sie ließ sich bewundern, ein wenig affektiert und sehr verführerisch.

Anna hatte an diesem Morgen längere Zeit als sonst vor dem Spiegel gestanden. Auch sie wollte hübsch sein. Heute sollte ihr Mann in den Krieg ziehen. Wie gut sah er in der eleganten, schmal geschnittenen Offiziersuniform der Fürstenwalder Dragoner aus! Ihre Augen strahlten. Sie würde eine Soldatenfrau sein wie ihre Mutter, ihre Großmutter und ihre Ahnfrauen vor ihr. Sie hatte das hellblaue Batistkleid gewählt, das Gottfried so liebte, mit dem kleinen Bubikragen und den weißen Stulpenmanschetten. Lieb sah sie darin aus, fand Gottfried. Genau das war es, was ihm so sehr an ihr gefiel: das Liebe, das Bescheidene, das Anständige. Wie zuverlässig, wie sauber wirkte Anna neben der gewiß reizvollen Cora. Welche Gegensätze!

Gottfried war zu Anna getreten. »Ich liebe dich, Annuschka«, sagte er und nahm sie in die Arme. »Wie wirst du mir fehlen! Wirst du allein zurechtkommen? Wie wirst du dich mit Cora vertragen, wenn wir fort sind?« Er strich ihr über das schwarze Haar. »Ihr seid so verschieden.« Wieder drückte er sie an sich und sagte: »Ich werde tapfer sein für dich und für die Kinder. Wenn ich fallen sollte, darfst du nicht weinen. Ich will, daß du stolz auf mich bist. Versprich es mir!«

Anna nickte eifrig und bekämpfte die Tränen. »Ja, Gottfried, ja.« Sie war glücklich und unglücklich zugleich. Es waren die letzten Worte, die sie allein miteinander sprachen. Die Kutschen waren vorgefahren. Die Leute standen im Hof und winkten, warfen Blumen und riefen: »Hoch leben die tapferen Krieger!«

Am Bahnhof ging dann alles sehr schnell. Reservisten und Soldaten wurden mit Blumen geschmückt. Immer wieder hörte man Hurra-Rufe und Kriegslieder.

Ein letzter Kuß, ein letztes Winken. Der Zug setzte sich in Bewegung. Verstohlen wischte sich Anna eine Träne aus den Augen. Das Abschiednehmen war nicht so leicht. Sie konnte einfach nicht fröhlich sein. Auch mußte sie an Robert denken. Sie hätte ihn so gerne geküßt, wenigstens beim Abschied. Anna fand es auf einmal gar nicht mehr so schön, eine Soldatenfrau zu sein, aber sie wollte Gottfried nicht enttäuschen. Sie wollte tapfer und stolz sein, wie sie es ihm versprochen hatte, und sie wollte es auch für Robert sein.

Fest nahm sie die beiden Kinder an ihre Hände und ging zurück zum Wagen.

»Na, Annuschka«, sagte ihr Vater, »nun werden wir wohl eine Zeitlang allein bleiben.« Er nahm seine Tochter zärtlich in die Arme. Anna konnte jetzt doch nicht umhin, ein wenig zu weinen. Alles war auf einmal so verändert, so leer. Alle halbwegs jungen Männer waren eingezogen. Auch Jochen. Statt seiner saß der alte Kowalski wartend auf dem Kutschbock. Ein komisches Bild. Jochen hatte ihm noch zum Schluß in einer Anwandlung von Großzügigkeit seinen blauen Rock mit den Goldknöpfen geliehen, auf den er so stolz war.

Der Rock war viel zu lang für den kleinen, dicklichen Kowalski und ließ sich nur bis zum oberen dritten

Knopf schließen. Herr von Borrodin hob Sascha auf den Kutschbock und sagte zu dem alten Mann: »Bringen Sie dem Jungen mal ordentlich das Kutschieren bei. Wir brauchen jetzt Männer, die uns helfen.«

Sascha war mächtig stolz. Er wollte immer schon Kutscher werden. An der Bremse drehen und die Peitsche schwingen, das machte Spaß. Michael hatte sich des Wagens bemächtigt. »Den fahre ich!« sagte er.

Anna hatte nichts dagegen. So konnte sie sich gemütlich mit ihrem Vater unterhalten. Die Pferde würden ohnehin mit oder ohne Michaels Hilfe den Weg in den heimatlichen Stall finden.

Cora hatte darauf bestanden, Ernst Herrlitz und seinen Sohn Gottfried nach Berlin zu begleiten. Gegen ihr Argument, daß es ihr Freude mache, die Herren so lange wie möglich zu genießen und später alte Freunde und Verwandte in Oranienburg zu besuchen, war nichts einzuwenden. Außerdem war Cora eine hübsche, charmante Frau, deren Gegenwart die Reise angenehm verkürzen würde.

Das Verhältnis von Ernst Herrlitz zu Cora war in ihren Kreisen ungewöhnlich: Sie war seine Geliebte. Niemand hätte dem alten Herrlitz einen Vorwurf daraus gemacht, daß er ein Verhältnis habe. Gewiß nicht, darin war er nicht der einzige. Er war ein Witwer, und er war ein Mann, und einem Mann war alles erlaubt. Aber daß er sich als Liebschaft ausgerechnet eine Dame der Gesellschaft ausgesucht hatte, fand man doch etwas befremdend. Wo blieb da die gesellschaftliche Moral? Eine Frau hatte körperlich unberührt zu sein, sonst war sie keine Dame. Daß eine Frau ebenso wie ein Mann gewissen körperlichen Trieben unterworfen war, hätte man nie zugegeben. Es hätte gegen die Heiligkeit der Frau verstoßen. Eine Frau hatte in diesen Dingen lebensfremd zu bleiben.

Daß Anna sich als junges Mädchen, damals in Koyja, Robert hingegeben hatte, verstieß natürlich ebenso gegen die gesellschaftliche Moral. Darum hatte Anna auch ständig ein schlechtes Gewissen, obwohl sie aus Unerfahrenheit und einem echten, tiefen Gefühl der Liebe gehandelt hatte. Bei Cora war das ganz anders. Sie verstieß ohne Scham wissentlich gegen die gesellschaftliche Moral. Bei ihr geschah es aus ihrem triebhaften Wesen, vielleicht auch aus einer Gegenreaktion gegen die erzwungenen ehelichen Beziehungen zu ihrem verstorbenen Mann. Auf jeden Fall hatte die Familie von Felsen sich sofort nach Bekanntwerden ihres Verhältnisses von ihr zurückgezogen. Cora störte das wenig. Sie hatte diese Familie nie gewollt. Ihre Ehe war ein finanzielles Opfer für ihre verschuldeten Eltern. Jeder wußte das, und man hatte dafür Verständnis. Aber man hatte kein Verständnis dafür, daß Cora und Ernst Herrlitz nicht heirateten. Beide waren verwitwet. Es wäre also die natürlichste Sache von der Welt gewesen.

Am Anfang hatte Ernst Herrlitz Cora tatsächlich einen Heiratsantrag gemacht. Damals, als sie sich in Berlin trafen, wohin er jedes Jahr zur Landwirtschaftlichen Ausstellung fuhr. Es war Februar, man schrieb das Jahr 1900. Berlin wuchs und wurde zu einer immer größeren Weltstadt. Seit 1881 verkehrte die erste elektrische Straßenbahn der Welt, gebaut von Siemens & Halske, in Lichterfelde. Es gab ein städtisches Kraftwerk in der Markgrafenstraße. In der Leipziger Straße und auf dem Potsdamer Platz brannten elektrische Bogenlampen. Die Technik begann, die Welt zu erobern. Man begann mit dem Bau der ersten elektrischen

Hoch- und Untergrundbahn. Sie reichte bereits von der Warschauer Brücke bis zum Bahnhof Zoologischer Garten. Immer größer wurde der Aufschwung Berlins als Industrie- und Handelsstadt, als Zentrum von Banken und Börsen. Weit über die Grenzen der Stadt hinaus drang der Ruf der Berliner Oper, der Hochschule für Musik unter Leitung von Joseph Joachim und des Philharmonischen Orchesters. Berlin war im Begriff, zur ersten deutschen Theaterstadt aufzusteigen. Man spielte Ibsen und Gerhard Hauptmann, der seinen Siegeszug mit der Uraufführung »Vor Sonnenuntergang« in der von den Brüdern Hart und Otto Brahm gegründeten Freien Bühne begonnen hatte.

Die Straßen und Plätze waren verschwenderisch mit Denkmälern und pompösen Hausfassaden ausgestattet. Am Alexanderplatz grüßte die Berolina.

Adolf Menzel, der Bahnbrecher zum Realismus, malte in Berlin, und der unermüdliche Theodor Fontane hielt literarisch das Leben in und um Berlin fest. Die Menschen der Stadt waren lebensbejahend und aufgeschlossen und besaßen einen sprühenden, oft scharfen Witz. Man distanzierte sich deutlich vom Land. Zahllose lustige Geschichten rankten sich um den sprichwörtlichen Provinzonkel. Wer etwas erleben wollte, reiste nach Berlin. Cora war in dieser Stadt aufgewachsen und liebte ihren pulsierenden Rausch. Das Trauerjahr war längst vorbei. Sie war wieder im Besitz ihrer Freiheit und eines nicht unbeträchtlichen Vermögens. Sie sah blendend aus, war intelligent und sehr eigenwillig. Warum, so fragte sie sich immer wieder, sollte sie nicht ihr Leben nach ihren Wünschen gestalten?

Es war nicht das erste Mal, daß Cora mit Ernst Herrlitz, nachdem dieser die Landwirtschaftliche Ausstellung besucht hatte, für ein paar Tage nach Senjin fuhr.

45

Sie waren verwandt, niemand fand etwas dabei. Aber natürlich konnte es nicht so bleiben.

Ernst Herrlitz hatte sich schon beim ersten Kennenlernen in Cora verliebt. Nun flackerte dieses Feuer wieder auf. Für Cora war es ein Spiel. Sie fand die Begleitung des eleganten und gutaussehenden Herrn schmeichelhaft und unterhaltend. Es gefiel ihr, daß man sie verehrte. Es befriedigte ihre Eitelkeit. Natürlich liebte sie ihn nicht. Sie mochte ihn gern, das war alles. Aber Cora war eine Spielernatur; es reizte sie, zu sehen, wie weit sich dieser Mann in sie vernarren konnte. Sie war leichtsinnig, und sie war sinnlich. Warum sollte sie sich nicht den Spaß machen und ihn verführen? Warum sollte sie sich nicht selbst den Genuß gönnen, sich verführen zu lassen? Es war ein leichtes bei einem Witwer, der jahrelang puritanisch auf dem Land gelebt hatte und dazu noch liebeskrank war. Die Gelegenheit ergab sich bald.

An einem Abend waren sie allein. Cora hatte alles geschickt vorbereitet. Die Beleuchtung war schwach, schwer und süß ihr Parfüm, ihre Stimme sehr weich, begehrlich ihr Blick. Und das Dekolleté! Fast frei schienen die Brüste. Sehr sinnlich wirkte ihr Mund.

Cora genoß die Qual des Mannes, doch dann erlag auch sie diesem Spiel. Er nahm sie, löste die Kleider, begehrlich und wild. Es war wie ein Rausch. All das aufgespeicherte Verlangen entfesselte sich in dieser Nacht. Es war mehr, als Cora erwartet hatte.

Ernst Herrlitz war glücklich. Er liebte sie, und er mußte glauben, sie liebe auch ihn. Für ihn war es selbstverständlich, nach allem, was vorgefallen war, Cora einen Heiratsantrag zu machen. Eine andere Lösung war für ihn gar nicht denkbar.

Cora aber lehnte ab! Sehr behutsam, nicht abrupt.

Dazu war sie viel zu geschickt. Ernst Herrlitz war fassungslos. Er konnte die Ablehnung nicht verstehen. Wo anders als in der Ehe konnte die Verbindung von Mann und Frau zu wahrem Glück und wahrer Erfüllung gelangen? So sagte es die Kirche, und in dieser Einstellung war er erzogen worden. Er war ein guter Christ. Sein Leben war bislang sauber und gerade verlaufen, ohne Komplikationen. Die Situation, in der er sich jetzt befand, war in sein Leben nicht eingeplant. Er war ratlos und versuchte, sich von Cora zu lösen. Aber es gelang ihm nicht, und er wollte es im Grunde auch gar nicht. Anfänglich redete er sich ein, es genüge ihm, wenn er sie ab und zu sehe. Aber das war natürlich eine Selbsttäuschung. Er bedurfte ihrer ganz, ihres Körpers, ihrer Vereinigung. Seine Abhängigkeit von ihr wurde immer stärker – Cora lebte immer öfter und mit immer größerer Selbstverständlichkeit auf Senjin.

Die einzige, für die dieser Zustand eine große Belastung war, war Anna, deren Rechte im Haushalt von Cora mehr und mehr beschnitten wurden, aber es auf einen Machtkampf mit Cora ankommen zu lassen, lag Anna nicht und erschien ihr auch wenig erfolgversprechend. Ihr war an einem harmonischen Familienleben gelegen. Sie war viel zu empfindsam und rücksichtsvoll. Lieber verzog sie sich in ihr Schneckenhaus, als daß sie Unfrieden ertragen hätte. So war das Verhältnis von Anna zu der fast gleich jungen Cora etwa ebenso wie das einer Schwiegertochter zu ihrer tyrannischen Schwiegermutter.

Cora war mit sich und der Welt sehr zufrieden. Allmählich hatte sich die gute Gesellschaft aus Rücksicht auf Ernst Herrlitz mit der Tatsache ihres unmoralischen Lebens abgefunden. Sie hatte einen Geliebten, der ihrem sinnlichen Verlangen entsprach und weit genug entfernt wohnte, um ihre sonstigen kleinen Eskapaden in Berlin oder auf Reisen zu bemerken. Und wenn schon, dachte sie oft, ich bin ja, Gott sei Dank, nicht mit ihm verheiratet. Ich bin frei.

Seit einiger Zeit jedoch bedrückte sie die Tatsache, daß sie anfing, von ihm abhängig zu werden. Nicht seelisch, nein, finanziell! Ihr einstmals beträchtliches Vermögen war auf ein Minimum zusammengeschmolzen. Die einzige Möglichkeit, ihr luxuriöses Leben weiterzuführen, blieb Ernst Herrlitz. Sie begann zu bezweifeln, daß sie damals klug gehandelt hatte, ihn nicht zu heiraten. Immer wieder empörte es sie von neuem, wenn sie daran dachte, wie er bei einer Andeutung ihrerseits, dieses jetzt nachzuholen, reagiert hatte. »So ein Unsinn, Cora«, hatte er lachend gesagt, »wozu jetzt noch heiraten? Wir leben doch so ganz gut zusammen.«

Es war nicht nur Bequemlichkeit, die seine Bereitwilligkeit zu einer Heirat gedämpft hatte. Es war ihm keineswegs entgangen, daß Cora innerhalb weniger Jahre, wenn auch durch großzügige Zuwendungen an ihre Familie, ihr Vermögen verschleudert hatte. Ein Gespräch mit seinem Sohn Gottfried hatte ihm klargemacht, welche erheblichen Summen seines eigenen Vermögens schon von Cora verbraucht worden waren, und wenn er es sich auch nicht so kraß eingestehen wollte, so wußte er doch, daß eine Frau wie Cora auch ihn ruinieren könnte, wenn er nicht aufpaßte. Es war erstaunlich, wie er sich gewandelt hatte. Es kam ihm gar nicht mehr in den Sinn, daß sein Verhältnis unmoralisch sei, und nicht nur in dieser Hinsicht hatte sich Coras Einfluß auf seinen Charakter bemerkbar gemacht. Auch ein gewisser Egoismus hatte sich in sein Wesen eingeschlichen. Cora war ihm eine bequeme und sehr angenehme Geliebte. Aber zuviel Geld sollte sie ihn nicht kosten. Das hatte er sich für die Zukunft vorgenommen; wie das im einzelnen zu bewerkstelligen sein würde, blieb vorerst offen.

So kam beiden für ihr noch ungelöstes Problem der Krieg sehr gelegen.

Auf dem Gut war es ruhiger geworden. Man sah nur noch wenige junge Männer. Auch Jochen und Bela, der Gärtner, sowie der größte Teil der jungen Hofgänger waren zum Militär eingezogen. Sonst aber lief alles seinen gewohnten Gang. Michael schrieb aus Posen, wo er seit kurzem zusammen mit Sascha das Gymnasium besuchte, daß auch ein Teil der Lehrer an der Front, sonst aber wenig von einem Krieg zu spüren sei.

Den ersten Schrecken brachten die Nachrichten aus Ostpreußen, wo das schwache deutsche Ostheer von zwei russischen Armeen überflutet worden war und bis über die Weichsel hatte zurückfliehen müssen. Doch an der Westfront, an der Hauptmann Herrlitz und seine Söhne kämpften, war man im raschen Vormarsch durch Belgien bis an die Marne vorgestoßen. Es verbreitete sich die Kunde, daß Paris bedroht und die französische Regierung gezwungen sei, nach Bordeaux überzusiedeln.

Man befand sich in einem Freudentaumel ohnegleichen. Hinzu kam, daß inzwischen General Paul von Hindenburg und sein Stabschef Erich Ludendorff den Oberbefehl an der Ostfront übernommen hatten. Sie hatten bei Tannenberg und an den Masurischen Seen die beiden russischen Armeen kurz hintereinander angegriffen und bis weit über die deutschen Grenzen zurückgeworfen. »Sieg, Sieg«, so hörte man es überall, und das nach noch nicht einmal zwei Monaten Krieg.

Auch die Oberste Heeresleitung glaubte, die Entscheidung sei schon gefallen; nur so war es zu erklären,

daß der große deutsche Offensivplan, der Schlieffen-
plan, mit Beginn der Marneschlacht schlecht ausge-
führt wurde und scheiterte. Die zwei an die Ostfront ge-
worfenen Armeekorps fehlten. Der rechte Flügel war
verhängnisvoll geschwächt und der linke überflüssig ge-
stärkt. Das waren nicht wiedergutzumachende Fehler.

Eine beginnende Unordnung war zu spüren, Armeen zu weit voraus oder zu weit zurück. Mangelnder
Kontakt zwischen Hauptquartier und Befehlshabern im
Felde. Der gesammelte französische Gegenschlag vom
6. bis 12. September an der Marne bedeutete Rückzug
für die deutschen Truppen. Kein bedeutender, nur von
der Marne bis zur Aisne. Keine Panik, aber doch immerhin ein Rückzug. Auch die Beute von fünfzig Ge-
schützen und einigen tausend Gefangenen konnte
nicht darüber hinwegtäuschen.

Im Oktober/November folgte noch einmal ein Versuch deutscher Truppen, zu den Kanalhäfen vorzudrin-
gen, um so Frankreich von England abzuschneiden.
Man konnte sogar bis zu einem gewissen Punkt von
Erfolg sprechen, doch bald geriet die ganze Front ins
Stocken. Man hörte zwar von Offensiven und Gegen-
offensiven immer da, wo jeweils der Gegner am stärk-
sten war, aber eine Bewegung der Frontlinie trat nicht
ein, oder höchstens im Rahmen von zehn Kilometern.
Ein Stellungskrieg mit immer größeren Mitteln der
Massenvernichtung, der Massenschlächterei begann.
Der Krieg war im Begriff, etwas zu werden, was keiner
vorauszusehen wagte! Die Zahl der Erschlagenen und
Gefangenen, die Bilder toter, ertrinkender oder verwundeter Feinde wurden zur Lektüre der so lange in
vollendeter Zivilisation lebenden Menschen. Man übersah, daß es an der Front nicht mehr zivilisiert zuging.

Weihnachten 1917 stand vor der Tür. Nachdem im

Februar der russische Zar zur Abdankung gezwungen worden war, stürmten am 7. November die Bolschewisten unter Führung Lenins das Winterpalais in Petersburg und übernahmen die Staatsgewalt. England, das mit seiner Blockade schon zu Beginn des Krieges Nord- und Ostsee zum Sperrgebiet erklärt hatte, verursachte im Land immer größere Not. Deutschland konnte weder mit dem Ausland noch mit den eigenen Kolonien Waren austauschen. Man hungerte! In den Städten ernährten sich die Menschen oft nur von Steckrüben. Seuchen und Mangelkrankheiten breiteten sich aus. Dabei hatten Männer und Frauen in den Rüstungsindustrien härteste Arbeit zu leisten.

Auf dem Land ging es dagegen noch verhältnismäßig normal und friedlich zu. Die fehlenden Landarbeiter waren durch Kriegsgefangene ersetzt worden. Natürlich mußte man fast alle Erzeugnisse abliefern, und es war selbstverständlich, daß man sich einschränkte. Pferde, Ersatzteile für Landmaschinen und Düngemittel waren Mangelware geworden. Dafür vergrößerte sich die Sorge um die Zukunft und um die Angehörigen an der Front. Auch hier verblaßten die heroischen Bilder vom Krieg durch den Eindruck der grausamen Wirklichkeit.

Wie glücklich war Anna, als sie die Nachricht erhielt, daß ihr Schwiegervater und vielleicht auch Robert Weihnachtsurlaub bekommen würden!

Nun fehlt nur noch Gottfried, dachte sie. Dann sind wir alle wieder vereint. Sie hatte längere Zeit keine Nachricht von ihm bekommen. Zwar hörte sie von anderer Seite, daß es in seinem Abschnitt ganz ruhig sei, aber sie machte sich doch Sorgen. Immer größer wurde die Liste der Verwundeten und der Toten. Viele Gutsarbeiter aus Senjin waren darunter. Wie glücklich und voller Hoffnung waren sie damals alle in den Krieg gezogen. Was hatten sie verbrochen, daß Tod und Verderben über sie kam?

Anna hatte Angst. Der Krieg hatte nichts mehr von der Glorie, die ihn am Anfang umgab. Ihr schien, als wolle sich die Welt verdunkeln. Die Sicherheit und Geborgenheit, die bislang ihr Leben und das ihrer Eltern und Großeltern umgeben hatte, schien gar nicht mehr so selbstverständlich! Die alte Ordnung war offenbar ins Wanken geraten.

Anna machte sich sehr viele Gedanken, doch sie hatte niemanden, mit dem sie darüber sprechen konnte. Die Männer waren im Krieg. Ihr Vater war durch die fehlende Hilfe seines Inspektors so sehr mit Koyja ausgelastet, daß sie ihn fast ein Jahr nicht gesehen hatte. Ihre Freunde hatten ihren eigenen Kummer, und Cora hätte sie wegen ihrer trüben Gedanken nur ausgelacht.

Deshalb hatte sich Anna ein Büchlein angeschafft, in das sie alles niederschrieb, was sie bewegte. Sie holte es aus der Schublade hervor und blätterte darin. Immer wieder waren da Fragezeichen, waren Hoffnungen und Zweifel ausgedrückt. Sie las ein Gedicht, das sie kürzlich begonnen hatte:

Einst spürten wir die Hand auf unserm Scheitel,
Die große Hand, aus der wir alle sind.
Wie nah und glücklich waren wir als Kind.
Und warum sind wir heut so haltlos und so
    voller Zweifel?
Wir haben jedes Maß der Welt in uns verloren.
Wo bleibt die Stimme, die es wiederbringt?
Ward nicht in einer Nacht ein Kind geboren,
Von dem man dankbar in der Kirche singt?

Man singt von ihm, doch unsre müden Züge
  verraten Haß,
Und Leid und Hunger läßt uns schreien.
Das also, Gott, soll deine Liebe sein?
Und unsre Priester predigen die Lüge?
Ist Glaube oder Wahrheit nur ein Schein?

Anna klappte ihr Büchlein wieder zu. Sie fand keine
Worte, die sie hineinschreiben konnte. Schon zu oft
standen dort die gleichen Zweifel, die gleichen Fragen.

Michael trat ein. »Es wird schon dunkel, Mamachen«,
sagte er, »und du sitzt hier ganz ohne Licht!« Liebevoll
legte er ihr die Hand auf die Schulter.

Er ist fast schon ein Mann, dachte Anna und schaute zu ihm empor. »Ich denke an deinen Vater, mein
Junge. Wenn er doch auch am Heiligen Abend bei uns
sein könnte!«

»Ja, Mutter.« Michael blieben die Worte wie ein Kloß
im Halse stecken. Auch er hatte Angst um den Vater.

»Über einen Monat keine Post«, fing Anna wieder
an. »Ich mache mir Sorgen!«

»Mamachen, du mußt nicht daran denken«, versuchte Michael sie zu beruhigen, »um so schneller wirst du
eine gute Nachricht erhalten. Morgen kommen Groß-
papa und vielleicht auch Onkel Robert, sicher wissen
die etwas von Papa.«

Anna lächelte ihn dankbar an. Es rührte sie, wie er
sie trösten wollte. »Du hast ja recht, mein Junge. Es ist
dumm von mir, verzagt zu sein.«

Am nächsten Morgen hatte Anna mit Cora und den
Kindern gerade das Frühstück beendet und schickte
sich an, ihren Schwiegervater von der Bahn abzuholen,
da kam Franz und brachte den Brief. Er kam aus

Péronne. Das Kuvert war beschmutzt und eingerissen. Der Poststempel lag lange zurück.

Anna zerrte an dem Umschlag. Sie war ganz aufgeregt. Was Gottfried wohl schreiben würde? Die Kinder kamen zu ihr gelaufen und guckten aufgeregt über ihre Schulter. Selbst Cora war ungeduldig und drängelte: »Nun lies schon.«

Annas Stimme zitterte. Es war ein langer Brief. Gottfried schrieb, daß sein Regiment verlegt worden sei. Es hätte Kämpfe gegeben. Viele Verluste. Die Engländer und Franzosen hätten immer wieder versucht, die deutschen Linien zu durchbrechen. Es wäre ihnen aber nicht gelungen. Er schrieb, daß er traurig sei, Weihnachten nicht bei ihnen sein zu können. Er sehne sich nach dem friedlichen Leben auf Senjin, nach dem Duft der Ställe, dem Geräusch der Dreschmaschinen, vor allem aber nach ihr und den Kindern. Er wollte wissen, was die Leute machten, wer noch da wäre und wer ihr bei der Verwaltung des Gutes helfe, ob Herr Hansen eingezogen sei, ob der Landrat ihr genug Kriegsgefangene für die Frühjahrsbestellung besorgen könne. Er wollte auch wissen, was die Jungtiere machten, von denen sie ihm geschrieben hatte. Dann fragte er nach ihrer Familie, nach ihren Brüdern. Es war ein schöner Brief. Natürlich wäre er noch schöner gewesen, wenn in ihm gestanden hätte, daß Gottfried auf Urlaub käme. Aber die Hauptsache war, daß er lebte und gesund war!

Anna war glücklich. Sie herzte und küßte die Kinder, drehte sich mit Cora im Kreise und lief durchs ganze Haus, um es jedem zu sagen. Er lebt! Gottfried lebt!

Dann kam das Wiedersehen mit Robert. Ohne daß sie voneinander wußten, hatten Robert und sein Vater sich in Berlin im Adlon getroffen, wo sie die Nacht verbringen wollten. Nun stiegen sie zur Überraschung der

Wartenden gemeinsam aus dem Zug. Welch ein Wiedersehen! Robert nahm Anna in die Arme, küßte und liebkoste sie, als wäre er ihr Mann. Es war so selbstverständlich, niemand fand etwas dabei.

Anna war ganz aufgewühlt von all dem Glück. Am Morgen der Brief von Gottfried und nun Robert! Ihr Robert!

Sie saßen nebeneinander in dem Panjewagen, der wegen des dicken Schnees mit Kufen versehen war. Es war sehr kalt, und immer noch fiel Schnee vom Himmel. Die Landschaft war schon seit Tagen weiß zugedeckt.

Ihnen gegenüber saß Ernst Herrlitz mit Cora, die gar nicht aufhören konnte zu schnattern. Robert war ganz still. Unter der Pelzdecke hatte er Annas Hand ergriffen und auf sein Knie gelegt. Sie dachte: Ich sollte das nicht zulassen. Aber sie fühlte sich machtlos. Die Berührung seines Körpers nahm ihr jeden Widerstand. Anna versuchte, ihre Gefühle zu analysieren. Ich erlaube es nur, entschuldigte sie sich vor sich selbst, weil er aus dem Krieg kommt, weil er mir leid tut, weil er so elend, so erschütternd aussieht. Weil, ja weil – Anna wußte ganz genau, daß sie ihn liebte! Ihre Hand brannte wie Feuer in der seinen. Sie wollte sie fortziehen, aber Robert hielt sie nur um so fester. Oh, mein Gott, dachte sie, ich werde schwach sein. Ich werde wieder schwach sein.

Die Weihnachtstage verliefen harmonisch und in wohltuendem Frieden. Besonders Robert war es anzumerken, daß seine anfängliche Bedrücktheit und Starre, verursacht durch die grausamen Erlebnisse an der Front, sich zu lösen begannen. Das Abendessen war beendet. Sie gingen hinüber in die Bibliothek. Draußen war es bitter kalt, doch das Schneien hatte aufgehört. Die hohen

Bogenfenster waren von bizarren, langgestreckten Eisblumen bedeckt. Bella, die Setterhündin, klopfte bei ihrem Eintreten mit dem Schwanz auf den Fußboden, blieb aber, den Kopf auf den gekreuzten Vorderpfoten, liegen und blinzelte zu ihnen hinüber. Der Kamin leuchtete rot. Er verlieh dem Raum ein schwaches, doch anheimelndes Licht. Das Holz knackte. Gelbe Flammen sprangen und züngelten an ihm hoch. Cora setzte sich auch an diesem Abend wieder dicht neben Robert auf das Sofa. Die Beleuchtung des Kaminfeuers ließ sie besonders reizvoll erscheinen. Anna glaubte, ihr Parfüm bis zu sich hinüber zu spüren. Wieder dieser tiefe Ausschnitt, dachte sie eifersüchtig. Sie ist ja so aufdringlich!

In all den Tagen hatte Cora Robert kaum aus den Augen gelassen. Ernst Herrlitz war mit den Angelegenheiten seines Gutes viel zu beschäftigt, als daß er es bemerkt hätte. Aber Anna litt darunter. Sie spürte, daß Robert Coras Reizen gegenüber nicht unempfindlich war, wenn er auch immer sehr zurückhaltend blieb. Cora ist schlecht, dachte sie wütend. Sie ist die Geliebte meines Schwiegervaters, und sie will Robert haben. Meinen Robert! Sie ist egoistisch und haltlos! Anna zuckte zusammen. Was war nur mit ihr los? Wie konnte sie nur so häßlich über Cora denken! Sie, die doch selbst haltlos gewesen war, die ihren Gottfried vergessen hatte, als sie sich Robert schenkte, und die es vielleicht wieder tun würde! Wie schlecht war sie!

Anna war dem Weinen nahe. Immer wieder machte sie sich die größten Selbstvorwürfe. Sie dachte an Gottfried, der im Feld bleiben mußte. Warum konnte sie ihn nicht so lieben wie Robert? Er war doch immer gut zu ihr. Trotzdem hatte sie ihn in all den Jahren ihrer Ehe gedanklich mit Robert betrogen. Jede ihrer Liebkosungen galt nur Robert.

Robert beobachtete Anna stillschweigend, während er an seiner Zigarre zog. Sie ist ein Seelchen, dachte er. Sie macht sich zu viele Gedanken, quält sich zu sehr. Ich muß mit ihr sprechen. So können wir beide nicht weiterleben.

Franz trat ein. In einem Korb hatte er eine gut temperierte Flasche des herrlichen Bordeauxweines, den Ernst Herrlitz aus Frankreich mitgebracht hatte. Würdevoll wie immer, die linke Hand hinter dem Rücken haltend, füllte er die schlichten, bauchigen Römer.

»Wir wollen unseres lieben Gottfrieds gedenken, der leider heute nicht bei uns sein kann«, sagte Herr Herrlitz.

Die Gläser klangen aneinander. Es war ein köstlicher Wein. Anna lächelte ihren Schwiegervater dankbar an.

Herr Herrlitz fuhr fort: »Ich bin stolz auf Gottfried. Er hat mit dem EK I seine Tapferkeit bewiesen. Er hat auf dem Feld der Ehre seine Pflicht getan, hat für eine gerechte Sache gekämpft, wie es sich für einen Herrlitz gehört. Die Stellung ist gehalten, wie er schreibt. Ihr seht, Gott ist mit den Gerechten.«

Robert schüttelte skeptisch den Kopf. »Das klingt zwar schön, Papa, und ich bin auch stolz auf meinen Bruder, aber ich bin gar nicht mehr so sicher, ob das Feld, auf dem wir kämpfen, wirklich noch ein Feld der Ehre ist. Und glaubst du tatsächlich, Gott hilft nur den Gerechten? Was heißt denn das schon: gerecht?«

»Robert!« Ernst Herrlitz war empört aufgesprungen. »Das klingt wie Aufruhr! Du bist Offizier. Was führst du für Reden? Der Krieg ist heilig. Er ist notwendig für unsere nationale und politische Sicherheit. Er ist der Prüfstein für die Kraft und die Tüchtigkeit eines jeden Mannes!«

»Das mag ja alles stimmen, Papa. Ich frage mich nur, kennst du die Wirklichkeit? Wo hast du im Feld gestanden? Ich habe den Krieg aus nächster Nähe gesehen. Ich kenne die vorderste Linie, den blutigen, wilden Kampf zwischen den Lehmwänden der Schützengräben, wo es kein Zurück gibt, kein Erbarmen, im Feuerregen der Geschosse oder im Hagel der Handgranaten, zwischen den am Boden liegenden, aus vielen Wunden blutenden Körpern. Hast du es je gespürt, wie es ist, wenn dein Kamerad, mit dem du so verbunden warst und eben noch scherztest, durch ein winziges Stückchen Blei sein Ende findet? Wo ist der Krieg da noch heilig? Glaub mir, Papa, es war kein Feld der Ehre. Es war nur ein Feld des Grauens. Und Gott? Ich habe ihn nicht gesehen.«

Ernst Herrlitz setzte erschüttert sein Glas nieder. »Du hast viel erlebt, Junge. Verzeih! Ich weiß, du hast Verdun mitgemacht und die Schlacht an der Somme. Du warst tapfer. Viel tapferer als ich! Aber glaube mir, Gott hat dich beschützt durch alle Gefahren! Bitte verlier nicht deinen Glauben!«

»Ach Vater, so einfach ist das alles nicht. Du sagst, ich sei tapfer gewesen. Ich würde lieber sagen: Ich hatte Angst und war feige. Nur mein Selbsterhaltungstrieb hat mich kämpfen lassen. Und Gott? Er ist nicht mein Kindermädchen. Er ist niemandes Kindermädchen. Was er ist, weiß ich nicht. Ich glaube schon, daß es ihn gibt. Ich verstehe ihn aber nicht.«

Anna hatte gebannt zugehört. Wieviel Schrecken mußte Robert erlebt haben! Wo war seine unbeschwerte Fröhlichkeit geblieben? Sie haßte den Krieg. Das Gefühl der Sicherheit, der Geborgenheit war abhanden gekommen. Es war der Angst um den geliebten Menschen, der Unsicherheit über die Zukunft gewichen. Anstelle von Glauben waren Zweifel getreten. Zweifel, mit denen auch ihr Herz sich beschäftigte.

Robert war zum Kamin gegangen und hatte zwei dicke neue Holzscheite auf die Glut gelegt. Die Flammen befingerten das frische Holz. Es roch angenehm harzig.

Es blieben nur noch wenige Tage bis zu Roberts Rückreise an die Front.

Er und Anna empfanden den Gedanken an eine erneute Trennung als einen schweren körperlichen Schmerz. Immer größer wurde ihr Verlangen nacheinander. Cora spürte das. Sie beobachtete eifersüchtig alle ihre Schritte und ließ die beiden nicht aus den Augen, denn sie selbst hatte ihre Pläne mit Robert. Er war ein Geliebter nach ihrem Geschmack. Er war reich, und er war ein Mann, kraftvoll und schön. Sie wollte ihn haben. Noch war der Zeitpunkt nicht gekommen, das wußte sie. Aber er würde kommen. Sie würde aufpassen und ihre Chance nutzen.

Robert und Anna ahnten von diesen Gedanken natürlich nichts. Robert war es jedoch nicht entgangen, wie mißtrauisch und eifersüchtig Cora seine und Annas Schritte überwachte. Er mußte vorsichtig sein, aber er wollte Anna sprechen, ungestört, allein. So entschloß er sich, sie an dem einzigen Ort aufzusuchen, wo man ihn nicht vermuten würde – in Annas Schlafzimmer.

Nachdem sich alle zur Ruhe begeben hatten, wartete Robert noch eine gute halbe Stunde. Es war still im Haus. Die Lampen waren gelöscht. Der Flur war schwarz. Endlos schien ihm der Weg vorbei an den Schlafräumen seines Vaters bis zu Annas Zimmertür. Ganz vorsichtig drückte er die Klinke hinunter und schlüpfte in den Raum. Die Nachttischlampe brannte. Anna saß auf der Bettkante. Sie war gerade dabei, ihre Perlenkette vom Hals zu lösen. Ungläubig schaute sie zur Tür. Alles Blut war aus ihrem Gesicht gewichen. Sie war unfähig, eine Bewegung zu machen. Kein Ton kam über ihre Lippen.

Robert eilte auf sie zu, krampfhaft bemüht, sich zu beherrschen. In Bruchteilen von Sekunden hatte er alles in sich aufgenommen: die Fülle der herrlichen dunklen Haare auf ihren Schultern, das zarte, fast durchscheinende Nachthemd, ihren Körper, ihre Brüste. Es war zuviel für ihn. Neben ihr sank er in die Knie, umschlang sie und stöhnte: »Verzeih, bitte verzeih!« Er wühlte den Kopf in ihren Schoß. »Ich liebe dich, Annuschka. Ich liebe dich. Ich halte es nicht mehr aus.«

Anna war wie erstarrt. Angst ergriff sie. Sie versuchte sich von ihm zu lösen, aber er klammerte sich immer fester an sie.

Sie schüttelte ihn. »So geht das nicht, Robert, bitte!«

Er stand auf, und auch sie erhob sich. Sie standen sich nun gegenüber, ganz dicht, und blickten sich tief in die Augen.

»Ich liebe dich«, sagte er, »weißt du, wie das ist?«

Anna fühlte ihre Knie weich werden, aber sie blieb tapfer stehen und sah ihn unverwandt an. »Ja, Robert. Ich weiß, wie das ist.«

Ganz behutsam nahm er sie in die Arme und küßte sie. Anna war nicht mehr in der Lage, ihm Widerstand entgegenzusetzen. Robert spürte das, und er spürte den Duft ihrer Haare, ihrer Haut. Seine Hand glitt an ihrem Körper hinab. Ganz fest umschlang er sie.

Es kostete sie beide unendlich viel Willenskraft, sich wieder voneinander zu lösen. Sie waren verlegen. Das Wissen um die Ungehörigkeit ihres Verhaltens beschämte sie ebenso tief, wie das Bekenntnis ihrer Liebe zueinander sie beglückte.

Robert hatte Anna den flauschigen Morgenmantel geholt und um die Schulter gelegt. Ernst und nachdenklich saß er ihr gegenüber. Sie hatte den Kopf gesenkt und traute sich nicht, ihm in die Augen zu sehen. Ihr Gewissen sagte ihr, daß sie verworfen und schlecht sei. Aber da war auch noch eine andere Stimme, die ihr Verhalten nicht verurteilte, sondern es entschuldigte. Anna befand sich in einem Zwiespalt.

Robert spürte genau ihre Empfindungen. Er fühlte sich schuldig, schuldig, weil er Anna so einer seelischen Belastung aussetzte. Was sollte er ihr sagen, wie sich rechtfertigen? Gab es überhaupt eine Rechtfertigung für sein Verhalten? Er liebte Anna, aber durfte er sie deswegen aus ihrem Frieden herausreißen und in seine Leidenschaft hineinziehen? Wie rücksichtslos, wie egoistisch war das von ihm!

Entsetzt über seine Gewissenlosigkeit klagte er sich mit bitteren Worten an. Immer wieder bat er sie um Verzeihung. Anna hörte erschüttert seine Selbstvorwürfe. Robert, der so stolz, so anständig war, durfte so nicht reden. Er hatte keine Schuld, ebenso wie auch sie vielleicht keine Schuld hatte. Irgend etwas in ihnen hatte ihre Empfindungen und ihr Handeln gelenkt. Es war mehr als ihr eigener Wille.

»Bitte, Robert, höre auf, dich selbst anzuklagen«, sagte Anna. »Wir haben diese Lage nicht bewußt geschaffen. Unsere Liebe ist uns bestimmt. Sie kam, ohne uns zu fragen, ob wir sie wollen, ebenso wie unser Leben ohne unseren Willen entstand. Sie ist ein Geschenk. Glück oder Qual? Vielleicht eine Prüfung? Es kommt auf uns an, was wir daraus machen.«

Anna machte eine Pause, dann fuhr sie fort: »Wir leben nicht für uns allein. Da sind dein Bruder, dein Vater, die Kinder, die auf uns schauen. Wir haben nicht das Recht, nur an uns zu denken! Wir haben auch eine Pflicht anderen gegenüber! Unsere Liebe würde zerbrechen, wenn wir dies alles vergessen würden. Wenn wir uns selbst verachten müßten. Wir würden unser Glück verlieren. Willst du das?«

Robert hatte ihre Hände ergriffen und küßte sie. »Nein, Anna, ganz gewiß will ich das nicht! Ich danke dir für deine Worte. Ich empfinde wie du, aber ich bin nicht so stark wie du in deiner Haltung. Ich bewundere und achte dich. Ich möchte dir nie Kummer bereiten.«

Anna lächelte. Sie fand auf einmal gar nichts Groteskes mehr an der Situation, daß er in ihrem Schlafzimmer war. Ihre Liebe war rein. Sie war glücklich, mit ihm sprechen zu können, und sie fühlte sich frei.

»Ich bin so froh«, sagte sie zu Robert, »daß wir miteinander reden. Es ist gut, daß du zu mir gekommen bist. Es gibt so viele Fragen, die beantwortet werden wollen. So viel lastet seit Jahren auf unserer Seele! Warum bist du nur fortgegangen, Robert? Nur ein Wort von dir, und ich hätte Gottfried nicht geheiratet!«

»Ich weiß«, sagte Robert. »Heute weiß ich es! Aber damals? Ich habe nicht geglaubt, daß du so kurz vor der Hochzeit deine Verlobung mit Gottfried lösen würdest. Ich war feige. Ich liebte meinen Bruder, und du gehörtest ihm. Ich hatte ihn beraubt. Mein schlechtes Gewissen vertrieb mich. Nach allem, was zwischen uns vorgefallen war, traute ich mich nicht, ihm wieder in die Augen zu sehen. Darum verschwand ich so plötzlich. Ich war ein Feigling!«

»Du warst zu jung, genauso wie ich. Wir hatten uns vergangen an den Begriffen von Ehre, Anstand und Tradition. Wir fühlten uns schuldig, und wir waren es auch. Wir haben beide darunter gelitten.«

»Es soll ein Ende haben«, sagte Robert. »Diesmal

werde ich unser Leben in die Hand nehmen. Ich werde nicht feige sein. Ich werde um dich kämpfen! Offen und ehrlich werde ich mit Gottfried sprechen, sobald das möglich ist. Der Krieg wird nicht mehr lange dauern. Wir werden nach China gehen, fort aus dieser Umgebung. Ein ganz neues Leben wird vor uns liegen. Nur uns zwei wird es geben.« Robert steigerte sich immer mehr in seine Begeisterung hinein.

Anna hörte ihm schweigend zu. Als ob das alles so einfach wäre, dachte sie. Wie könnte ich so einfach alles aufgeben, Senjin, die Familie, all die Jahre, die gewesen sind, von mir streifen? Nein, so einfach würde das alles nicht sein. Am meisten machte ihr Michael Sorge.

»Ich habe einen Sohn«, sagte sie. »Was soll aus ihm werden, wenn ich fortgehe? Und Sascha, auch ihn könnte ich nicht einfach im Stich lassen!«

Natürlich, die Kinder, an die hatte Robert überhaupt nicht gedacht. Sie waren in seine Pläne so gar nicht einkalkuliert. Für ihn gab es immer nur Anna. Die Kinder waren ihm, wenn er ehrlich sein wollte, ziemlich gleichgültig. Er wußte nicht recht, was er mit ihnen anfangen sollte. Er hatte sie auch zu selten erlebt, hatte keine innere Bindung an sie.

»Sascha ist nicht dein Sohn«, begann er möglichst vorsichtig. »Du sagtest neulich, daß sein Vater sich bald wieder verheiraten wolle, dann wirst du den Jungen sowieso hergeben müssen.«

»Ach Robert, wie du das sagst! Ich darf nicht daran denken.« Anna war dem Weinen nah. »Und Mischa? Was denkst du, soll aus Mischa werden?«

Robert merkte, daß er an einem sehr wunden Punkt angekommen war. Er wollte auf keinen Fall einen Fehler machen. Darum sagte er, wenn auch mit wenig innerer Überzeugung: »Michael muß mit uns kommen. Er ist ein feiner Junge. Ich würde nie zulassen, daß du auf ihn verzichtest. Gottfried muß damit einverstanden sein.«

Anna war sogleich getröstet. »Du hast ihn gern?«

»Ich mag ihn ganz besonders«, schwindelte Robert. »Er könnte für mich wie ein eigener Sohn sein.« Ihm war nicht ganz wohl bei diesen Worten, aber er wollte Anna gern etwas Nettes sagen.

Anna kamen die Tränen. Sie konnte keinen Ton herausbringen, doch sie hätte so gerne gesprochen, gerade jetzt. Sie hatte sich immer eingebildet, daß Michael Roberts Sohn sei, obwohl sie wußte, daß es nicht so war. Eine tiefe Röte überzog ihr Gesicht.

Robert nahm sie in die Arme. »Ich wünschte, wir hätten einen Sohn«, sagte er, und diesmal meinte er es wirklich so.

Die Nacht war fast vorüber. Sie trennten sich. Niemand sollte von diesem nächtlichen Gespräch etwas erfahren. Es war immer noch Krieg. Robert mußte wieder ins Feld. Für kurze Zeit würden sie ihre Liebe noch verheimlichen müssen. Anna fand nicht so schnell die innere Ruhe, um sich noch schlafen zu legen. Zu sehr waren ihre Empfindungen aufgewühlt. Wie immer, wenn sie ihre Gefühle zu begreifen versuchte, nahm sie auch jetzt Feder und Papier und begann ihre Gedanken niederzuschreiben.

Der Krieg näherte sich dem Ende. Sein glücklicher Ausgang, auf den man noch nach dem Frieden von Brestlitowsk am 3. März 1918 gehofft hatte, schien auszubleiben. An der Westfront, in der Champagne und in Flandern entwickelten sich Materialschlachten, wie man sie bisher noch nie erlebt hatte. Zwar konnte das erschöpfte deutsche Heer durch freigewordene Divisionen aus dem Osten verstärkt werden, aber der Versuch, die Front des Gegners zu durchbrechen, um eine günstige Entscheidung zu bringen, mißlang. Der Rückzug vollzog sich planmäßig. Doch selbst das disziplinierte Verhalten der tapferen deutschen Soldaten konnte nicht darüber hinwegtäuschen, daß der Krieg verloren sein würde.

Das letzte freudige Ereignis auf Senjin im Jahr 1918 war die Geburt eines reizenden, kleinen Knaben, den Meta zur Welt brachte. Wenige Wochen vorher war die Hochzeit zwischen ihr und Jochen gefeiert worden, der bei seiner Verlegung von der Ostfront nach Flandern drei Tage Urlaub erhalten hatte. Jetzt wohnte Meta in einem der Leutehäuser. Sie hatte dort ein Zimmer und eine Kochstelle, hieß Frau Palluschek und wartete sehnsüchtig auf das Ende des Krieges und die Rückkehr ihres Mannes.

Im August traf im Abstand von einer Woche die Todesnachricht von Annas beiden Brüdern ein. Anna fuhr sofort zu ihrem Vater. Dort erfuhr sie, daß auch Olgas Mann gefallen war. Wie grausam war das alles! Wie sollte man trösten? Ihre Angst um ihren Mann und um Robert steigerte sich. Wer würde noch alles sterben müssen?

Nach Hause zurückgekehrt, fand sie die Nachricht vor, daß Robert in Gefangenschaft geraten sei. Anna war bestürzt, doch sie dankte dem Himmel; er war gerettet. Aber was war mit Gottfried? Schon lange hatte sie keine Post mehr von ihm bekommen. Man schrieb bereits Oktober 1918.

Die Wunden, die der Krieg geschlagen hatte, das Scheitern des U-Boot-Krieges, die mißglückten Offensiven an der Westfront, die völlige Erschöpfung von Soldaten und Zivilisten nach vier Jahren körperlicher

und seelischer Überforderung, die Ahnung des Unaus-
weichlichen, der Niederlage, begannen die staatliche
Ordnung zu zerbrechen. Dem streng hierarchischen
Aufbau von Staat und Gesellschaft, den vielfältigen
Privilegien, die noch immer Geltung hatten und Klas-
senschranken schufen, der autoritären Ordnung des
Kaiserreiches, dem Wilhelminischen Zeitalter, wurde
der Todesstoß versetzt. Die Masse des Volkes war nicht
mehr bereit, überlieferte Vorrechte so ohne weiteres
gelten zu lassen. Man verlangte die Abdankung des
Kaisers. Nicht nur die Arbeiter, sondern auch das Bür-
gertum, besonders das politisch liberal orientierte Bür-
gertum, wollte den Thronverzicht. Die Dringlichkeit
einer Abdankung wurde durch die Note des amerikani-
schen Präsidenten Wilson, eines Friedensvertragsvor-
schlages, verstärkt. Man entnahm ihr, daß Deutschland
mit dem Kaiser keine erträglichen Waffenstillstandsbe-
dingungen erhalten würde.

In diese Unruhe und Erregung hinein platzte die
Nachricht von Gottfrieds Verwundung. Keine genaue,
endgültige Nachricht, nur eine kurze Mitteilung einer
Verwaltungsstelle des Roten Kreuzes. Er sei verwundet,
hieß es, und befinde sich auf dem Transport in ein Hei-
matlazarett. Keine Adresse. Das war alles.

Im ersten Moment wollte Anna panische Angst er-
greifen. Gottfried, ihr armer Gottfried! Was war mit
ihm? Er mußte leiden. Sie wollte zu ihm, ihm helfen.
Verzweifelt drehte sie den Brief in den Händen. Keine
Adresse, kein Name, keine Anhaltspunkte, an wen sie
sich wenden könnte! Nichts würde sie tun können, nur
warten, warten voll Sorge und Angst! Resigniert ließ sie
sich auf ihren Schreibtischstuhl fallen und legte den
Kopf auf den Tisch zwischen die Arme. »Warum, lieber
Gott, gerade er«, stöhnte sie. »Wird er nicht genug lei-

den müssen durch all das, was ich ihm angetan habe?«
Ihr Mitleid und ihr schlechtes Gewissen trieben ihr die
Tränen in die Augen. Sie haderte mit ihrem Gott
wegen seiner Ungerechtigkeit. »Warum nur«, fragte sie
immer wieder, »warum?«

Allmählich aber beruhigte sie sich. Eine Hoffnung
begann ihre Angst zu vertreiben. Sie nahm den Brief
und las ihn noch einmal. Da stand, er sei auf einem
Transport in die Heimat. Bedeutete das nicht, daß er
auf keinen Fall schwer verwundet sein könnte? Man
würde ihn doch nicht transportieren, wenn er schwer
verletzt wäre. Nein, nein, so schlimm konnte es gar
nicht sein! Bald würde sie ihn wiedersehen. Sie würde
ihn heimholen nach Senjin und gesund pflegen, vielleicht ganz bald schon.

Annas Stimmung wandelte sich augenblicklich. Sie
fühlte sich fast freudig erregt und schämte sich wieder
einmal, Gott in Gedanken angeklagt zu haben. Warum
war sie so voller Zweifel, daß sie kein Vertrauen mehr
hatte? Gott hatte ihren Mann gerettet, gerettet vor dem
Tod auf dem Schlachtfeld! Alles würde gut werden.
Voller Hoffnung wartete sie jetzt täglich auf weitere
Nachricht von Gottfried.

Die Herbstferien der Kinder waren zu Ende. Schweren
Herzens hatte Anna sie zur Bahnstation gebracht. Die
Jungen waren schon beide fast so groß wie sie. Michael
wollte die Schule in zwei Jahren mit der Mittleren Reife
verlassen. Ob Gottfried damit wohl einverstanden sein
würde? Der Junge war keineswegs unbegabt, aber er
liebte die Schule nicht. Er war ganz und gar ein Land-
kind, verstand sich mit Pferden, war beliebt bei den
Leuten, half in den Ferien auf den Feldern und in den
Ställen. Er begann, kräftige Schultern und eine kräftige

Stimme zu bekommen, war immer guter Dinge und frohen Herzens und hatte nur einen Wunsch, ein guter Landwirt zu werden. Unkompliziert und gerade lag sein zukünftiges Leben vor ihm. Sicher würde er früh heiraten und viele Kinder haben.

Manchmal schien es Anna, als schaue er schon hier und da neugierig hinter einem Mädchenrock her. Wie schnell doch die Zeit verging; war ihr doch, als wäre sie selbst eben noch ein Kind gewesen!

Ihre Gedanken wanderten zu Sascha: ein eigenartiger, lieber Junge. Sein Vater hatte nicht wieder geheiratet, und er hatte sich bedauerlicherweise all die Jahre kaum um seinen Sohn gekümmert. Trotzdem schrieb Sascha ihm regelmäßig am Monatsende einen langen Brief. Als dann die Nachricht kam, daß Saschas Vater gestorben sei, hatte der unglückliche Junge sich einen ganzen Tag in seinem Zimmer eingeschlossen. Dann war er zu ihr gekommen, hatte sie umarmt und gesagt: »Ich bin so schrecklich traurig. Aber ich bin so froh, daß ich nun immer bei euch bleiben kann.«

Der Zug, der die Kinder nach Posen zurückbrachte, hatte längst den Bahnhof verlassen, doch Anna stand immer noch und winkte dem immer kleiner werdenden Punkt in der Ferne nach. Sie dachte an Sascha, der Tränen in den Augen gehabt hatte. Wie anders war er doch als Michael! Er war immer noch still und empfindsam. Immer noch lockten sich die glänzenden, schwarzen Haare um seine Stirn. Er war mager und viel zu groß für sein Alter. Man sah ihm kaum an, daß er jünger war als Michael. Er wollte einmal studieren. Was, das wußte er noch nicht. Er war voller Wißbegier, gründlich und kritisch mit einem erstaunlich guten Gedächtnis. Immer steckte seine Nase in dicken Büchern, bei deren Lektüre er die Zeit und seine Umwelt zu vergessen schien. Er hatte keine Freunde und schien ihrer auch nicht zu bedürfen. Nur an Michael hing er mit abgöttischer Liebe, die dieser jedoch zu Annas Kummer keineswegs in gleicher Weise zu erwidern bereit war. Nur wenn irgend jemand Sascha körperlich oder mit Worten Leid zufügen wollte, ließ Michael durch seine Fäuste unmißverständlich seine Zuneigung zu Sascha erkennen. Ein eigenartig ungleiches Gespann! dachte Anna in zärtlicher Liebe.

Sie fuhr den Sandweg zurück durch die weite Ebene. Es war der vertraute, gewohnte Weg. Wie große, lange Handtücher breiteten sich die Felder vor ihr aus, hier und da eingerahmt von einem Wiesenpfad oder niedrigem Buschwerk. Vereinzelt sah man auch Bäume. Es war schon sehr herbstlich. Sandig und braun war die Erde auf den abgeernteten Feldern. Gelb und rot leuchteten die Blätter an Sträuchern und Bäumen, nur wenige zeigten noch die grüne Farbe des Sommers. Ein leichter Wind spielte in Annas Haaren. Noch war ihm nichts von der scharfen Kälte des Winters anzumerken, noch wärmte ihn die Sonne, die vom stahlblauen Himmel herniederschien.

Anna hatte den kleinen Jagdwagen genommen und Panje davorgespannt. Lange konnte man ihn nicht im Trab laufen lassen. Er war schon alt und ein wenig mager. Anna dachte daran, wie leer es in den Ställen aussah. Jochen, der Kutscher, war bei seinem letzten Heimaturlaub ganz traurig gewesen, als er gesehen hatte, daß die meisten Rösser fort waren. Freiwillig natürlich. Jeder gab, was er konnte: Pferde, Lebensmittel, Kleidung, Metall.

Anna zuckte resigniert mit den Schultern. »Der deutschen Hausfrau Opfersinn gab Messing für das Eisen hin.« So stand es auf der Bratpfanne, die sie als Gegengabe für die vielen Türbeschläge, Lampen und antiken Metallgegenstände erhalten hatte. All diese kleinen Opfergaben waren ebenso nutzlos gewesen wie die Pelzdecken und Mäntel, die sie gespendet hatte. Die Niederlage für Deutschland war durch nichts mehr abzuwenden. Durch die Unschlüssigkeit von Kaiser und Regierung war es noch zu keinem Waffenstillstand gekommen, der dem sinnlosen Kampf im Westen ein Ende bereitet hätte.

In dieser Atmosphäre von Unsicherheit und Spannung brachen in kurzen Abständen unabhängig voneinander an drei Punkten des Landes Unruhen aus: In Kiel meuterten Matrosen der Hochseeflotte, in München stürzte der sozialistische Schriftsteller und Politiker Kurt Eisner durch eine spontan entfesselte Volksbewegung die Monarchie, und in Berlin schlugen die revolutionären Sozialisten mit dem seit langem vorbereiteten Generalstreik los. In der Heimat war die Revolution ausgebrochen, während an der Front noch immer brave, tapfere Soldaten versuchten, das Vaterland zu retten. Anna hatte sich wie die meisten Frauen nie sehr um Politik gekümmert. Es hieß immer, das sei Männersache.

Aber das stimmt nicht, dachte Anna, denn an den Fehlern, die gemacht werden, haben die Frauen in gleicher Weise mitzutragen.

Ihre Unkenntnis der politischen Zusammenhänge beunruhigte sie. In Gesprächen mit Nachbarn und Freunden versuchte sie, Versäumtes nachzuholen. Was hatte es auf sich mit den Arbeiter- und Soldatenräten, die sich überall bildeten? Was für Ziele hatten die Sozialdemokraten?

Hieß es früher nicht immer, daß die Sozialisten den Staat zerstörten? Wer konnte ihr sagen, was sie glauben sollte? Was war richtig, was war falsch? Wozu war dieser Krieg begonnen worden? Wofür wurde er geführt? Um Millionen von Menschen zu töten, zu Krüppeln zu machen, um namenloses Elend, Ruin und Hunger zu bringen? Wer war schuldig? Der Kaiser? Die Politiker? Die Kapitalisten mit ihrer Gewinnsucht? Doch wohl nicht das Volk? Wie sollte es weitergehen?

Die ersten Novembertage hatten das Wetter schlagartig geändert. Ein kalter Nordostwind wehte, und der Himmel war grau.

»Wenn das Barometer weiter fällt, haben wir bald den ersten Schnee zu erwarten«, sagte Anna zu Cora, die neben ihr auf dem Sofa saß. Zu ihren Füßen stand ein großer Korb voller Strümpfe, die gestopft werden wollten. Auf dem Tischchen nebenan lagen ebenso viele Handtücher ohne Aufhänger, Bettwäsche ohne Bänder und andere Dinge, die der Ausbesserung bedurften. Anna verrichtete im Gegensatz zu Cora diese Arbeit gern. Sie war sauber, man konnte dabei behaglich im Sessel oder wie jetzt auf dem Sofa sitzen, sich unterhalten und nebenbei seinen Kaffee trinken, das heißt: Seit langem gab es schon keinen richtigen Kaffee mehr, sondern ein von Paula erfundenes Getränk aus Gerste mit geröstetem Zucker. Es schmeckte eigentlich ganz gut, man mußte sich nur erst daran gewöhnen.

Anna mußte unwillkürlich an die lustigen Geschichten denken, die Robert über den ranzigen Buttertee erzählt hatte, den es in China zu trinken gab. Sie konnte sich vorstellen, wie schrecklich er einem Neuling geschmeckt haben mußte. Es ist eben alles Gewohnheitssache.

Cora hatte unwillig einen Strumpf in den Korb zurückgeworfen. »Diese Riesenlöcher der Kinder kann ich einfach nicht stopfen«, gab sie ihrer Lustlosigkeit Ausdruck. »Es liegt mir nicht.«

»Aber Cora, du brauchst es doch nicht zu tun. Ich mache es gern allein.« Anna kannte diese nervöse, launische Art von Cora nur zu gut. Immer wenn sie etwas tun sollte, wovon sie keinen Nutzen hatte, oder es ihr auf dem Land zu langweilig wurde, setzten diese Stimmungen ein.

Diesmal kommt wohl beides zusammen, dachte Anna. Und richtig. Schon schoß es aus Cora heraus: »Was hältst du davon, wenn ich morgen nach Berlin fahre? Die Koffer habe ich schon gepackt.«

Zu albern, dachte Anna, wozu muß sie mich fragen? Ihr Entschluß steht doch bereits fest. Außerdem würde sie sich sowieso nicht um meine Meinung kümmern. Trotzdem sagte sie zu Cora: »Ich würde nicht fahren, wenn ich es nicht unbedingt müßte!«

»Aber der Krieg ist zu Ende«, wandte Cora ein. »Es besteht kein Grund mehr, ewig hier auf dem Land zu sitzen.«

»Aber Cora!« Anna war sprachlos. Bei Cora hatte der Krieg anscheinend nicht die geringsten Spuren hinterlassen. Das Spiel war aus; jetzt war wieder alles beim alten. Hatte sie denn gar nicht begriffen, was mit ihrem Vaterland geschehen war? Wie konnte man das Leben nur so leichtsinnig betrachten? Nichts ging ihr unter die Haut. Auch die Nachricht von der Abdankung des Kaisers am 9. November hatte Cora nur mit einem Achselzucken abgetan.

Anna hingegen hatte den Schock, daß der Kaiser, der König von Preußen, für immer auf den Thron verzichtet hatte und ins Exil nach Holland geflüchtet war, immer noch nicht überwunden. Eine seit Jahrhunderten festgefügte Form war zerbrochen. Für den Adel, die Offiziere und viele, die einen Eid auf den König geschworen hatten, war eine Welt zusammengestürzt.

Deutschland sollte in Zukunft eine Republik sein. Friedrich Ebert hatte das Reichskanzleramt übernommen. Eine Arbeiterregierung, der alle sozialistischen Parteien angehören sollten, wurde gebildet. Der Waffenstillstand wurde am 11. November unterzeichnet. Wie würde dieser neue Staat, geboren aus Blut und Tränen von Millionen von Menschen, ohne die Stütze der Monarchie, ohne überlieferte Formen und Traditionen, die neue Bürde tragen können?

Anna überlegte, daß es wohl kaum Sinn haben würde, Cora von ihrem Vorhaben abzuraten. Trotzdem sagte sie: »Die Soldaten werden jetzt in die Heimat zurückkehren. Willst du nicht wenigstens so lange warten, bis mein Schwiegervater zurückgekommen ist?«

»Ich kann wiederkommen«, erwiderte Cora leichthin. »Ich muß nicht auf ihn warten. Letzten Endes sind wir nicht verheiratet.«

Welche Gefühlskälte! Anna war empört. »Glaubst du nicht, daß du es einem Mann, mit dem du jahrelang zusammengelebt und von dem du nur Gutes erfahren hast, schuldig bist, auf ihn zu warten, einmal auf deine Wünsche zu verzichten? Glaubst du, es war leicht für unsere Männer, vier Jahre lang im Krieg zu sein?«

Cora drehte sich zu Anna um. Ihre Augen funkelten. Sie war versucht, ihrer Stimme einen milden Klang zu geben, aber man merkte, wie wütend sie war. Es war das erste Mal, daß es jemand gewagt hatte, an ihr Kritik zu üben. Was fiel dieser dummen Landpomeranze ein, dachte sie und sagte: »Ich werde fahren.« Sie stand auf, um das Zimmer zu verlassen.

Anna tat Coras Lieblosigkeit für ihren Schwiegervater leid, darum versuchte sie noch einen Einwand: »Bedenke doch, in Berlin sollen Unruhen und Hunger herrschen!«

Cora hatte schon die Türklinke in der Hand. Sie schlug die Hände ineinander, seufzte und sagte dann zu Anna: »Du meine Güte! Daß du alles als so schwierig ansehen mußt! Was gehen mich die Unruhen an? Um die kümmere ich mich gar nicht. Und Hunger? Du glaubst doch wohl selbst nicht, daß ich Hunger leiden werde. Dazu kenne ich viel zu viele Leute, denen es ausgezeichnet geht.«

Anna blickte sie sprachlos an. Natürlich, dachte sie, Leute wie den gräßlichen Herrn Klemke, der Cora schon zweimal auf Senjin besucht hat. Ein gewöhnlicher, unsympathischer Kriegsgewinnler, der aus einer kleinen Schraubenfabrik einen – wie er sagte – sehr nützlichen, gewinnbringenden Rüstungsbetrieb gemacht hat. Es ekelte Anna, wenn sie daran dachte, wie unverschämt dreist sich dieser Mann benommen hatte. Ein paarmal hatte er sogar versucht, ihr seine Hand auf die Schulter zu legen. Ihre Zurechtweisungen hatten ihn nur noch aufdringlicher werden lassen. Sicher würde Cora ihn in Berlin wieder treffen. Anna war es längst nicht mehr entgangen, daß Cora für ihr Vergnügen und die Erfüllung ihrer Ansprüche nicht sehr wählerisch war. Ihr Schwiegervater tat ihr leid.

Anna hatte den Stopfpilz durch einen geringelten, blauen Kinderstrumpf gezogen. Ihr war, als sähe sie die kräftigen, runden Fußnägelchen vor sich, die hier verbissen ihre Löcher gegraben hatten. Zu komisch, dachte sie, bei Sascha sind die Löcher immer an den Spitzen und bei Michael meist nur an den Hacken. Wodurch die Menschen sich nicht alles unterscheiden! Ihre Gedanken wanderten zu Gottfried und Robert. Sie dachte daran, wie es wohl sein würde, wenn die Männer wieder daheim wären und das Haus wieder mit Leben erfüllt sein würde. Ob Robert immer noch vorhatte, mit ihr nach China zu gehen? Sie mußte ihn davon abbringen. Erst einmal mußte sie wissen, was mit Gottfried war, und dann mußte sie ihn gesund pflegen. Sie wollte nicht, daß Robert gleich mit Gottfried sprach. Sie hatte Angst vor dem, was auf sie zukommen würde. Es fiel ihr schwer, Gottfried weh zu tun und ihn zu verlieren. Wenn sie doch nur die Kraft aufbringen könnte, auf Robert zu verzichten! Wie oft hatte sie sich das vorgenommen, aber sie wußte, daß sie in seiner Nähe nicht die Kraft zu diesem Entschluß haben würde. Sie war feige, wie sie vom ersten Tag ihrer Ehe an feige gewesen war und ihrem Mann nicht erzählt hatte, was vor ihrer Hochzeit zwischen ihr und Robert geschehen war. Wie hatte sie nur so verwerflich handeln und ihre Ehe mit einer Lüge beginnen können?

Wie so oft quälte sie die Last ihrer Schuld, die sie auf sich geladen hatte. Anna war viel zu empfindsam, viel zu gerade und anständig, um ihren Fehltritt mit Robert verzeihlich zu finden. Wäre sie nicht so gefühlsbetont gewesen und wäre Gottfried ein wenig zärtlicher, ein wenig deutlicher in seiner Zuneigung zu ihr gewesen, dann hätte sie vielleicht Robert vergessen. Dann wäre niemals aus dem einen, aus Jugend, Unerfahrenheit und Schwärmerei geborenen Liebesrausch eine so starke und bindende Empfindung geworden, wie sie jetzt bestand.

Trotz allem aber war es keineswegs so, daß Anna ihren Mann nicht liebte. Es traf auch nicht zu, wie sie sich oft vorzuwerfen versuchte, daß sie Gottfried eine schlechte Frau war oder daß sie bewußt versucht hätte, ihren Fehltritt zu verschweigen. O nein! Sie war eine sehr fürsorgliche und herzliche Ehefrau, und sie hatte wiederholt in den ersten Monaten ihrer Ehe den Versuch einer Beichte unternommen. Sie hatte Gottfried gefragt, ob er gewußt habe, daß sie Robert liebe.

Doch er hatte sie nie ernst genommen, hatte immer gelacht und geantwortet: »Aber das ist doch ganz natürlich. Er ist doch mein Bruder. Wir alle lieben Robert.«

Er hatte sie nie aussprechen lassen, hatte ihr immer allen Wind aus den Segeln genommen, so daß sie fortan keinen Mut mehr gehabt hatte. In ihrer Verzweiflung begann sie stille Zwiegespräche mit Robert zu führen. Ihre Phantasie hüllte den Abwesenden mehr und mehr in einen Glorienschein. Ihre Wünsche und Sehnsüchte machten aus ihm einen Menschen, wie es ihn kaum geben kann. Und Robert war sehr normal: Er besaß keineswegs nur Stärken, er hatte auch Schwächen. Er war jung und leidenschaftlich, begehrte nicht nur die Seele, sondern vor allem den Körper einer Frau. Er war ein Mann wie jeder andere auch.

Anna war dies alles nicht bewußt. Sie hatte sich in jahrelangen Träumereien einen Halbgott geschaffen, und es war ihr nicht mehr möglich, sich jetzt noch seiner zu erwehren, auch wenn Robert durch die Tatsache von Gottfrieds Verwundung für den Augenblick ein wenig aus ihren Gedanken in den Hintergrund getreten war.

Anna hatte eine Zeitlang gedankenverloren vor sich hin gestarrt. Dann nahm sie ihre Arbeit wieder auf und versuchte, an etwas anderes zu denken, aber immer wieder ertappte sie sich dabei, daß ihre Gedanken zu Gottfried und Robert zurückkehrten.

Maria, das kleine Hausmädchen, hatte geklopft und war eingetreten. Sie sah reizend aus mit ihrem weißen Häubchen über der schwarzen Lockenpracht und den samtenen Knopfaugen. Sie war die Tochter eines Lehngärtners und hatte bislang als Kind beim Hüten der Gänse und Enten geholfen. Anna war das Äußere der Kleinen angenehm aufgefallen. Sie hatte sie der alten Jurka in Pflege gegeben, und diese hatte sie gut angelernt. Maria war geschickt und immer willig.

»Wie lieb du aussiehst«, sagte Anna, »komm her! Was hast du auf dem Herzen?«

Maria war verlegen. Sie trat schüchtern näher. Die eleganten Räume und die liebenswürdige Art der gnädigen Frau verwirrten sie immer noch. Ihre Mutter war grob! Ihren Vater erlebte sie nur betrunken. Sie war an gute Worte nicht gewöhnt.

»Na«, sagte Anna herzlich, »was gibt's?«

Umständlich holte Maria aus der Tasche unter ihrer Schürze einen Brief hervor. »Er ist eben gekommen«, sagte sie, »und die Jurka meinte, ich sollte damit schnell zu Ihnen laufen, vielleicht sei er von dem gnädigen Herrn.«

Aufgeregt griff Anna nach dem Brief. Es war nicht Gottfrieds Schrift. Aber er trug den Stempel eines Lazaretts. Er kam aus Deutschland.

Mit der Spitze der Schere riß sie das Kuvert auf. Das erste, was sie las, war eine Unterschrift. In kleinen, eckigen, sehr ordentlichen deutschen Buchstaben stand da: Schwester Elfriede.

Es war wieder nur eine kurze Mitteilung: die Adresse des Heimatlazaretts und daß es Gottfried den Umständen entsprechend gutginge. Welchen Umständen entsprechend? dachte Anna. Warum schreibt man mir nicht, welcher Art seine Verwundung ist? Wie eigenartig! Es klingt so mysteriös! Und warum schreibt mir Gottfried nicht selbst? Irgend etwas stimmt nicht; so leicht kann Gottfrieds Verwundung nicht sein, wie ich mir anfänglich eingeredet habe.

Anna sprang auf und schob die Stopfsachen beiseite. »Ich muß sofort zu ihm reisen. Er braucht mich!« murmelte sie vor sich hin.

Maria stand noch im Zimmer. Anna hatte beim Lesen des Briefes ihre Anwesenheit ganz vergessen. Jetzt schob sie die Kleine zur Tür. »Lauf schnell zur Jurka. Sag ihr, sie soll für mich einen Koffer packen, nur das Notwendigste für ein bis zwei Wochen. Ich werde verreisen. Ich werde noch heute den Abendzug nehmen.«

Anna war ganz blaß und fühlte sich elend vor Angst und Aufregung. Sie eilte in die Küche. Paula sollte einen Korb mit Lebensmitteln fertigmachen. Auch eine Flasche von dem guten Portwein, den Gottfried so gerne trank, wollte sie mitnehmen. Daß sie nur nichts vergaß! Die Bilder der Kinder, die sie gerade hatte machen lassen, mußte sie unbedingt mitnehmen. Vielleicht auch das neue Buch, das sie sich in Posen gekauft hatte, von Sternheim »Die Rose«. Es war ein wenig pikant, aber es war lustig. Für einen Kranken gerade das richtige. Und natürlich die neu gestrickten Strümpfe, die Gottfried sich schon so lange gewünscht hatte; darüber würde er sich ganz besonders freuen.

Anna sprangen die Gedanken kreuz und quer im Kopf herum. »Nur ruhig, ganz ruhig«, sagte sie zu sich selbst. Sie lief die Treppe hinauf, um Cora zu unterrichten. Die Zimmertür war nur angelehnt.

»Wenn es dir nicht zu plötzlich erscheint«, sagte Anna, »können wir zusammen fahren. Ich nehme den Abendzug nach Berlin. Ich habe Nachricht von Gottfried. Ich muß sofort zu ihm. Endlich habe ich seine Adresse. Es ist ein kleiner Ort. Ich glaube, er liegt in Westfalen oder im Rheinland.«

Cora war sprachlos. Sie hatte ihre Wühlerei in einer entsetzlich unordentlichen Schublade unterbrochen und schüttelte ihren Kopf: »Wie schnell du deine Meinung änderst! Eben hast du mir noch von einer Reise abgeraten!«

»Aber das ist doch etwas ganz anderes. Gottfried ist verwundet. Ich muß doch zu ihm. Er darf doch jetzt nicht allein sein! Ich will ihm doch helfen!«

Eigentlich hatte Cora erst am anderen Tag Senjin verlassen wollen. Ihr graute vor der langweiligen Bahnfahrt. So war es ihr nur recht, daß Anna sie begleiten würde. Nur gut, dachte sie, daß ich meine Koffer bereits gepackt habe.

Kowalski brachte sie zur Bahn. Es war kalt. Der Schnee verschluckte die Geräusche. Nur leise hörte man das Stapfen der Pferdehufe. Kleine graue Dampfwolken kamen in gleichmäßigem Abstand aus den Nüstern der Pferde.

Der Zug war pünktlich. Die preußische Ordnung schien nach wie vor zu bestehen. Nur auf dem Bahnhofsgelände war eine erhebliche Unruhe. Gruppen von Menschen riefen durcheinander, beschimpften sich. Auch eine rote Fahne war zu sehen.

Anna und Cora nahmen dies alles nur im Vorbeigehen wahr. Sie mußten sich beeilen und waren froh, noch Plätze in dem sehr vollen Zug zu erhalten.

Am frühen Morgen kamen sie unausgeschlafen und sehr verfroren in Berlin an. Sie trennten sich schnell. Anna wollte ihren Anschlußzug nicht versäumen, und Cora hatte nicht die geringste Lust, auch nur eine Minute länger Annas Gedankenzirkus um das Wohl und Weh Gottfrieds mit anzuhören. So ging Anna allein treppauf und treppab, bis sie den richtigen Bahnsteig erreicht hatte. Es war erstaunlich, wie normal selbst hier auf den großen Berliner Bahnhöfen das Leben verlief! Alles hatte seine Ordnung. Zwar sah man sehr viele erregte Menschen hin und her laufen, sah viele Soldaten, viele Verwundete, aber nirgends herrschte ein Durcheinander.

Annas Blick fiel immer wieder auf das Papier, das auf dem Bahnsteig herumlag. Es waren Zeitungsblätter. »Die rote Fahne« stand darauf.

Ein magerer, älterer Mann mit einer abgewetzten Ledertasche und einem schlecht verschnürten Paket unter dem Arm stand neben ihr auf dem Bahnsteig. Er wartete auch auf den schon eine Weile verspäteten Zug und beobachtete sie. Seine Augen blickten freundlich.

»Se sind nich von hier, wa?« begann er das Gespräch. Anna schüttelte den Kopf.

»Ick merk' schon, wie se immer nach die Zeitung kieken. Det is jetzt unser Lokalanzeiger, müssen se wissen. – Die Spartakisten hatten det Zeitungsviertel besetzt, um die bürgerliche und sozialdemokratische Presse mundtot zu machen. Aber det wird ihnen nich jelingen. Von die Roten lassen wir uns nich kriejen. Wir ham wat gejen die Kapitalisten, aber wir ham och wat gejen die Kommunisten.«

Das war eine wohltuende, deutliche Sprache. Ein gesunder Menschenschlag, diese Berliner, dachte Anna. Sie war auf einmal ganz froh und nicht mehr so niedergeschlagen wie zuvor. Sie mußte lachen, zu mehr kam sie nicht, um sich für die humorvollen, trockenen Worte des Mannes zu bedanken. Der Kampf um die Plätze begann.

Es war eine lange Reise. Anna war sehr müde. Schon die Fahrt von Posen nach Berlin hatte sie sehr angestrengt. So war es nicht verwunderlich, daß sie schon bald einschlief, obwohl sie eingezwängt zwischen entlassenen Soldaten saß. Ihr Kopf sank abwechselnd mal auf die Schulter des einen, dann auf die des anderen Mannes, bis sie nach längerer Zeit in den Armen eines schmunzelnden, schnurrbärtigen Hünen erwachte. Er mußte irgendwo zugestiegen sein, ohne daß sie es bemerkt hatte. Es war ihr peinlich. Ihr Bemühen, sich zu entschuldigen, wurde mit Lachen und fröhlichen Scherzen übergangen. Die Soldaten, meist jüngere Burschen, waren voll Freude, nach Hause zu kommen. Man merkte es ihnen an, und man merkte ihnen auch an, daß es ihnen sichtlich Vergnügen bereitete, wieder einmal eine hübsche Frau betrachten zu können und ihre Weiblichkeit zu spüren, denn Anna besaß immer noch ihre mädchenhafte Lieblichkeit und ihren besonderen Charme.

Die kleine Stadt, in der das Lazarett liegen sollte, wirkte verträumt, fast verschlafen. Hätte Anna nicht die verhärmten und verhungerten Gesichter der vorübereilenden Menschen gesehen, hätte sie sich an dem Anblick der schmalen Gassen mit den alten, schon etwas windschiefen Fachwerkhäusern erfreuen können. Es war nicht mehr so kalt, nur wenige Grad unter Null. Der erste Schnee hatte Schmutz und mangelnde Farbe an Häusern und Dächern freundlich mit seinem Weiß überdeckt.

Die frische Luft tat Anna wohl. Sie schob die braune Pelzkappe, die ihr reizend stand, aus dem Gesicht. Sie hatte sie extra für diese Reise ausgewählt. Gottfried hatte ihr die Kappe geschenkt. Er liebte sie ganz besonders an ihr, und Anna wollte ihm gefallen, wenn er sie wiedersah.

So lief sie, die Hände im Muff verschränkt, eingehüllt in ihren dunkelblauen Wintermantel, der hochgeschlossen und eng wie eine Kosakenuniform geschnitten war, flinken Schrittes die ihr beschriebene Straße entlang zum Lazarett. Ein Beutel, in dem sich ihr Geld, das Buch für Gottfried, die Bilder der Kinder und die selbstgestrickten Strümpfe befanden, baumelte an ihrem rechten Arm gleichmäßig im Takt des Schrittes.

Es konnte nicht mehr weit sein. Bald würde sie ihr Ziel erreicht haben. Ihr Herz klopfte unregelmäßig und schnell. Sie spürte, wie sie zitterte. Aber es war nicht die Kälte, die das verursachte. Es war die Aufregung vor dem Wiedersehen, vor dem Ungewissen, das sie erwartete. Je näher sie der weißen Fahne mit dem roten Kreuz kam, die auf der gegenüberliegenden Straßenseite zu erkennen war, desto unruhiger wurde sie. Wie würde sie Gottfried vorfinden? Was würde er sagen?

Es sieht nach einem alten Schulgebäude aus, dachte Anna, als sie die Stufen zur Eingangstür emporging. Vor lauter Aufregung brachte sie es kaum fertig, den Brief, den man ihr nach Senjin geschickt hatte, aus der kleinen Verschlußtasche des Muffs herauszuzerren. Zittrig öffnete sie ihn, zeigte ihn einer vorbeieilenden weißen Gestalt und fragte nach Schwester Elfriede.

Anna mußte warten. Es war das Schlimmste, was man ihr in diesem Augenblick antun konnte. Sie sah sich um, sah einen langen Gang, sah Männer an Krücken mit halbem oder steifem Bein an sich vorüberhumpeln und andere mit Verbänden an Armen und Schultern, Kopf und Händen. Es roch nach Karbol, nach Äther. Vielleicht auch nach Schweiß und Blut. Anna wußte die vielen Gerüche nicht zu unterscheiden. Sie fühlte sich elend.

In einer Ecke sah sie eine fahrbare Liege. Das Laken

war von frischem, festgetrocknetem Menschenblut beschmutzt. Eine Schwester eilte mit Verbandszeug vorbei. Eine andere trug eine Spritze und eine Schale mit verschiedenen Instrumenten. Anna fühlte sich fremd und verloren in diesem Treiben. Sie stand immer noch an dem gleichen Platz, als eine hagere, vielleicht vierzig Jahre alte Schwester sie mit dunkler, etwas rauher Stimme bat, ihr zum Stationsarzt zu folgen.

Ich will nicht zum Arzt, dachte Anna, ich will zu Gottfried. Wie benommen zog sie sich am Geländer hinter der Schwester die Stufen nach oben. Wieder ein langer Gang, wieder der gleiche Anblick: Verwundete, Blut, Verbände, Schwestern, die eilig hin und her liefen, und am Ende des Ganges eine Tür mit der Aufschrift Arztzimmer.

Ein schlanker, großer Mann mittleren Alters mit ein wenig gebeugtem Rücken und müden Augen begrüßte Anna freundlich, stellte sich vor und bot ihr einen Stuhl an.

»Was ist mit meinem Mann?« Anna hörte ihre eigene Stimme wie aus weiter Ferne an ihr Ohr hallen. Sie hatte Angst.

Der Arzt beobachtete sie verstohlen. Ein Unbefangener hätte ihm anmerken können, wie seine Gedanken daran arbeiteten, diese Frau möglichst schonend zu behandeln.

»Sie erhielten keine Angaben über die Verwundung Ihres Gatten?«

Anna schüttelte den Kopf.

»Wir hatten lange Zeit erhebliche Sorgen um den Gesundheitszustand Ihres Mannes. Seine Verwundung hat ihn nervlich sehr belastet. Er befindet sich immer noch in einer Krise.«

Anna spürte mit wachsender Unruhe etwas Schreckliches auf sich zukommen. »Bitte«, stammelte sie, »sagen Sie mir, welcher Art die Verwundung ist.«

Der Arzt war auf Anna zugekommen und hatte ihr die Hände auf die Schultern gelegt. Er zwang sie, ihn anzusehen. »Ihr Mann wurde sehr schwer verwundet. Es ist erstaunlich, daß er überlebte.« Einen kleinen Augenblick zögerte der Arzt, und der Druck seiner Hände auf ihren Schultern verstärkte sich. »Ihrem Mann mußten beide Beine amputiert werden.«

Annas Augen weiteten sich. Ihre Kehle war wie zugeschnürt. Beide Beine, dröhnte es in ihrem Kopf, beide Beine. Ihr wurde übel.

Verschwommen sah sie den Mann vor sich, diesen fremden, weißgekleideten Mann. Was will er von mir, dachte sie und schloß die Augen. Ich bin auf der Reise, ich will zu Gottfried. Ich träume.

Sie blickte wieder auf. – Da war immer noch dieser Mann. Er hielt etwas in der Hand.

»Trinken Sie«, sagte er.

Mechanisch setzte sie das Glas an die Lippen. Scharf und beißend floß der Cognac durch ihren Mund die Speiseröhre hinunter. Sie konnte kaum Luft holen. Alles war ihr plötzlich wieder gegenwärtig. Die Schwere des eben Gehörten fiel auf sie nieder. Gottfried ohne Beine! Das war ganz unmöglich!

Anna war vollkommen verstört. Es war so unfaßbar, so unwirklich, so völlig unerwartet, daß ihr Inneres sich dagegen sträubte, es zu glauben. Es konnte nicht wahr sein! Es durfte nicht wahr sein!

Der Arzt stand abwartend da. Er sah, wie es in ihr arbeitete, wie sie begann, die schreckliche Tatsache zu begreifen. Er hatte befürchtet, sie würde zusammenbrechen, haltlos weinen, vielleicht schreien wie so manche Angehörige von anderen Schwerverwundeten. Doch

sie blieb ganz still, die Hände fest im Schoß zusammen-
gekrampft. Die Schultern hoben sich, als wollten sie
den Kopf zu sich herniederziehen. Ganz langsam begannen Annas Augen feucht zu werden. Sie schluckte,
zog ein Taschentuch aus ihrem Mantel und wischte
damit über die Augen. Nur einmal. Sie weinte nicht,
wenigstens nicht nach außen. Ganz blaß und eingefallen
sah sie aus.

Sie erhob sich, steif, schwankend. Wieder wurde ihr
übel. Sie mußte sich an der Kante des Schreibtischs
festhalten.

»Bitte«, leise und zittrig kam ihre Stimme. »Bitte, ich
möchte zu meinem Mann!«

Diese arme Frau, dachte der Arzt. Wenn ich ihr doch
helfen könnte! »Sie sollten noch ein wenig hierbleiben
und sich beruhigen. Ich werde in der Zwischenzeit
Schwester Elfriede holen.«

Anna war wieder in ihren Stuhl zurückgesunken. Es
tat gut, einen Augenblick allein zu sein. Sie fühlte sich
unendlich traurig und elend. Sie legte die Hände vor
das Gesicht, aber sie konnte nicht weinen. Es war viel
zu schrecklich. Es gab keine Tränen. Es gab nichts, was
ihre Empfindungen hätte ausdrücken können. Sie
dachte nicht an sich und an ihre Zukunft. Sie dachte
nur an Gottfried. Wie mußte ihm zumute sein? Wie
mußte er gelitten haben! Wie würde er noch leiden
müssen! Gottfried, der Elegante, der Sportliche, der so
gut reiten konnte. Nein, es war nicht faßbar, nicht vor-
stellbar! Ihr Gottfried, ein Mensch ohne Beine.

Schwester Elfriede betrat mit dem Arzt das Zimmer.
Sie war klein und rundlich mit einem rosigen Gesicht
und wirkte ganz anders, als Anna sie sich aufgrund
ihrer Schrift vorgestellt hatte. Sie war gutmütig und
hatte Herz. Man konnte es ihr ansehen.

»Ich bin so froh, daß Sie so schnell gekommen sind«, sagte Schwester Elfriede und reichte Anna eine warme, weiche Hand. Ich habe Ihren Mann schon im Feldlazarett betreut und den Transport hierher begleitet.

»Ich danke Ihnen.« Anna wollte so gern viel mehr sagen, aber die Worte kamen nicht über ihre Lippen.

Der Arzt begann jetzt wieder zu sprechen: »Ihr Mann hat sehr schwere Wochen hinter sich. Es wird lange Zeit dauern, bis er sich in sein Schicksal finden wird. Er braucht jetzt sehr viel Hilfe, sehr viel Verständnis und Nachsicht.«

»Ja«, sagte Anna, »ich will alles tun, um ihm zu helfen.«

Schwester Elfriede nahm liebevoll ihren Arm und führte sie zur Tür. »Wir gehen jetzt zu ihm.«

Ihr Weg führte sie durch den langen Gang, eine Seitentreppe abwärts in ein tiefer gelegenes Stockwerk. Schwester Elfriede schaute sich ständig nach Anna um. »Sie dürfen nicht erschrecken«, sagte sie, »Ihr Mann ist verpackt wie eine Mumie. Er hat noch einige Fleisch- und Brandverletzungen. Sie sind aber unerheblich und bald überwunden.«

Vor der ersten Tür, gleich rechts, blieben sie stehen. Leise öffnete Schwester Elfriede die Tür und schob Anna in den Raum, der in schummrigem Licht lag. Neun Betten standen im Zimmer. An der Wand hing noch die Tafel der Schulklasse. Annas Augen flogen über Gestalten, Verbände, Köpfe. Von einem Bett zum anderen. Nichts! Noch einmal, langsamer, gründlicher! Da – in der Ecke gegenüber der Tür. Sein Mund, seine Nase! Ein wenig von seinem blonden Haar war ihm über die geschlossenen Augen gefallen. Auf der Bettdecke lagen die schlanken Hände. Die Finger tasteten unruhig hin und her, wanderten über das Nichts der unteren Körperhälfte. Wo normalerweise die Oberschenkel begannen, lag der Bettbezug leer, flach und gerade wie die Matratze da. Der Anblick war grausam, gnadenlos. Vergeblich suchten die Hände nach etwas, was es nicht mehr gab.

Anna merkte nicht, daß die anderen Verwundeten – oder was von ihnen übriggeblieben war – unverwandt zu ihr herüberblickten. Es fiel ihr nicht auf, daß jedes Gespräch im Raum verstummt war. Sie spürte nur, wie sie zu zittern begann. Erst jetzt begriff sie ganz, was geschehen war. Nur nicht schwach werden, dachte sie. Ich darf Gottfried meine Erschütterung nicht anmerken lassen.

Ganz langsam schob sie sich an sein Bett heran. Zögernd, sehr sachte berührten ihre Finger die seinen. Wie eine Falle schnappten seine Hände zu. Seine Nägel gruben sich in ihr Fleisch.

»Anna!« Ein durchdringender Schrei. Er sah sie an. Er wollte sich aufrichten. Es ging nicht. Kraftlos und schwer atmend fiel er zurück. Tränen rannen ihm aus den Augen.

Anna war auf sein Bett gesunken.

»Lieber, lieber Gottfried!« Sie biß die Zähne auf die Lippen, um sich in der Gewalt zu haben, und legte ihre Wange an seine. Sie küßte ihn. Ihr Mund glitt über seine Augen und wieder zu seinem Mund. Sie klammerte sich an ihm fest, und sie streichelte ihn. Sie wollte ihn liebhaben, wollte es ihm zeigen, ihm helfen. Er tat ihr ja so leid, so schrecklich leid!

Gottfried stöhnte. Plötzlich stieß er sie von sich. »Geh«, schrie er. »Geh!« Seine Stimme überschlug sich. »Ich will dein Mitleid nicht. Ich kann dich nicht ertragen. Warum hat man mich nicht sterben lassen? Ich bin ein Krüppel! Was habt ihr mit mir gemacht! Ich will meine Beine wiederhaben!«

Anna war diesem Ansturm der Verzweiflung nicht gewachsen. Sie wußte nicht, wie sie den wild um sich schlagenden, unglücklichen Mann beruhigen konnte.

Jemand kam ihr zu Hilfe. Er trug wie alle hier ein Nachthemd aus rohem Nessel. Anna sah es nicht. Sie hörte nur, wie er auf Gottfried einredete. Energisch und sanft. Wie ein Vater. Sie beobachtete, wie er sich mit seinen kräftigen Armen auf Gottfried stützte, ihn festhielt, allmählich den Griff lockerte, bis Gottfried sich beruhigt hatte.

Der Mann war schon älter. Er hatte ein einfaches Gesicht, rund, mit einer dicken Nase. Seine Augen waren grau. Sie blickten treu und ergeben.

»Das ist nun mal so«, sagte er mit einem breiten norddeutschen Akzent. Er sah dabei über die Schulter zu Anna hin. »Ich war seit 1915 beim Herrn Oberleutnant. Wir sind alle zusammen in den Schlamassel gekommen. Der Brauer auch!« Er zeigte dabei auf ein Bett an der gegenüberliegenden Wand, wo unbeweglich ein junges, blasses Gesicht aus den Kissen sah. »Es war die Hölle. Da sind nicht viele herausgekommen. Das läßt sich nicht so abschütteln. Das ist alles nicht so einfach.« Er humpelte zurück zu seinem Bett.

Gottfried lag jetzt ganz ruhig. Anna war wieder neben ihm aufs Bett gesunken. Sie neigte sich über ihn. Was sollte sie ihm sagen? Wie hohl mußten alle Worte für ihn klingen! Immer noch rollten Tränen aus seinen Augen, aber er hatte sich beruhigt. Sie sahen sich an. Lange. So tief hatten sie sich wohl noch nie in die Seele gesehen. Wie Bruchstücke eines Films liefen Erinnerungen aus ihrem gemeinsamen Leben an ihnen vorüber. Verloschener Glanz, gewesenes Glück, das ihnen einmal so selbstverständlich gewesen war. Es war verloren. Alles war verloren.

In den qualvollen Tagen und Nächten nach seiner Verwundung hatte Gottfried immer nur an Anna gedacht. Sie allein war der Funken Leben, an den er sich klammerte. Er brauchte sie. Er brauchte ihre Liebe. Aber konnte er überhaupt noch auf Liebe hoffen? Immer wieder dachte er daran, was er alles versäumt hatte. Angst befiel ihn, Anna könnte ihn verlassen. Er machte sich schwere Vorwürfe, wie wenig Wärme er seiner Frau in all den Jahren ihrer Ehe gegeben hatte. Gedankenlos hatte er sie oft beiseite geschoben, wenn sie anlehnungsbedürftig zu ihm gekommen war, um sich einen Kummer oder eine Freude von der Seele zu reden. Wie wenig hatte er sich überhaupt um ihre Gedanken, ihre Gefühle gekümmert! Wie leichtsinnig hatte er sein Lebensglück behandelt, wie selbstsicher das Geschenk ihrer Liebe hingenommen! Und was hatte er gegeben? Was konnte er jetzt noch erwarten? Er war ein Krüppel. Woher sollte Anna die Kraft nehmen, ihn zu ertragen? Er durfte sich keinen Illusionen hingeben. Er war dem Mitleid und der Opferbereitschaft anderer preisgegeben.

Annas Gedanken waren ähnlich. Auch sie überdachte ihre Ehe. Auch sie klagte sich an, ihrem Mann nicht die liebevolle, fürsorgliche Frau gewesen zu sein, die er verdient hatte. Auch sie machte sich schwere Vorwürfe. Nie wiederkehrende Stunden des Glücks hatte sie achtlos vergeudet. Wo war sie nur mit ihren Sinnen gewesen? Wie hatte sie all die Jahre an Robert statt an Gottfried denken können?

Anna war zutiefst beschämt angesichts ihres schwerverwundeten Mannes. Sie haßte sich selbst, und sie haßte Robert, dem sie so verfallen war. Sie war erfüllt von Reue und Mitleid. Jetzt gab es für sie nur noch

Gottfried, ihren armen, verwundeten Mann. Nur für ihn wollte sie in Zukunft leben, wollte ihn lieben, nur ihn allein!

Anna war in diesem Augenblick ehrlichen Herzens bereit, so zu handeln. Für kurze Zeit hatte sie ihr Unterbewußtsein zum Schweigen gebracht. Für kurze Zeit war ihr Herz erfüllt von glücklicher Ruhe.

Schwester Elfriede unterbrach ihre stummen Selbstgespräche und rief sie zurück in die Wirklichkeit.

»Schluß für heute«, sagte sie und reichte dabei Gottfried eines der Thermometer, die sie in einem Glas in der Hand trug. »Ich komme gleich mit Ihnen«, wandte sie sich an Anna. Schnell hatte sie die restlichen Fieberthermometer ausgeteilt und geleitete Anna ebenso selbstverständlich aus dem Krankenzimmer, wie sie sie am Anfang hineingeschoben hatte.

»Lange Abschiedsszenen sind nicht gut«, sagte sie, nachdem sie die Zimmertür geschlossen hatte. »Ihr Mann ist noch sehr labil. Er macht sich zu viele Gedanken. Je männlicher ein Mann aussieht, desto weicher und empfindsamer ist er oft. Aber das wissen Sie von Ihrem Mann ja viel besser als ich.«

Anna war beschämt. Wieder wurde ihr bewußt, wie wenig sie ihren Mann kannte. »Ich muß mich noch sehr bei Ihnen bedanken«, umging sie eine Antwort. »Mein Mann hat so gut und dankbar von Ihnen gesprochen. Wenn ich irgend etwas für Sie tun kann, sagen Sie es mir bitte. Ich habe Lebensmittel mitgebracht, die werde ich Ihnen morgen bringen. Sie sollen auch wissen, daß wir auf dem Gut immer Platz für Sie haben. Kommen Sie zu uns, wenn Sie in Not sind oder mal Urlaub auf dem Land machen möchten. Ich sage das nicht nur so. Ich meine das wirklich.«

»Das glaube ich Ihnen. Darum vielen Dank.«

Bevor Schwester Elfriede in dem nächsten Krankenzimmer verschwand, nickte sie Anna noch einmal in Verbundenheit zu.

Es hatte Tage gebraucht, bis Anna ihrer ersten inneren Verzweiflung Herr geworden war. Jetzt zitterte ihre Hand nicht mehr, wenn sie Gottfried berührte. Auch ihre Augen hatten wieder Glanz. Ihre Gedanken füllten sich mit dem Willen und der Hoffnung auf ein neues, vielleicht viel innigeres gemeinsames Leben.

Dr. Urban, der bewußt in diesen ersten, für Anna so schweren Tagen ein weiteres notwendiges Gespräch mit ihr zurückgestellt hatte, sah den Zeitpunkt jetzt dafür gekommen. »Ich möchte Ihnen einen Rat geben«, sagte er. »Wir sind hier nur ein notdürftiges Lazarett und keine chirurgische Klinik. Im Interesse Ihres Mannes möchte ich Ihnen raten, ihn so schnell wie möglich in die Hände eines guten Facharztes zu geben. In diesem kleinen Ort bietet sich keine Möglichkeit einer guten Nachbehandlung. Meiner Meinung nach ist eine Stumpfverbesserung bei Ihrem Gatten unbedingt erforderlich. So wie die Endflächen der Knochenstümpfe jetzt aussehen, wird er später erhebliche Beschwerden haben. Damit Ihr Mann aber so gut wie möglich lernt, mit Prothesen umzugehen, müssen natürlich alle Vorbedingungen erfüllt sein. Andernfalls können durch erhebliche Schmerzen und das Unvermögen, Prothesen zu tragen, schwer heilbare neurotische Reaktionen auftreten. Natürlich kommt es dabei auch sehr auf die psychologische Führung des zu behandelnden Patienten an. Ich möchte Sie nicht beunruhigen, dazu ist gar keine Veranlassung gegeben, aber es ist meine Pflicht, Sie in keiner Weise im unklaren zu lassen. Ihr Mann ist noch jung, und er ist willensstark, kräftig und gesund. Er wäre nicht der erste Mann, der auch mit zwei Prothesen wieder ein vollwertiges Leben führen kann. Es wäre ein unverzeihlicher Fehler, ihm diesen Weg zu erschweren.«

Anna mußte das eben Gehörte erst einmal verdauen. »Wenn ich Sie recht verstanden habe«, fragte sie, »muß mein Mann noch einmal operiert werden?«

»Ja.«

»Weiß er davon?«

»Nein. Wir wollen ihn nicht zu früh beunruhigen. Natürlich ist es zu gegebener Zeit unbedingt erforderlich, den Patienten genau darüber zu informieren, warum eine Stumpfverbesserung anzuraten ist. Sein eigener Wunsch soll es sein, diese vornehmen zu lassen. Eine gute klinische Prothesenversorgung mit nachfolgender Gehschulung ist natürlich auch außerordentlich wichtig. Es wäre ideal, wenn Ihr Mann in der Nähe seines Heimatortes behandelt werden könnte. Auch ein guter Kunstbeinbauer sollte leicht erreichbar sein, da verständlicherweise besonders anfangs oft Änderungen an der Prothese vorgenommen werden müssen. Diese Dinge sollten ebenfalls bedacht werden.«

Anna wurde ganz wirr von all dem Gehörten. So viele fremde Begriffe, so viele Fragen stürmten auf sie ein.

»Wir leben verhältnismäßig einsam auf dem Land«, begann sie zu sprechen. »Das beste wäre wohl, meinen Mann in eine Posener Klinik zu bringen.«

»Kennen Sie dort einen Arzt, zu dem Ihr Mann Vertrauen hat?«

»Wir waren gottlob bislang immer sehr gesund. Den einzigen Kontakt zur Medizin haben wir durch einen bescheidenen Landarzt in unserem Kreisstädtchen.« Anna überlegte, und plötzlich fiel es ihr ein: »Da gibt es noch einen Professor an der Posener Universität«, sagte sie, »ich glaube, er ist Chirurg. Mein Mann lernte ihn zu Beginn des Krieges auf einer Reise kennen. Jetzt erinnere ich mich. Melanowski hieß er. Mein Mann hat oft und mit Begeisterung von ihm gesprochen. Ich glaube, die beiden waren sich sehr sympathisch.«

»Das wäre ja eine ausgezeichnete Lösung«, meinte Dr. Urban. »Glauben Sie, daß Professor Melanowski zur Zeit in Posen ist?«

Natürlich konnte Anna diese Frage nicht beantworten. »Selbst wenn ihn der Krieg inzwischen woandershin verschlagen hat«, erwiderte sie, »scheint es mir am vernünftigsten, meinen Mann in seine Klinik zu bringen.«

Dr. Urban hatte sich mit Annas Einverständnis eine Zigarette angezündet und antwortete, nachdem er einen kräftigen Zug genommen hatte: »Das glaube ich auch. Ich werde mich so schnell wie möglich um die Entlassungspapiere Ihres Mannes und um einen Transport kümmern. Sicher findet sich schon bald ein Lazarettzug nach Posen. – Es muß übrigens ein wunderschönes Land sein, Ihre Heimat. Leider kenne ich es nur aus Büchern und vom Hörensagen. Merken Sie eigentlich dort etwas von der Entstehung des neuen polnischen Staates? Ihre direkte Heimat ist ja wohl nicht davon betroffen?«

Anna war erstaunt und auch ein wenig ungehalten über die Fragestellung des Arztes, die vermuten ließ, daß er kaum etwas von den politischen Geschehnissen im Osten wußte. »Wir leben in dem Entstehungsgebiet des neuen polnischen Staates. Sind Ihnen die Wünsche Polens nicht bekannt?«

Dr. Urban bemerkte nicht den leichten Vorwurf, den Anna in der Stimme hatte. »Aber ich bitte Sie«, sagte er, »Posen, Schlesien, Westpreußen oder gar Ostpreußen sind rein deutsche Gebiete. Es ist nichts anderes denkbar, als daß die polnische Grenze gegenüber Deutschland nur die ehemalige russische Staatsgrenze sein kann!«

»So denken Sie«, sagte Anna, »Polen denkt anders. Und da Sie mich nun einmal fragen, würde ich auch sagen, Schlesien, West- und Ostpreußen gehören zu Deutschland, aber die Provinz Posen gehörte immer mit zum Kernland polnischer Staatlichkeit. Warum sollte sie jetzt nicht seinem rechtmäßigen Besitzer zurückgegeben werden?«

»Ich bin erstaunt, so eine Ansicht aus dem Mund einer preußischen Offiziersfrau zu hören!«

Anna hatte sich kerzengerade aufgerichtet und stolz den Kopf gehoben. »Ich bin polnischer Abstammung, Herr Dr. Urban, und außerdem finde ich, man sollte versuchen, gerecht zu sein, besonders als preußische Offiziersfrau.«

Dr. Urban schmunzelte. Wie hübsch sie ist in ihrem Stolz, dachte er. Eine Polin. Daher der bezaubernde Kontrast der schwarzen Haare und der blauen Augen. Eine richtige Polin. Er hatte schon oft gehört, daß die Polinnen besonders hübsch und stolz sein sollten, nun konnte er sich selbst davon überzeugen.

Er erhob sich, nachdem er den winzigen Rest der ausgerauchten Zigarette sorgfältig in einem Aschenbecher ausgedrückt hatte, um Anna zu verabschieden. Sie durchschritten das Zimmer.

Anna zögerte einen Moment, bevor sie fragte: »Ist es jetzt nicht angebracht, meinen Mann von dem, was auf ihn zukommen soll, zu unterrichten?«

Dr. Urban lächelte sie verständnisvoll an. »Ich wollte es morgen während der Visite tun. Aber vielleicht ist es besser, Sie übernehmen diese Mission. Ich habe den

Eindruck«, sagte er mit warmer Stimme, »Sie sind eine sehr kluge und gefühlvolle Frau. Sie werden gewiß die richtigen Worte finden.«

Anna wanderte erschöpft und müde über das holprige Kopfsteinpflaster zu dem kleinen Gasthaus, das sie beherbergte.

Das Gespräch mit Dr. Urban wollte ihr nicht aus dem Kopf gehen. Wie eigenartig, dachte sie, warum war es mir auf einmal so wichtig, eine Polin zu sein? Es ist mir doch sonst nie wichtig erschienen. Oder war es vielleicht bislang nie erforderlich? Sie erinnerte sich an ihre Kindheit, an die Geschichten, die der Großvater ihr von den Ahnen erzählt hatte. Großvater war sehr vornehm gewesen, und sie hatte ihm stundenlang andächtig zuhören können, wenn er farbenprächtige, schillernde Bilder aus der Zeit der Jagellonen-Dynastie heraufbeschwor.

Anna dachte an das Polen, das neu entstehen sollte, und an die Veränderungen, die es möglicherweise für ihr Leben bringen würde, und sie dachte an das polnische Königreich. Sie war stolz darauf, der Schlachta, dem ritterlichen Landadel, angehört zu haben. Bis ins späte Mittelalter reichte ihr Stammbaum zurück. Ihre Familie hatte der Jahrhunderte dauernden sozialen und politischen Verfassung Polens zum nationalen Ideal verholfen. Sie erinnerte sich an die alten Grenzen Polens, besonders gegenüber Deutschland, die ebenfalls Jahrhunderte hindurch die ruhigsten und stabilsten in Europa überhaupt waren. Sie überdachte, daß sich seit dem 18. Jahrhundert die Wege Polens und seiner Nachbarn zu entfernen begannen, daß man zu spät erkannt hatte, wie wichtig die Herausbildung eines modernen zentralistischen Staates mit einer korrekten Verwaltung, einem stehenden Heer, einem planvollen System der Besteuerung, einer neuen merkantilistischen Wirtschaftslenkung und -förderung war und daß es falsch war, an der alten, freien Verfassung festzuhalten. Dadurch war Polen politisch ins Hintertreffen geraten. Der Landadel verarmte. Die erbuntertänigen Bauern wurden stark geknechtet. Diese Armut führte zur Käuflichkeit und zum Söldnertum im Dienst auswärtiger Mächte. So war es möglich, daß der besitzergreifende Einfluß Rußlands, Preußens und Österreichs eine Teilung Polens erzwang, dachte Anna, denn Polen war nicht von innen zerfallen, sondern durch eine überlegene Koalition von außen zerstückelt worden, die auch den letzten Widerstand brach. So wurde Polen durch die zweite und dritte Teilung endgültig von der Landkarte getilgt.

Ein Gefühl der Befriedigung erfüllte Anna, daß Polen jetzt wiederauferstehen würde. Sie war sicher, es würde ein gutes, glückliches Polen sein. Ein Polen, das an die Tradition der Jagellonen anknüpfen, das man achten und bewundern und das in Frieden mit seinen Nachbarn leben würde.

Unbewußt summte sie leise die Nationalhymne, die General Wybicki 1797 komponiert hatte: »Noch ist Polen nicht verloren.« Sie fühlte sich glücklich und stolz, eine Polin zu sein.

Daß in ihrem glücklichen Polen inzwischen der Aufstand ausgebrochen und die öffentliche Gewalt in der Stadt und im größten Teil der Provinz Posen binnen weniger Tage den deutschen Behörden entrissen worden war, wußte sie nicht. Bei der ostdeutschen Bevölkerung rief die eigenmächtige polnische Abtrennung der Provinz Posen von Deutschland starke Verbitterung hervor. Es kam zu wochenlangen, wechselvollen Gefechten. Die bisherige Ordnung wurde von einer allgemeinen Unordnung abgelöst.

Zweiter Teil
HASS

Als Ernst Herrlitz aus dem Feld heimkehrte, fand er statt Ruhe Unruhe vor, statt Geborgenheit Überfälle und Brandstiftungen, statt Frieden Haß gegen alles, was deutsch war.

Die Herren, meist Landwirte und ehemalige Offiziere, die noch zu dieser späten Abendstunde im ernsten Gespräch um den schweren Eichentisch in der Bibliothek des Herrenhauses von Senjin versammelt waren, waren sich einig, daß der plötzlich zutage getretene Haß das Werk langer, gezielter Irredenta-Arbeit aus Kongreßpolen war, woran die polnische Geistlichkeit einen erheblichen Anteil hatte. Nie hatte sie die Hoffnung auf die Wiederauferstehung Polens, und zwar eines katholischen Polens als Bollwerk gegen den Protestantismus im Osten, aufgegeben. Sorgenvoll und doch energisch wie das Bild des alten Soldatenkönigs, des Alten Fritz, der in seiner typischen Haltung, den einen Arm hinter dem Rücken verschränkt, den anderen auf den Krückstock gestützt, auf die Köpfe der Sprechenden heruntersah, waren auch die Gesichter der Anwesenden. Keiner der Herren gab sich mehr einer Illusion hin, seit Paderewski Pilsudski in Warschau aufgesucht hatte und ihm die erstaunliche Tat gelungen war, die Nationaldemokraten und die Sozialdemokraten miteinander zu vereinen. Seitdem Pilsudski als polnisches Staatsoberhaupt anerkannt worden war und Paderewski die Führung einer aus Nationaldemokraten und Pilsudski-Anhängern gebildeten Regierung übernommen hatte, war die Frage der Grenzen des

neuen polnischen Staates auch eine sehr ernstzuneh-
mende deutsche Frage geworden.

Schon im Januar 1919 stand mit zynischer Offenheit in der in Posen herauskommenden Dziennik
Poznanski: »Die Deutschen müssen sich das einmal klar
ins Bewußtsein rufen, daß – solange sie die polnischen
Landesteile besitzen werden – das einzige Verhältnis,
das zwischen uns und ihnen obwalten kann, das des
Hasses und des Kampfes ist.«

Wenn man einer Zeitungsmeldung, besonders bei
dem augenblicklich neu erwachten Nationalgefühl der
Polen, auch nicht allzu große Bedeutung beimessen
sollte, so waren die Herren in der Bibliothek doch stark
beunruhigt. Bislang hatten sie, deren Familien sich
größtenteils schon vor der ersten Teilung Polens vor
Friedrich dem Großen hier angesiedelt hatten, in der
Überzeugung gelebt, diesem Land willkommen zu sein.
Gewiß resultierte dieser Glaube nicht nur aus einer dem
Deutschen vielleicht eigenen Überheblichkeit, sondern
vor allem aus dem wirtschaftlichen und kulturellen Aufblühen des Landes. Die straffe Verwaltungsorganisa-
tion und merkantilische Landeskultur des preußischen
Staates brachten dem Osten einen auffälligen zivili-
satorischen Aufschwung und wirtschaftlichen, sozialen
Fortschritt. Außerdem bestand besonders auf dem
Land ein gutes gegenseitiges Arbeitsverhältnis zwischen Deutschen und Polen.

Um so unbegreiflicher erschien den meisten Deutschen darum die sich überall ausbreitende Gefühlswelle
des Hasses auf alle Deutschen, also gegenüber einem
Volk, dessen Truppen Polen von der russischen Herrschaft befreit hatten.

Besorgt überdachten die Herren in Senjin, wie sich
für sie und ihre Landsleute in Zukunft das Dasein in

einem Land gestalten würde, in dem die Parole verbreitet wurde: »Nie kann der Deutsche dem Polen Bruder sein.«

Die Luft, die durch das offene Fenster des haltenden Lazarettzuges hereinströmte, war milde und würzig. Wenn man die Augen schloß, glaubte man, den Geruch von Erde und warmen Tierkörpern zu spüren.

Von seiner Liege aus konnte Gottfried die Äste der Bäume und Sträucher sehen. Noch waren sie kahl. Sie wirkten glatt, wie poliert. Röter und brauner als sonst, so schien es ihm. Die kleinen, hart verschalten Knospen an den Enden der Zweige glänzten und ließen die zarten, grünen Blätter erahnen, die bald aus ihnen hervorbrechen würden.

Es wird Frühling, dachte er und fühlte sich zum ersten Mal wieder glücklich. »Ich fahre heim«, flüsterten seine Lippen, »und ich werde wieder laufen lernen. Ich will wieder laufen lernen!«

Er schob die Decke beiseite und begann mit den Übungen, die Dr. Urban ihm gezeigt hatte und die er nun seit Tagen immer und immer wieder übte.

»Wenn Sie bald gehen lernen wollen, dann müssen Sie an sich arbeiten«, hatte der Arzt gesagt. »Sie müssen die verbliebenen Gelenke kräftigen und aktionsfähig erhalten: Anspannübungen, Hüftspreiz – und streckende Muskulaturübungen, das Kniegelenk bewegen.«

Gottfried brach der Schweiß aus. »Du hast selbst schuld«, sagte er zu sich, »warum hast du nicht eher auf die Ärzte hören wollen. Jetzt mußt du die verlorene Zeit nachholen.« Seine Energie war zurückgekehrt, seine nach der Verwundung verständliche Verzweiflung und Depression durch Annas Gegenwart nach und nach gewichen. Nur manchmal überfiel ihn für kurze Zeit die alte Angst der Verlassenheit und Hoffnungslosigkeit.

Dann beschwor er sich selbst viele, viele Male hintereinander, bis er ganz ruhig wurde: Sie liebt mich. Sie will mich noch. Sie hat es mir immer wieder gesagt. Es ist kein Mitleid. Sie liebt mich wirklich.

Aber so war es nicht. Anna sagte sich zwar immer wieder, daß sie Gottfrieds Frau sei und daß es ihre verdammte Pflicht und Schuldigkeit sei, ihn zu lieben. Aber allein mit dem guten Willen und einem schlechten Gewissen läßt sich eine Liebe nicht erzwingen. Hätte es Robert nicht gegeben, und wäre er nicht zurückgekommen, so hätte sie vielleicht nie daran gezweifelt, daß aus ihren Gefühlen zu ihrem Mann Liebe geworden wäre. Manchmal haßte sie Robert. Warum war er nicht in China geblieben? Nur er allein hatte Unruhe in ihr Leben gebracht. Wie friedlich hatte sie all die Jahre mit Gottfried gelebt! Fast glaubte sie, schon die Liebesnacht damals an der alten Wassermühle auf Koyja vergessen zu haben. Warum hatte Robert nur wieder alles aufgewühlt? Anna hatte Angst. Seit Stunden befand sie sich auf der Rückreise in die Heimat. Wie würde das Wiedersehen sein? Wenn mich Robert nur nicht von der Bahn abholt, dachte sie. Wenn er wenigstens nicht allein kommt.

Er holte sie ab, und er kam allein. Er hatte sie gleich entdeckt, als sie aus dem Abteilfenster sah.

»Da bist du endlich«, rief er glücklich und lief neben dem ausrollenden Zug her. Er nahm ihr die Tasche ab und stellte sie achtlos auf den Bahnsteig. Dann hob er Anna hoch. Mit kräftigen Armen trug er sie über die kleinen Eisentritte der Plattform hinweg, drückte sie an sich und ließ sie langsam zur Erde gleiten.

Annas seit Wochen mühsam aufrechterhaltene Kraft brach zusammen. Haltlos weinend, wie ein zutiefst unglückliches Kind, schlang sie die Arme um seinen Hals und schluchzte: »Ach Robert, es war so schrecklich, so grausam und schrecklich. Warum muß Gottfried so leiden? Er tut mir so leid, so furchtbar leid.« Es war wie eine Erlösung. Zum ersten Mal nach Wochen konnte sie weinen, richtig weinen. Endlich brauchte sie sich nicht mehr zu beherrschen. Immer mehr Tränen und Worte brachen aus ihr heraus.

Behutsam hatte Robert Anna in den kleinen Sandwagen geholfen. Eine warme Decke hüllte sie ein. »Erzähl, sprich, weine«, sagte er liebevoll und legte ganz leicht seinen freien Arm um ihre Schulter. Ihr Kopf sank auf seine Brust. Es ist so gut, jemanden zu haben, an den man sich anlehnen kann, dachte sie. Es ist so gut, sich auszusprechen.

»Weißt du, das Schrecklichste an Gottfrieds Verwundung ist das Wissen um das Unabänderliche. Wenn man sonst krank ist, mag man sich quälen und Schmerzen haben, aber dann ist es vorbei. Man ist tot, oder man ist wieder gesund. Aber was ist mit Gottfried? Es ist eine nie enden wollende Quälerei. Ohne Beine! Kannst du dir das vorstellen, Robert? Gottfried ohne Beine?« Verzweifelt klammerte sie sich an seiner Jacke fest und zerrte an seinen Rockaufschlägen. Erneut wurde sie von Weinen geschüttelt.

»Nun quäl dich doch nicht so. Noch ist alles so frisch. Jeder von uns wird Gottfried helfen, so gut er kann. Vielleicht sieht in einem Jahr schon alles nicht mehr so trostlos aus wie jetzt. Er wird Prothesen bekommen, und gewiß wird er wieder Freude am Leben finden.« Robert dachte, wenn ich sie nur ablenken oder aufheitern könnte. Es verursachte ihm beinah körperliche Schmerzen, sie so leiden zu sehen.

Anna hatte sich die Tränen mit Roberts großem Taschentuch aus dem Gesicht gewischt. Jetzt strichen ihre Finger verträumt über die kaum noch vorhandene, schwarze Lackpolitur des Wagens.

»Ich bemerke jetzt erst, daß wir in Großmutters altem, kleinem Sandwagen sitzen. Ich wußte gar nicht, daß wir ihn noch haben.«

»Da siehst du mal, wieviel Glück du hast«, sagte Robert scherzhaft. »Wenn er nicht gewesen wäre, hättest du laufen müssen.«

Anna mußte lachen. »So ein Unsinn.«

»Nein, nein.« Robert war ernst geworden. »Es ist leider kein Unsinn. Unsere Wagenremisen sind alle abgebrannt.«

»Was sagst du?« Anna hatte sich abrupt zu ihm umgedreht. »Abgebrannt?«

»Leider ja. Es war Brandstiftung.«

»Aber doch nicht von unseren Leuten.«

»Nein, nein, natürlich nicht. Mit denen stehen wir viel zu gut; die waren ja selbst entsetzt. Es waren irgendwelche dunklen Elemente, die zur Zeit überall auftauchen, Unruhe stiften und hetzen. Bei uns werden sie aber so schnell nicht wieder etwas ausrichten können. Wir werden in Zukunft auf der Hut sein. Du wirst dich wundern«, fuhr er fort, »was bei uns los ist. Wir haben zum Selbstschutz gegriffen. Das Haus ist mit Männern fast voll bis unters Dach. Vater hat etlichen Offizieren, die seit dem Sturz der Monarchie ihre Existenz verloren haben, Unterschlupf gewährt; dafür helfen sie ihm, seitdem die Unruhen ausgebrochen sind, einen Heimatschutz aufzustellen. So hilft einer dem anderen. Das ist in Ostpreußen, Pommern und Schlesien nicht anders.«

Anna schwieg, was sollte sie dazu sagen! Es waren die Nachwirkungen des Krieges. Da war es das einzig richtige, sich in dieser Zeit und unter diesen Verhältnissen gegenseitig zu helfen und zu schützen.

»Überall im bedrohten Osten«, sprach Robert weiter, »tauchen Ideen auf, auch gegen den Willen der Sieger auf eigene Faust einen Volkskrieg gegen Polen zu entfachen.«

»Ja, seid ihr denn von allen guten Geistern verlassen?« Anna sah ihn entsetzt an. »Schon wieder Krieg, habt ihr immer noch nicht genug? Und was kommt dann? Immer mehr Blut, immer mehr Haß, immer mehr Leid? Sind euch die Toten, die Verwundeten nicht genug? Könnt ihr denn nur noch morden? Wo bleibt der göttliche Gedanke? Ist denn die Ethik schon bankrott, das Christentum schon überwunden, bevor es noch das Leben der Völker zu erfüllen begann?«

»Aber Anna«, Robert versuchte sie zu beruhigen, »ich verstehe ja, daß du nach all dem, was du in den letzten Wochen durchgemacht hast, nichts mehr vom Krieg wissen willst. Auch ich, ja wir alle verabscheuen ihn, aber was bleibt uns anderes übrig? Wir können doch nicht einfach dastehen und mit ansehen, wie uns die Polen unser Land rauben.«

»So«, sagte Anna wütend, »das könnt ihr nicht! Aber wir, wir durften es dreimal mit ansehen, wie ihr, Preußen, Rußland und Österreich, uns unser Land fortgenommen habt.«

Robert sah sie fassungslos an. Das war nicht seine Anna, seine zarte, weiche, liebevolle Anna. Wie ein wilder Kampfhahn schleuderte sie ihm die Worte an den Kopf.

»Hast du vergessen, daß ich eine Polin bin, daß dies mein Land ist, auf dem du stehst, daß nicht wir euch etwas fortnehmen, sondern ihr uns etwas fortgenommen habt, daß wir ein Recht haben, es zurückzufordern?«

Staunend und mit wachsendem Zorn hatte Robert

diesen Ausbruch über sich ergehen lassen. »Das kann doch wohl nicht dein Ernst sein«, sagte er laut und brachte das Pferd zum Stehen. Sein Kopf war rot vor Empörung. Er mußte sich beherrschen, um ruhig zu bleiben. »Wenn ich nicht wüßte«, sagte er und sah Anna in das erregte Gesicht, »daß du die Frau meines Bruders bist, eines preußischen Offiziers, daß deine Brüder für unseren König und unser Vaterland gefallen sind und daß dein Vater lange Zeit ein hohes Amt in der preußischen Regierung in Berlin bekleidet hat, würde ich dich jetzt übers Knie legen und gehörig versohlen. Was ist nur in dich gefahren, solche Reden zu führen?«

Anna wollte gerade wütend auffahren, aber Robert packte sie so fest am Arm, daß es schmerzte.

»Und wenn du zwanzigmal polnischer Abstammung bist, ich will solche Reden nie wieder hören, merke dir das! Nie wieder!« Dabei schüttelte er sie rücksichtslos hin und her.

Annas letzter Rest an Energie brach zusammen. Erschöpft und willenlos sank sie an seine Brust. Sein Zorn war verflogen. Er sah nur noch Anna, ihre Schwäche, ihre Hingabe, sah nur die Frau, nach der es ihn verlangte, und verlor die Beherrschung. Besitzergreifend fuhren seine Hände über ihren Körper, immer haltloser wurde sein Begehren, immer rücksichtsloser sein Verlangen.

Sie hatte allen Widerstand aufgegeben. Auch sie hungerte nach Liebe, nach einem Mann, den sie so lange entbehrte. Sie genoß seine Berührung, seine Begierde. Sie war nur noch eine Frau. Vergessen war die Wirklichkeit, vergessen der Krieg, vergessen Gottfried.

Erschöpft und beschämt wurde ihnen klar, was geschehen war. Verlegen ordneten sie ihre Kleider. Robert nahm, ohne ein Wort zu sagen, die Zügel und setzte das Pferd in Trab. Lange Zeit schwiegen beide. Jeder hing seinen Gedanken nach. Anna war voller Selbstvorwürfe, vermischt mit einem Gefühl aus Glück und Bestürzung.

Robert dagegen schwelgte trotz seines schlechten Gewissens im Gefühl des Sieges. Ich liebe sie, und ich werde nicht von ihr lassen, dachte er rücksichtslos. Sie ist ein Weib, ein bezauberndes Weib, voll Schönheit und Temperament. Sie braucht einen Mann. Ich werde bei ihr bleiben. Ich werde sie immer lieben. Gottfried wird nie etwas erfahren.

Anna ahnte nicht, wie egoistisch und wenig brüderlich Roberts Gedanken waren. Hätte sie es gewußt, wäre seine Macht über sie verloren gewesen.

Sie waren inzwischen in die Allee eingefahren. »Schau nur, die Kätzchen«, sagte Anna. Sie hatte mit der Hand einen Zweig der Birken gestreift, die die Straße säumten. Pudrig gelbe Samen hatten ihre Spuren auf der Haut zurückgelassen. »Jetzt fangen meine Bienen wieder an zu fliegen«, murmelte sie verträumt, »den Pollen brauchen sie für die junge Brut. Bald summt und surrt es wieder überall. Das Leben beginnt wieder. Endlich wird es Frühling! – Ach Robert«, sagte sie, »wenn man doch wie der Frühling das Leben noch einmal ganz von vorne beginnen könnte!«

Gottfried öffnete mühsam die Augen. Er versuchte, sich in dem schummrigen Licht des Raumes zurechtzufinden. Sein Blick glitt immer wieder zu einem verzierten silbernen Kreuz, das ihm gegenüber an der Wand hing. Er konnte sich nicht erinnern, je so ein Kreuz gesehen zu haben. Er schloß wieder die Augen. Eine Uhr schlug ein-, zwei-, drei-, viermal. Hatte er richtig gezählt? Waren es nicht fünf Schläge gewesen? Er konnte es nicht richtig erfassen. Jetzt war ihm, als ob sein Bett schwebe und er leicht hin und her schaukle. Es war angenehm friedvoll. Warum war er nur so müde? Wieder sah er das Kreuz an der gegenüberliegenden Wand. Er versuchte sich zu konzentrieren, seine Gedanken zu ordnen. Anna, Dr. Urban, Lazarettzug, Granaten, Blut.

Plötzlich häuften sich die Bilder, die Erinnerungen, die Schreckgespenster des Krieges. Er wollte schreien, aber kein Laut kam über seine Lippen. Nur das rasende Klopfen seines Herzens hörte er. Jetzt war er wach. Das Kreuz hing im Zimmer des Posener Krankenhauses. Er mußte schlecht geschlafen und geträumt haben. – Nein, er hatte eine Narkose gehabt. Gestern war er operiert worden. Jetzt war ihm alles wieder gegenwärtig. Seine Beine! Er schlug die Hände vors Gesicht und stöhnte. Jeden Morgen, wenn er erwachte, war es dasselbe. Jeden Morgen mußte er neu begreifen, daß er keine Beine mehr hatte. Er stützte seinen Oberkörper auf einen Unterarm und tastete mit der freien Hand über die Decke. Nichts! Erschüttert fiel er zurück in die Kissen.

Er mußte wohl noch einmal eingeschlafen sein, denn plötzlich war es hell, und neben seinem Bett auf einem Stuhl stand sein Frühstück. Das Fenster war weit geöffnet. Ganz leicht bewegte sich die zur Seite geschobene Gardine. Auf der gekalkten weißen Decke des Zimmers tanzten Sonnenstrahlen, huschten über die Spiegelscheibe des Waschtisches und spielten auf dem Metall des jetzt viel kleiner erscheinenden Kreuzes. Schön, dachte Gottfried, wie schön! Dann zerriß das Bild. Wieder tasteten seine Hände über die Bettdecke. Stumme Frage, stumme Antwort.

»Guten Morgen, Herr Herrlitz.« Professor Melanowski war mit einer Schwester und zwei Assistenzärzten ins

Zimmer getreten. Er wirkte blaß, müde, auch ein wenig fremd und reserviert in seinem langen weißen Kittel, doch die Begrüßung war herzlich. Sie sprachen zunächst von belanglosen Dingen. Dann ging der Professor zum Wesentlichen über.

»Wir haben«, begann er, »wie besprochen, an dem verbliebenen, noch immer sehr langen Schaft des linken Oberschenkels eine Reamputation des Knochens vorgenommen. Es war, wie ich Ihnen schon vor dem Eingriff erklärte, durch die zu stark zurückgezogenen Weichteile notwendig. Ich glaube, jetzt sind die Voraussetzungen für eine spätere Prothese recht gut. Sehr zufrieden bin ich auch mit der Lappenplastik, die wir am rechten Unterschenkel gemacht haben. Mit erneuten Verwachsungen der Narben am Knochen oder mit Narbenschwarten, die ja wegen ihrer ständigen Geschwürbildung sehr lästig sein können, ist jetzt bei sorgfältiger Stumpfbehandlung kaum mehr zu rechnen. Ich denke, eine Woche bleiben Sie erst einmal schön liegen.«

»Stümpfe hochlagern«, wandte er sich an die Schwester. »Nach einer Woche werden wir die Fäden entfernen. Leichte Temperatur darf Sie nicht beunruhigen. Die ist normal und verschwindet bald. Sobald es die Wundverhältnisse erlauben, werden wir mit Übungen beginnen. Diese haben unter mehreren Gesichtspunkten zu stehen: zunächst einmal Abhärtung der Haut, um sie für die Berührung mit der Prothese geeignet zu machen. Wir beginnen damit, daß wir mehrmals am Tage mit der flachen Hand auf das Stumpfende klopfen. Weiterhin muß durch mechanisches Ausstreichen und durch Massage eine Flüssigkeitsansammlung im subkutanen Gewebe zwischen den Muskelfasern beseitigt werden. Außerdem muß der Stumpf, worum Sie sich bislang ja auch schon ganz richtig bemüht haben, gekräftigt werden.

Wir werden viel Gymnastik treiben und aufpassen, daß keine Haltungsschäden entstehen. Leider haben wir im Augenblick noch keine Möglichkeit, mit unseren Patienten zu schwimmen. Aber sicher finden Sie später dazu in einem ländlichen Gewässer Gelegenheit.«

»Schwimmen«, sagte Gottfried verträumt. »Als kleine Jungs schwammen wir im Ketscher See, oder wir sprangen in die Warthe. Sogar in den Karpfenteichen bei uns im Park haben wir gebadet.«

»Na also«, lachte Professor Melanowski, »dann werden Sie eben wieder mit den Karpfen um die Wette schwimmen.«

»Ein Krüppel«, sagte Gottfried bitter. »Sie brauchen mir nichts vorzumachen, Herr Professor. Ich weiß, daß ich das alles nie wieder tun werde.«

»Mein lieber Herr Herrlitz, jetzt hören Sie mir einmal gut zu. Sie haben mich um meine Hilfe gebeten, und ich habe sie Ihnen versprochen. Dafür verlange ich keinen Dank, aber ich verlange, daß Sie daran glauben und sich bemühen, wieder laufen zu lernen. Ich werde mich hüten, Ihre Verwundung zu bagatellisieren. Dazu ist sie zu schwer. Sie sollen auch nicht darüber im unklaren gelassen werden, daß der Prothesengang sehr harte Arbeit erfordert. Die Prothese ist kein Fortbewegungsmittel, etwa wie ein Pferd, wo man allenfalls von einem schlechteren auf ein besseres umsteigen kann. So ein billiger Trost wäre ein schlechter Dienst, den ich Ihnen erweisen würde. Ich werde Ihnen lieber sagen, daß Sie noch schwere Zeiten vor sich haben. Aber bitte seien Sie sich darüber im klaren: Es liegt einzig und allein an Ihrem Willen, wie Sie in Zukunft leben werden. Sie können alles erreichen: Schwimmen, Laufen und wieder ein vollwertiges Leben haben, wie jeder andere gesunde Mann auch.

Professor Melanowski gab Gottfried die Hand. Ob ich zu hart war? fuhr es ihm dabei durch den Kopf. Aber der dankbare Blick des Patienten bestätigte ihm, daß er diesen Mann richtig eingeschätzt hatte.

Tage, Wochen, Monate vergingen. Während Gottfried mit Energie und Härte bemüht war, wieder laufen zu lernen, und Anna verzweifelt versuchte, ihre Liebe zu Robert zu bezwingen und ihrem Mann mit Geduld und Opferbereitschaft zu helfen, schritt das harte Gesetz der Zeit, das erbarmungslose Friedensdiktat von Versailles über Deutschland hinweg. Es entstanden der Polnische Korridor und der eintausendneunhundertfünfzig Quadratkilometer umfassende Freistaat Danzig. Der für heilig erklärte Grundsatz, das Selbstbestimmungsrecht der Völker, hatte seine Gültigkeit verloren. Nur da, wo die polnischen Wünsche nach Gebietszuteilung weit über das Maß der Vernunft hinausgingen, wurde eine Volksbefragung zugelassen. So wurden die polnischen Ansprüche auf Teile Ostpreußens, auf den westlichen Regierungsbezirk Marienwerder und auf Allenstein zunichte gemacht.

Die Bevölkerung von Posen, Pommerellen und von beträchtlichen Teilen Mittelschlesiens wurde nicht um ihre Meinung gefragt. Dagegen wurden aller Volksbefragung zum Trotz wichtige Gebiete Oberschlesiens mit den Städten Lublinitz, Tarnowitz, Königshütte, Kattowitz, Pleß und Rybnik den Polen zugesprochen. Rund eine Million Oberschlesier kamen unter polnische Herrschaft. Fast alle Kohlenschätze und vier Fünftel der Industrie und des Bergbaus wurden polnisch. Unzählige Adern eines lebenden Wirtschaftskörpers wurden durchschnitten. Versailles hatte Deutschland mit seinen Ostgrenzen in einen Zustand zurückgeworfen, wie er vor vierhundertfünfzig Jahren bestanden hatte.

Im Gutshaus von Senjin war es wieder leer geworden. Nur einer der ehemaligen Offiziere, denen Ernst Herrlitz nach dem Krieg Unterschlupf gewährt hatte, lebte noch bei ihnen. Er hatte sich wie viele andere, die auch aus dem unbesetzten Deutschland kamen, einem Freikorps angeschlossen, um seine Brüder in den eingeschlossenen Städten des oberschlesischen Industriegebietes aus der tödlichen Umklammerung polnischer Banden zu retten. Er erzählte von dem verbissenen, tapferen Kampf der Arbeiter und Intellektuellen gegen eine hundertfache Übermacht der Polen. Er berichtete von den Kämpfen um den Annaberg, wie sie nach und nach ihre Messer und Knüppel gegen die von den toten Feinden erbeuteten Gewehre vertauschen konnten. Er erwähnte auch, auf welch schauerliche Weise Männer, die trotz aller Vorsicht, trotz aller verzweifelten Tapferkeit den Polen in die Hände gefallen waren, bestialisch gemordet wurden, wie oft er gräßlich verstümmelte Leichen von Kameraden in einem Garten, einem Schuppen oder einer Senkgrube wiedergefunden hatte: mit Knüppeln zu Tode geprügelt, mit abgeschnittenen Gliedern, ausgestochenen Augen, erstickt durch Sägespäne.

Bei all diesen Vergehen verschwieg er auch nicht die furchtbar kurzen Gerichtsurteile, die er über einen Menschen, dessen Vergehen unter normalen Umständen nicht mit dem Tod zu sühnen wäre, gefällt hatte. Aber wie sollte man in dieser unnormalen Zeit noch normal Gericht halten? Es gab kein noch so kleines Gefängnis, in das man einen Inhaftierten hätte stecken können. Es waren keine Männer dafür übrig, die Gefangenen zu überwachen. So hatte die Not des Augenblicks auch bei ihm Verbrechen zugelassen.

Anna schienen diese Erzählungen aus der Zeit des Dreißigjährigen Krieges und nicht aus dem zivilisierten zwanzigsten Jahrhundert zu stammen. Ihre idealistische Vorstellung von der Neuerstehung eines glücklichen, allseits geliebten und geachteten Polen hatte einen Knacks bekommen. Die Wirklichkeit war so ganz anders als ihre Wünsche.

Auch Robert hatte sich verändert. Seine Worte waren oft voll Resignation und Sarkasmus. Anna übersah es. Sie übersah auch seinen immer häufiger zutage tretenden Egoismus. Sie entschuldigte jedes rücksichtslose Verlangen nach ihr, das sie in schwierige Gefühlskonflikte brachte. Sie wollte nicht glauben, daß Robert sich verändert hatte. Sie wollte ihn sehen, wie sie ihn immer gesehen hatte. Sie verschloß die Augen, stellte ihn auf ein Podest und träumte von ihrer Idealgestalt, die es nicht gab und die es auch nie gegeben hatte.

Der einzige, dem eine gewisse Veränderung an Robert auffiel, war Gottfried. Gefesselt an seinen Rollstuhl oder mühsam an Krücken auf den Prothesen gehend, war er zu einem stillen Beobachter geworden. Er stand außerhalb, auch wenn er sich wieder in der Gemeinschaft des Hauses befand. Er war empfindsam und feinfühlig geworden, denn er hatte am Abgrund gestanden, hatte sich seine Gedanken über den Sinn des Lebens, über den Tod und über Gott gemacht. Er hatte das äußerliche Leid, das der Krieg ihm geschlagen hatte, noch nicht überwunden, aber innerlich hatte er zu sich selbst zurückgefunden. Er litt nicht mehr, auch wenn die anderen es ihm nicht glauben mochten. Er hatte sich mit seinem neuen Leben abgefunden. Jeder Schritt voran bedeutete Freude. Jede liebevolle Hilfe, jedes gute Wort erfüllte ihn mit einer früher nie empfundenen Dankbarkeit und mit Glück. Es war ihm bewußt geworden, daß nichts, gar nichts im Leben selbstverständlich war, daß alles Gute, was man empfing, eine große Gnade war und man kein Recht hatte, etwas zu verlangen.

Dieses Denken machte ihn scheu seiner Frau gegenüber. Er hielt sich zurück und bezwang seinen Wunsch, Anna wieder wie ein Mann lieben zu dürfen. Er versuchte, sich in ihre Gefühle hineinzuversetzen, wollte ihr Zeit lassen.

Allmählich würde auch sie sich an seine Verwundung gewöhnen, und vielleicht würde sie dann nicht nur den Krüppel, sondern wieder einen Mann in ihm sehen, der nach Liebe hungert wie jeder andere auch.

Zur gleichen Zeit, als das neue Polen mit einem ungewöhnlichen Maß an Schwierigkeiten um den Aufbau seiner Staatlichkeit ringen mußte, als es mit den verheerenden Schäden des Krieges und vor allem den Vernachlässigungen des seit Jahrzehnten unter russischer Herrschaft stehenden Kernlandes Kongreßpolen fertig werden mußte, gingen im deutschen Volk Demonstrationen, Streiks, Aufstände kommunistischer sowie rechtsradikaler Massen weiter. Sie stürzten die junge Republik von 1915 bis 1923 in permanente Staatskrisen.

Der Schwarzmarkt beherrschte das Leben. Wer ausreichend Geld oder Tauschwaren hatte, konnte sich alles besorgen. Anders war es mit den alten Menschen, den Rentnern, Pensionären oder Geistesarbeitern, die wenig Talent oder Mittel für derlei Geschäfte besaßen. Sie mußten den Weg des Suppenkaspers gehen. Das Eingreifen der Polizei störte die Handelnden nur flüchtig. Bettler, Straßenmusikanten und Krüppel belebten immer mehr das Bild der Straße. Der Dollar, der 1914 einen Wert von vier Mark zwanzig besessen hatte, wurde Ende 1923 mit 4,2 Billionen Mark notiert: 4.200.000.000.000 Mark! Um die Lohngelder für Fabrikarbeiter, Angestellte oder Beamte transportieren zu können, benötigte man täglich größere Lastwagenkolonnen. Trotzdem reichte der Tagesverdienst eines Facharbeiters gerade noch aus, um ein Pfund Margarine zu kaufen.

Aber es gab auch Leute, denen es gutging in dieser Zeit; das waren die Raffkes- und Schiebertypen. Sie tarnten sich als Unternehmer, denen der Staat Kredit zum Aufbau der Industrie gab. Rückzahlungen und Zinsen verfielen mit der ständigen Entwertung des Geldes, so daß die erworbenen Sachwerte ihnen vom Staat geschenkt waren.

Der Mittelstand verarmte. Der in Generationen erarbeitete und ersparte Besitz ging verloren. Er wechselte seinen Besitzer. Dieser war nicht selten ein Ausländer, der sich durch seine Valuta-Werte alle Genüsse des Riesenschleuderausverkaufs der Not leisten konnte.

In Senjin wurde das Leben ebenso wie in den übrigen an Polen abgetretenen Ostgebieten von Tag zu Tag schwieriger. Zwar wurde mit dem Inkrafttreten des Versailler Friedensdiktates auf Betreiben von jüdischen Organisationen, die aufgrund ihrer Monopolstellung in Handel, Handwerk und Gewerbe ebenso wie die Deutschen als nationaler und sozialer Fremdkörper galten, ein Minderheitenschutzvertrag ausgehandelt. Er sollte allen Einwohnern ohne Unterschied der Geburt, Nationalität, Sprache, Rasse und Religion volle Freiheit und staatsbürgerliche Gleichberechtigung sowie das Recht auf eigene Schulen und die eigene Sprache gewähren. Aber trotz dieses Minderheitenschutzvertrages war ein ausreichender Schutz nicht gewährleistet.

Der Beschluß des Völkerbundes, das oberschlesische Industriegebiet zu teilen, verstärkte die nationalen Emotionen.

Patriotische Aufrufe, die von seiten der Polen und der deutschen Freikorps ausgegeben wurden, peitschten die Leidenschaften weiter auf. So ließ unter anderem der nationaldemokratische Politiker Stanislaw Grabski bereits im Oktober 1919 in einer öffentlichen Versammlung in Posen die polnische Politik der Verdrängung der Deutschen aus ihrem Bodengrundbesitz sowie vom Arbeitsplatz erkennen. Er sagte wörtlich: »Es gibt eine Liebe für die Landsleute und eine andere für die Fremden. Ihr Prozentsatz bei uns ist entschieden zu hoch. Posen kann uns einen Weg weisen, in welcher Weise der Anteil an Fremden von vierzehn oder gar zwanzig auf eineinhalb Prozent gebracht werden kann. Das fremde Element wird sich umsehen müssen, ob es sich anderswo nicht besser befindet. Das polnische Land ausschließlich für Polen!«

Solche Reden verstärkten die gegenseitigen Feindseligkeiten und ließen einen abgrundtiefen Haß entstehen.

Noch vor der Übergabe der Landeshoheit an Polen verließen – meist fluchtartig – Hunderttausende von Deutschen Posen und Pommerellen. Panikartig verschleuderten sie ihren Besitz und ihr Vermögen. So auch die meisten Verwandten und Freunde der Familie Herrlitz. Nur die anhaltenden Ermahnungen der deutschen Reichsregierung, wenn irgend möglich in den abgetretenen Gebieten auszuharren, ja sogar von dem Recht der Option für Deutschland keinen Gebrauch zu machen, veranlaßte Ernst Herrlitz und seine Söhne, die Heimat vorerst nicht zu verlassen.

Doch die zweijährige Frist, die von der neuen polnischen Regierung gesetzt worden war, um sich entweder für die polnische Staatsangehörigkeit oder – was die Ausweisung zur Folge haben würde – für Deutschland zu entscheiden, rückte immer näher.

Nach langem Für und Wider erschien es allen am vernünftigsten, daß Ernst Herrlitz und Gottfried, der zukünftige Erbe von Senjin, zur Rettung des Gutes polnische Staatsangehörige wurden. Dagegen sollte Robert auf jeden Fall Deutscher bleiben. Da er keinen Grundbesitz in Polen hatte, bestand die Hoffnung, daß er sich als Besuch weiterhin im Land aufhalten dürfte. Diese Lösung erschien allen – außer Anna – recht glücklich, denn man verband mit ihr noch einen anderen Gedanken: Michael sollte möglichst bald pro forma von Robert adoptiert werden. Ganz abgesehen davon, daß man hoffte, Senjin durch diesen Schachzug eines Tages wieder zu einem deutschen Besitz zu machen, war es die einzige Möglichkeit, Michael später vor dem polnischen Militärdienst zu bewahren.

Anna, die nach dem Grauen des Krieges ebensowenig dafür war, ihren Sohn eines Tages als Soldat zu sehen, fühlte sich trotzdem in ihrem neuerwachten polnischen Nationalgefühl gekränkt. Warum sollte Michael nicht Pole sein? Er war auch ein Borrodin wie sie. In seinen Adern floß nicht weniger polnisches als deutsches Blut. Als Polin fühlte sie sich verletzt, und sie ließ ihren Gefühlen zum Erstaunen aller freien Lauf.

Aber es war nicht nur die verletzte Polin, die aus ihr sprach. Es war ihre Ahnung, daß eine Adoption nicht nur für Michael, sondern auch für Robert ein verlängertes Bleiben in Deutschland erforderlich machen würde. Möglicherweise würde Robert eine erneute Einreise nach Polen verweigert. Sie hatte Angst, von ihm getrennt zu werden.

Annas sonst so klarer Verstand, mit dessen Hilfe sie sich bislang Roberts Verlangen entzogen hatte, war wie verschleiert. All die guten Vorsätze, sich innerlich von ihm zu lösen, blieben vergeblich. Sein Charme, seine Art sie anzusehen, seine werbende Männlichkeit und ihre Blindheit für seine Schwächen hatten ihren Widerstand fast gänzlich zum Schwinden gebracht. Es bedurfte nur noch eines kleinen Anstoßes, und sie hätte sich selbst und das Leben der Ihren vergessen.

Doch Robert erkannte dies nicht. Er war viel zu sehr mit sich selbst beschäftigt. Durch die Adoption Michaels glaubte er sich seinem Ziele näher, als er zu hoffen gewagt hatte. Wieviel leichter würde es jetzt für ihn sein, Anna ganz für sich zu gewinnen! Wenn sie nicht seine Geliebte werden wollte, so würde sie jetzt vielleicht zu einer Scheidung zu bewegen sein. Welchen Schmerz dadurch sein Bruder erleiden müßte und ob Anna je mit diesem Schritt fertig werden würde, bedachte er nicht. Er sah nur sich und seine Wünsche. Aus dem offenen, empfindsamen, wenn auch leichtsinnigen jungen Mann war ganz allmählich durch die Erlebnisse des Krieges, die Kämpfe um Oberschlesien, den Verlust all dessen, was er in China aufgebaut hatte, durch die verlorenen Jahre seines Lebens, ein immer größerer Egoist geworden. Zwar fühlte er sich in seiner neuen Haut keineswegs wohl und hatte auch immer noch ein schlechtes Gewissen bei dem Gedanken, seinem Bruder die Frau fortnehmen zu wollen, doch er beruhigte sich mit der Entschuldigung, daß das Leben rücksichtslos und grausam sei und man sich nehmen müsse, was man haben wolle. Gerechtigkeit und Anstand waren ein Trost für die Dummen, die Erfolglosen. Und dumm und erfolglos war er gewiß nicht. Er durfte nicht sein Leben mit Mitleid und Ehrpusseligkeit

118

verbringen. Er war noch jung. Er wollte leben, endlich leben mit Anna.

Wie fremd sich Robert selbst mit diesen Gedankengängen geworden war, war ihm nicht bewußt. Aber daß er sie auf keinen Fall Anna gegenüber zum Ausdruck bringen durfte, wußte er sehr genau, und es fiel ihm, nach der langen Lehrzeit im Umgang mit den schlauen und raffinierten Asiaten, nicht allzu schwer, seine Gedanken und Wünsche geschickt hinter der Maske seines Charmes und seiner klugen Liebenswürdigkeit zu verbergen.

Wie immer traf man sich zum Weihnachtsfest auf Senjin. In der Halle stand wie eh und je eine bis an die Decke reichende, schlanke Fichte, geschmückt mit Strohsternen, roten Äpfeln, Kerzen und Kugeln. Wie immer hatte man die kleine Patronatskirche, die zum Gut gehörte, besucht, gemeinsam gebetet, die Krippe unter dem Kreuz betrachtet und war still bewegt, das Herz voll Demut und Hoffnung, durch den knirschenden Schnee nach Hause gefahren. Aber trotzdem war es nicht wie sonst. Es fehlte der Jubel. Es fehlten zu viele der Lieben. Zuviel Schweres lastete auf jedem.

Anna hörte nicht das leise Läuten der Glöckchen am Schlitten und nicht das Schnauben und gleichmäßige Stampfen der Pferde. Sie sah nur Olga, ihre einst so hübsche und fröhliche Schwester, Olgas traurige Augen, ihren schmalen, blutleeren Mund. Abgemagert und alt sah sie aus. Vor wenigen Tagen hatte sie ihr Haus mit den Kindern für immer verlassen. Die Domäne war von dem neuen polnischen Staat wie alle preußischen Staatsgüter konfisziert worden. Auch die Tatsache, daß Olga von Geburt Polin war, änderte daran nichts. Nur das lebende und tote Inventar erlaubte man ihr zu veräußern.

Ein kleiner Trost, dachte Anna, daß Papa und wir, soweit es uns möglich war, wenigstens einiges ersteigern konnten. Wenn sie nur nicht so verbittert wäre! Sie könnte so gut mit Vater auf Koyja leben. Es ist doch ihr Zuhause. Aber sie will fort, für immer fort aus Polen, so schnell wie möglich fort aus der Heimat, zur Familie ihres gefallenen Mannes. Ob das gut sein wird?

Anna war traurig. Sie schlug den Kragen ihres Mantels hoch und knöpfte ihn bis zum Hals zu. Es fing wieder an zu schneien. Sie liebte es, wenn die kühlen, zarten Flocken ihr Gesicht berührten. Sie waren wie flüchtige Küsse, die Erinnerungen und gute Gedanken weckten. Sie schloß die Augen, hielt ihr Gesicht dem Wind entgegen und trank mit den Lippen die schmelzenden Flocken. Jetzt hörte sie auch die Glöckchen am Schlitten, das Stampfen der Pferde und das Knirschen des Schnees unter der Last der Kufen. Es ist Weihnachten, dachte sie. Trotz allem ist Weihnachten.

Sie öffnete wieder die Augen, sah den Himmel. Er war dunkel, grau und verhangen. Doch ab und zu gab er das blinkende Licht eines Sternes frei. »Schau nur«, sagte sie zu Olga gewandt und zeigte zu einem Stern. »Er leuchtet wie der Stern von Bethlehem.«

Olga drehte sich, sah empor und meinte zynisch: »Und Frieden auf Erden und den Menschen ein Wohlgefallen!«

Anna war der Spott in ihrer Stimme nicht aufgefallen. Träumerisch sah sie noch immer zum Himmel. »Ja«, murmelte sie, »man muß nur hoffen!«

Gottfried, der auf die Heimkehrenden wartete, war mit Franz' Hilfe aus seinem Rollstuhl aufgestanden und bewegte sich langsam, eckig und mühsam neben seinem Diener, der ängstlich und griffbereit die Hände vorgeschoben hielt, durch die Halle. Franz sprach ununterbrochen, mit einem Auge aus dem Fenster sehend, mit dem anderen seinen Herrn beobachtend, beruhigend auf ihn ein: »Die gnädige Frau wird Augen machen. Das ist eine Weihnachtsüberraschung. Die ersten Schritte ganz ohne Hilfe.« Er sah wieder zum Fenster. »Jetzt fahren die Schlitten in den Hof ein. Gleich werden sie vorfahren.« Franz wurde unruhig. »Wenn es Ihnen recht ist, sollte ich jetzt gehen und die Tür öffnen.«

»Nur noch einen Augenblick, Franz. Schieben Sie den Rollstuhl weiter weg, und lassen Sie mich ganz in der Mitte stehen.«

»Kann ich Sie jetzt wirklich allein lassen?« Franz war ängstlich.

»Aber ja, lieber Franz, wir haben es doch lange genug geübt. Ich werde es schon schaffen.«

Franz bewegte sich halb rückwärts gehend, die Arme immer noch vorhaltend, mit einem Gefühl aus Sorge, Bewunderung und Vorfreude auf die überraschten Gesichter, zur Eingangstür.

»Gottfried!« Anna war mit einem Aufschrei wie angewurzelt zwischen den Hereindrängenden in der Flügeltür stehengeblieben. Überrascht und bewundernd wichen die anderen automatisch ein paar Schritte zurück. Wie auf einer Bühne standen sich Gottfried und Anna gegenüber. Alle fühlten den Schmerz, die Kraft und die Anstrengung mit, die Gottfried seiner Frau als Weihnachtsüberraschung darbrachte. Anna war tief bewegt. Langsam quollen dicke Tränen aus ihren Augen. Sie hätte schreien mögen. Aber sie sagte immer wieder nur: »Gottfried, o Gottfried.« Sie sah, wie er auf sie zukam, das eine Bein hebend, das fremde, eigenartige

Einknicken des falschen Kniegelenkes, die Verlagerung des Körpers auf das sich aufstellende, haltsuchende Holzbein, um dann etwas schneller das natürliche andere Knie anzuwinkeln und einen Schritt zu machen. Und wieder die Körperverlagerung, wieder die Anstrengung und der Schmerz und wieder ein Schritt.

Franz hatte, da er ja von den heimlichen Übungen wußte, wie sehr seinen Herrn diese wenigen Schritte ohne Stützen anstrengten, den Rollstuhl herbeigefahren, und ehe Gottfried noch recht zum Sitzen kam, schlug auch schon die Welle der Begeisterung und Bewunderung über ihm zusammen. Anna liefen noch immer die Tränen über das Gesicht. Sie war zu erschüttert. Wieviel Sehnsucht nach Liebe und Lebenwollen sprach aus den hart erkämpften, erbarmungswürdigen Bewegungen. Es war eine Qual zu sehen. Welch eine Offenbarung, welch ein inniges, tapferes Weihnachtsgeschenk!

»Ich danke dir«, sagte sie.

Gottfried hielt ihre beiden Hände umfaßt. »Du weinst?« Fragend und ängstlich sah er sie an.

Sie war zu ihm in die Knie gesunken, hielt ihn fest umschlungen und flüsterte: »Du weißt doch, Gottfried, immer wenn ich sehr glücklich bin, habe ich Tränen in den Augen.«

Auch Meta, die junge Frau von Jochen Palluschek, dem Kutscher, hatte am Heiligen Abend Tränen in den Augen. Aber es waren bei ihr nur Tränen des Glücks. Zum ersten Mal in ihrer jungen Ehe feierte sie das Weihnachtsfest mit ihrem kleinen Sohn und ihrem Mann gemeinsam.

Als der Krieg zu Ende war, hatte man Jochen gar nicht erst nach Hause kommen lassen, sondern gleich von einer deutschen Uniform in eine polnische gesteckt.

»So hatte ich mir den Krieg nicht vorgestellt«, sagte er ein übers andere Mal, »so nicht!« Er rieb dabei mit der Hand über den Stumpf seines linken Unterarmes und erzählte, wie er wieder gegen Rußland marschieren mußte, durch die Ukraine, Schitomir, Berdytschow, Kosiaty. Das Ziel hieß Kiew. Doch plötzlich hatten die Russen angegriffen. Zuerst an der Düna und am Oberlauf der Beresina, weil die polnische Armee dort am schwächsten war, und er mußte dann zu den Pripjetsümpfen. Der Zusammenhang der polnischen Südarmee und den nördlichen Kräften war kaum noch vorhanden. Der anfängliche Sieg schien zwischen den Fingern zu zerrinnen. Der bunt zusammengewürfelten und schnell aufgestellten polnischen Armee fehlte es an Führung, Ausrüstung und Zusammenhalt.

Jochen erzählte, wie sie immer weiter nach Westen zurückgedrängt worden seien, bis sie vor Warschau gestanden hätten. Nur zwanzig Kilometer östlich standen die Russen. Die Stadt war angefüllt mit Flüchtlingen aus östlichen Dörfern. Sämtliche Fuhrwerke waren zum Transport von Munition an die Front und zum Rücktransport von Verwundeten requiriert. Auf dem Bahnhof stand ständig eine bestimmte Anzahl von Lokomotiven unter Dampf, um im äußersten Notfall die wichtigsten Regierungsbehörden nach der einzigen freien Südseite zu retten.

Die Bevölkerung war nahe am Verzweifeln. Die Nachrichten von den Kämpfen östlich der Stadt überstürzten sich. Das knapp zwanzig Kilometer vom Zentrum entfernte Städtchen Radzymin wechselte dreimal in vierundzwanzig Stunden den Besitzer. Und immer hatte er, Jochen Palluschek, mitkämpfen müssen, obwohl er doch gar nicht mehr kämpfen wollte und die Nase vom Krieg und vom Heldentum voll hatte. Aber er mußte mitmarschieren, immer schneller und ohne Pause.

Entkräftet, ausgepumpt und marschkrank waren sie alle, die Freiwilligen und Unfreiwilligen, angeführt von Marschall Pilsudski, der mit den an der Wiepre bereitgestellten Truppen der Straße Warschau-Brest-Litowsk zustrebte, um den Russen einen Flankenschlag zu versetzen, und auf dem Wege unerwartet auf eine ahnungslos ohne Deckung durchs Gelände spazierende russische Armee stieß, der den Überraschungsmoment zu nutzen wußte und diese Armee ebenso wie eine später zu Hilfe in Marsch gesetzte völlig aufrieb. Marschall Pilsudski gab nicht eher Ruhe, bis seine Truppen auf die südlichen russischen Divisionen vor Warschau stießen. Er rechnete damit, daß die russischen Kräfte, auf die sie stoßen würden, ebenso strapaziöse Marschleistungen hinter sich haben mußten und von den erbitterten Kämpfen um Warschau nicht weniger entkräftet sein würden als sie selbst. Darum genügte ein psychologischer Anstoß, ein kurzes Gefecht, um die Bedroher der Stadt zu zerschlagen, das Wunder an der Weichsel zu erreichen, die russische Armee Tuchatschewski, eine viertel Million Mann, auf die Hälfte ihres Bestandes an Menschen und Material zu reduzieren. Mit fast noch größerer Geschwindigkeit als der russische Vormarsch erfolgte die Flucht.

»Und für mich kam die Heimreise«, sagte Jochen, »und die verlorene Hand. Aber laß man, Meta. Ich bin gar nicht so traurig. Da komme ich wenigstens nicht noch mal in einen Krieg. Nur daß ich nicht mehr so richtig kutschieren kann, das tut mir weh, aber wenn ich da an unseren gnädigen Herrn denke, dann habe

ich wirklich noch Schwein gehabt. Und außerdem hab'
ich dich und den kleinen Joscha.«

Und weil Meta so glücklich war, daß er das sagte,
und sie ihn liebhatte, darum hatte auch sie an diesem
schönen Weihnachtsabend Tränen in den Augen.

Das Barometer stand schon über eine Woche auf null
Grad. Es war ungewöhnlich. Das war kein Wetter. Un-
mengen Schnee fielen zwar in großen, weißen Flocken
vom Himmel, aber er war naß. Überall bildeten sich
Wasserpfützen, die dann über Nacht zufroren, um am
nächsten Tag noch größere Pfützen zu bilden. An Spa-
ziergengehen, Schlittschuhlaufen oder gar Rodeln war
nicht zu denken. Auch auf die nächtliche Schlittenfahrt,
die üblicherweise immer am letzten Tag des Jahres
rund um das Gut gemacht wurde, mußte diesmal verzichtet werden.

»Gott sei Dank haben wir einen guten Tropfen zur
Aufmunterung. Und lieben Besuch haben wir auch«,
sagte Gottfried und sah zu Professor Melanowski hinüber, der es nun endlich wahr gemacht hatte, für ein
paar Tage nach Senjin zu kommen.

»Sie sind viel zu sehr in Ihre Arbeit vergraben«, warf
Anna ein. »Sie haben keine Familie, leben nur im Kran-
kenhaus. Das muß jetzt anders werden. Ich hoffe, Sie
kommen von nun an recht oft zu uns und betrachten
uns, so gut Sie können, als Ihre Familie.«

»Ich danke Ihnen und nehme Sie beim Wort.« Professor Melanowski sagte das höflich und leichthin, doch
er war von dem Angebot stärker berührt, als er es sich
eingestehen wollte. Die selbstverständliche und ehrliche Freundschaft, die man ihm hier entgegenbrachte,
bewegte ihn tief. Erst jetzt wurde ihm voll bewußt, wie
einseitig und abgekapselt er bislang gelebt hatte. Arbeit

und Hilfe für andere, das war sein Leben. Darüber hatte er sich selbst, die Gründung einer Familie und die Freundschaft vergessen.

Er sah nachdenklich in die offenen Gesichter der Anwesenden und dachte an die erste Begegnung mit Gottfried Herrlitz, damals im Zug, und an die Sympathie, die er sofort für diesen Mann empfunden hatte. Eigenartig, dachte er, gerade in der Zeit der aufkommenden Feindschaft zwischen Deutschen und Polen bietet man mir die Freundschaft an.

Als ob Gottfried seine Gedanken erraten hätte, fragte er: »Soweit ich mich an unser erstes Zusammentreffen erinnern kann, sind Sie rein polnischer Abstammung, ebenso wie mein Schwiegervater und meine Frau?«

Professor Melanowski war überrascht. »Sie auch?« fragte er erstaunt Anna und Herrn von Borrodin.

»Sehen Sie, so verrückt ist die Welt«, gab letzterer lachend zur Antwort. »Hier sehen Sie eine rein preußische und rein polnische Familie glücklich vereint, und um uns herum schlägt man sich die Köpfe ein. Und warum? Weil es heißt, daß Polen und Deutsche auf einmal keine Freunde sein dürfen. Wie finden Sie das?«

»Es ist nicht zu begreifen«, sagte der Gelehrte. »Ich persönlich hoffe immer noch, daß es sich nur um die bedauerlichen, schmerzlichen Geburtswehen der Neugründung unseres Staates handelt. Politische Veränderungen bringen nun einmal Schwierigkeiten mit sich. Für ein Land ebenso wie für den einzelnen Menschen.«

»Sie haben ganz recht«, mischte sich jetzt Ernst Herrlitz in das Gespräch ein, »ich bin davon überzeugt, daß Polen sich über kurz oder lang darauf besinnen wird, aus welcher Richtung sein wirklicher Feind kommt. Aus dem Westen oder aus dem Osten. Wir müssen alle umlernen und Verständnis füreinander aufbringen. Natürlich erfüllt es mich als Preuße mit Schmerz, daß wir die seit 1772 besetzten Provinzen wieder hergeben mußten. Wer gibt schon gern etwas her, das ihm wie sein eigenes Fleisch und Blut erscheint! Doch ebenso verständlich ist es, daß es jeden Polen beglücken muß, wieder einen eigenen Staat zu schaffen.«

»Aber ein Staat braucht nicht nur Feinde, er braucht auch Freunde«, meldete sich Herr von Borrodin ärgerlich zu Wort. »Mein Land hat viel Gutes von Preußen erfahren. Kulturell und wirtschaftlich. Nicht zuletzt verdankt der neue polnische Staat dem preußischen Soldaten die Befreiung Kongreßpolens von der russischen Herrschaft. Wir tun nicht gut daran, eine Hetzkampagne gegen die Deutschen zu veranstalten. Es ist kurzsichtig, die Schaffung eines neuen Staates mit der Hochzüchtung von Feindschaft zu beginnen. Wie sollen wir unsere Kraft bewahren, wenn wir uns freiwillig in ein Vakuum zwischen Ost und West begeben? Oder glauben unsere Politiker vielleicht nach dem Wunder an der Weichsel und dem Frieden von Riga, ein bolschewistisches Rußland wäre jetzt kein gefährlicher, unerbittlicher Feind mehr für Polen?«

»Das kann ich mir nicht denken«, meinte Professor Melanowski. »Wenigstens nicht von unserem Staatsoberhaupt Marschall Pilsudski. Der hat immer nur in Rußland unseren Feind gesehen, ob nun zaristisch oder bolschewistisch. Er weiß, daß Polen bis an die Zähne bewaffnet bleiben muß, wenn es seine Grenzen im Osten halten will.«

»Aber anscheinend«, meinte Anna, »ist der Einfluß anderer Stimmen so groß, daß sie eine Kettenreaktion des Hasses heraufbeschwören, der womöglich nicht mehr zu bremsen ist und unsere Hoffnungen auf ein starkes, beständiges und angesehenes Polen eines Tages zunichte machen wird.«

»Das ist auch meine Sorge.« Herr von Borrodin hatte nach einem kurzen Schweigen wieder das Wort ergriffen. »Es tut gut, Menschen gleicher Denkungsart um sich zu wissen, und es tut gut, Freunde zu haben. Das möchte ich vor allem den Kindern sagen, die dieses Gespräch hoffentlich in Erinnerung behalten werden. Die Jugend wird durch ihre Denkungsart und ihr Handeln einmal mitentscheiden über das Ansehen und den Weg, den unsere Länder gehen werden. Mögen sie mithelfen, die noch vorhandene kleine Flamme der Freundschaft zu erhalten! Vielleicht werden wir es nicht mehr erleben, aber eines Tages kann diese Flamme trotz aller Tränen und allen Blutes, das noch fließen mag, ein Wärmespeicher der Freundschaft werden, einer Freundschaft zur Erhaltung der Freiheit der Völker des Westens gegen den Osten.«

Robert hatte sich endgültig entschieden, nicht wieder nach China zurückzugehen. Etwas anderes reizte ihn mehr: Es ergab sich für ihn die Möglichkeit, keine zehn Kilometer entfernt von Senjin eine Fabrik wieder auf die Beine zu stellen, und er war gewillt, diese Möglichkeit beim Schopf zu packen. Lange genug hatten der Krieg und das, was danach kam, seinen unternehmerischen Elan gedämpft. Um sein Ziel zu erreichen, brauchte er die Unterstützung einflußreicher Industrieller, die ihm seine ehemaligen Geschäftsfreunde vermitteln sollten.

Robert hatte von jeher seine Familie vor vollendete Tatsachen gestellt. So auch mit der Nachricht, daß er die seit Jahren stilliegende Zuckerfabrik im Nachbarort Gorna übernehmen werde. Natürlich hatte er sich die hierfür erforderlichen Geldmittel auf normalem Wege nicht beschaffen können. Er machte sich die von der deutschen Reichsregierung herausgegebene Anweisung zunutze, daß kein deutsches Anwesen in polnische Hände übergeben werden sollte, und erreichte so, daß eine Danziger Bank zur Wiederherstellung und zum Ausbau der Fabrik einen ausreichenden Kredit gewährte. Allerdings war damit die Auflage verbunden, daß er bis zur Rückzahlung des Krediets nach spätestens acht Jahren nicht als Eigentümer, sondern nur als von der Bank eingesetzter Direktor fungieren sollte. Für Robert gab es aber kein Risiko. Er hatte sich alles genau überlegt. Auch mit dem polnischen Wirtschaftsministerium in Warschau hatte er Rücksprache genommen. Obwohl er Deutscher war, war man bereit, ihn zu unterstützen, zwar nicht mit Geld, sondern durch Ausschaltung von Schwierigkeiten.

Natürlich war der polnischen Regierung an einer Industrialisierung ihres Landes gelegen. Dazu gehörten auch Zuckerfabriken. Die Kriegsverluste hatten – wenn auch nach geographischer Lage sehr verschieden – der polnischen Zuckerindustrie erhebliche Verluste beigebracht. In dem ehemals russischen Teilgebiet waren die Zuckerfabriken abgebrannt, und von den sechs Fabriken im österreichischen Teilgebiet fielen nach dem Weltkrieg drei an Rumänien. Wenn auch die Landwirtschaft während des Krieges durch die zwangsweise niedrigen Zuckerrübenpreise auf größere Getreideproduktion übergegangen war und sich teilweise noch nicht wieder umgestellt hatte, so blieben doch die noch vorhandenen Zuckerfabriken in ihrer Kapazität weit überfordert. Darin sah Robert seine Chance.

Seine erste Sorge war, die im Krieg aus der Fabrik requirierten Maschinen neu zu beschaffen. Dann mußten geschulte Fachleute, wenn möglich aus Deutschland, angeworben werden. Später wollte er interessierte, strebsame junge Männer in dem ersten Zuckertechnologischen Institut der Welt in Berlin ausbilden lassen.

Robert hatte viele Pläne. Gute Verkehrswege mußten erstellt werden, was für eine Zuckerfabrik von größter Wichtigkeit war. Der Staat bot die Möglichkeit, mit niedrigen Kosten in Städten und Dörfern Häuser zu bauen. Hierdurch konnte Robert werkseigene Wohnungen für seine Arbeiter errichten. Er selbst war ein guter Organisator und ein erfahrener Kaufmann. Er würde sich der Kartellorganisation der polnischen Zuckerindustrie anschließen und sie mit aufbauen. Er wußte, wie man die Dinge in den Griff bekam. Er war überzeugt, daß er nach einigen Jahren harter Arbeit aus der kleinen Quetsche eine lukrative, große Zuckerfabrik machen konnte. Vielleicht würde sich die Gründung neuer Unternehmen anschließen.

Roberts Pläne kannten keine Grenzen. Er war wieder in seinem Element. Er würde wieder einen Wirkungskreis haben, der ihm gefiel, und sich rasch wieder ein neues Vermögen erarbeiten, und vor allem würde er Anna immer in seiner Nähe wissen. Robert war, seitdem er wieder eine Tätigkeit hatte, die ihn ganz erfüllte, zufriedener und glücklicher geworden.

Besonders aber hatte ihm die Gegenwart seines Bruders bewußt gemacht, wie sehr er selbst auf der Sonnenseite des Lebens stand. Die tägliche Qual Gottfrieds vor Augen ließ ihn seinen egoistischen Wunsch, Anna zu besitzen, diese rücksichtslose Lieblosigkeit seinem Bruder gegenüber, wie Schuppen von den Augen fallen. Er konnte nicht begreifen, wie er je so schändliche Gedanken hatte haben können. Seine Liebe zu Anna mußte tabu sein. Nie wieder durften sie zueinander davon sprechen. Beide wußten, daß eine Scheidung oder auch nur der Wunsch, einander zu gehören, unmöglich geworden war. Ihre Erziehung, ihr ganzes Wesen verbot es ihnen, jetzt noch daran zu denken. Aber sosehr sie sich auch bemühten, ihr Verlangen nacheinander zu unterdrücken, es wollte ihnen nicht gelingen! Selbst die Nächte, die Robert aus Verzweiflung bei anderen Frauen verbrachte, um sich abzureagieren, konnten ihn nicht von seinem Verlangen nach Anna befreien. Für beide blieben die unvermeidlichen, heimlichen Blicke, die leichte Berührung ihrer Hände oder andere Zeichen ihrer Liebe eine Qual und eine Lust zugleich. Vielleicht wurde durch die bewußte gegenseitige Zurückhaltung ihrer Gefühle und durch die Hoffnungslosigkeit ihrer Erfüllung die Sehnsucht nacheinander sogar noch größer. Sie manövrierten sich ungewollt in ein immer schwerer zu bewältigendes Nebeneinander.

Gottfried konnte zwar keine Gedanken lesen, aber er war auch nicht so ahnungslos, wie man vermutete. Er hatte sehr wohl bemerkt, daß zwischen Anna und Robert irgend etwas nicht stimmte. Anna erschien ihm oft so unruhig, so wenig selbstsicher in der Gegenwart seines Bruders. Auch zu ihm war sie nicht so frei und natürlich, wie eine Ehefrau hätte sein sollen. Anna hatte kein Talent, sich zu verstellen. Wenn er es auch anfänglich nicht wahrhaben wollte und ihn die Erkenntnis zutiefst betroffen machte, so schien es doch ganz offensichtlich, daß Anna in Robert verliebt war – und er in sie.

Was sollte er, Gottfried, dagegen tun? Hatte er überhaupt noch das Recht, etwas zu tun? Sollte er Robert oder Anna zur Rede stellen? Würde nicht jedes Wort, jeder Schritt von ihm eine vielleicht noch harmlose

Schwärmerei erst wirklich zu einem ernsten Problem machen? Wie würde Anna reagieren, wenn er ihr so wenig Vertrauen entgegenbrachte? Wäre das für sie nicht ein Anlaß, sich vielleicht für immer von ihm abzuwenden? Er kannte doch Anna. Sie war so empfindsam und aufrichtig. Sie würde ihn nicht einfach hintergehen. Schon ihr Pflichtbewußtsein würde sie daran hindern.

Wenn es auch für Gottfried kein sehr erhebendes Gefühl war, daß seine Frau ihm möglicherweise nur aus Pflichtbewußtsein treu blieb, so war er doch vorerst beruhigt und auch realistisch genug, einzusehen, daß er kaum mehr erwarten konnte. Was gab es an einem Krüppel wie ihm noch zu lieben? Seit seiner Verwundung hatte sich das eheliche Zusammenleben zwischen Anna und Gottfried verständlicherweise geändert. Man hatte ihm ein eigenes Schlafzimmer neben dem seiner Frau eingerichtet. Was hatte er anderes erwarten können? In der ersten schweren Zeit war es ihm sogar lieb gewesen. Aber warum mußte es so bleiben? War er inzwischen nicht halbwegs wieder ein normaler Mann? Hatte er nicht vor allem für Anna seinen Körper wieder beherrschen gelernt? Er kam allein mit seinen Prothesen zurecht, konnte sich selbständig an- und ausziehen und schon wieder erstaunlich lange und gut laufen. Warum hatte er so wenig Selbstvertrauen? Was hielt ihn davon ab, sich seiner Frau auch wieder körperlich zu nähern? Warum hatte er noch nicht einmal den Mut, sie zu liebkosen wie früher? Mußte er nicht damit rechnen, daß eine so weibliche Frau wie Anna nach Liebe sucht? War es nicht begreiflich, daß sie sich in ihren Sehnsüchten Robert zuwandte, der immer um sie war, der so gesund und vital war, dem ohne sein Zutun von jeher die Herzen der Frauen zugeflogen waren?

Gottfried war sich zwar darüber im klaren, daß sein Bruder oft leichtsinnig und auch ein wenig rücksichtslos sein konnte, aber er traute ihm doch ein gewisses Maß an Achtung vor dem Besitz eines anderen zu – ein gewisses Maß. Ob Robert aber auf die Dauer vor Anna haltmachen könnte, dessen war er sich keineswegs sicher.

Wenn Gottfried auch sehr deutlich erkannte, daß möglicherweise seine Ehe in Gefahr geraten konnte, so wußte er doch nicht, wie er dieser Gefahr am sichersten begegnen sollte. Mit irgendeinem Zwang konnte er Annas Liebe gewiß nicht zurückgewinnen. Vielleicht, so glaubte er manchmal, liebte sie ihn noch und wartete nur darauf, von ihm in die Arme genommen zu werden. Dann wieder erschien es ihm, als wäre gerade das genau verkehrt. Er hatte einfach Angst, etwas falsch zu machen, alles zu verderben. Er brauchte sie so sehr. Sie war doch das einzige in seinem Leben, was noch Bedeutung hatte. Merkte sie denn nicht, wie sehr er sie liebte, merkte sie nicht, was sie ihm antat?

Gottfried hatte immer wieder gehofft, seine Vermutungen entsprängen vielleicht doch nur einer unbegründeten Eifersucht. Aber die Blicke und das Verhalten der beiden widersprachen jeder Täuschung. Sein Mißtrauen wuchs. Was half es seinem Seelenfrieden, wenn er sich einredete, Anna würde ihn niemals betrügen? Wußte er es so sicher? Sie hatte sich verliebt ... Nun gut, so etwas kann ganz unerwartet kommen, ganz ohne Absicht. Doch wie würde es weitergehen? Jetzt stand sie zwischen ihm, einem Krüppel, und Robert, einem strahlend gesunden Mann. Mag sein, daß das auch für sie nicht einfach war. Aber war es nicht ihr Fehler, dieser Verliebtheit Beachtung zu schenken?

Trotz allem war Gottfried bereit, Anna keine bewußten Absichten zu unterstellen. Bei Robert dagegen brachte er es nicht fertig, so wohlwollend zu denken. Es gab eine Grenze in der Verehrung für seine Schwägerin. Robert war dabei, sie zu überschreiten. Oder sollte er nicht wissen, was er tat? War ihm auch nicht bewußt, daß dieses Spiel mit dem Feuer ein Spiel mit dem Glück des Bruders war? Vielleicht war aber alles nur Einbildung? Gottfried war sich nicht mehr ganz sicher, ob er noch in der Lage war, gerecht zu urteilen.

Eine bedrückende Angst hatte sich auf sein Herz gelegt. Böse Gedanken bemächtigten sich seiner. Ihm war, als ob etwas beängstigend Fremdes seine Empfindungen zu beeinflussen versuchte. War es Eifersucht, die sein innerstes Wesen vergiften wollte? Gottfrieds Verstand sträubte sich dagegen. Er verachtete sich wegen seines Mißtrauens, seiner niederen Gefühle, aber der Stachel in ihm ließ sich nicht so einfach entfernen. Immer hatte er geglaubt, sich genau zu kennen; jetzt bemerkte er, daß auch er nicht frei war von bösen Gedanken, von törichten Racheplänen, die ihn sogar oft mit ein wenig Lust erfüllten. Dieses alles machte ihn noch unglücklicher und noch gehemmter seiner Frau gegenüber. Und er wollte doch nichts anderes, als sie liebhaben und ihr Verlangen nach ihm spüren. Wie konnte er das nur erreichen? Er hatte Angst, zurückgewiesen zu werden, Angst, daß Robert längst den Platz in ihrem Herzen eingenommen hatte, und Angst, ein falsches Wort zu sagen, einen falschen Schritt zu tun. Es ging um sein Lebensglück. Es ging um alles, was er besaß.

Es war Spätsommer. Schier endlos dehnten sich die Flächen der Felder. Schnurgerade zogen sich die Reihen der Zuckerrüben dahin. Schwer und gelb standen die prallgefüllten Ähren, die durch den leichten Wind in wechselnden, weichen Wellenbewegungen hin und her wogten. Sonnenblumen hielten groß und rund ihre leuchtenden Köpfe dem Himmel entgegen, als wollten sie auch noch die letzte Glut der sich neigenden Sonne in sich aufsaugen.

Dazwischen eingelagert waren große Flächen brauner Erde. Abgeerntete Felder, zufrieden schlummernd unter einer klumpigen, krümeligen Decke.

»Diesmal werden wir eine gute Ernte bekommen«, sagte Ernst Herrlitz. Er hatte seine Schwiegertochter überreden können, mit ihm auf die Felder hinauszureiten. Es gab da etwas, was er gerne mit ihr besprechen wollte.

Die Luft war trocken und warm. Die Körper der Pferde glänzten. Der anhaltende Trab hatte sie ermüdet. Weißer Schaum bildete sich an den Trensen. Sie ließen die Zügel lang, klopften die Hälse der Tiere und ließen sie im Schritt gehen.

Zufrieden schnaubten die Pferde, schüttelten ihre Köpfe, dehnten die Hälse bis fast an den Boden und folgten langsam dem leichten Schenkeldruck ihrer Reiter.

»Wenn wir Glück haben«, fuhr Ernst Herrlitz fort, »und die Steuern nicht wieder so unberechtigt hoch sind und – wie im letzten Jahr – zweimal verlangt werden, verkraften wir die Ausgaben für das nächste Jahr mit der Ernte. Wir sind jetzt die letzten Deutschen im Kreis, die noch nicht gezwungen waren, Land zu verkaufen. Dafür sind aber auch sämtliche Reserven erschöpft. Auf der letzten Versammlung hörte ich, daß wieder ein großer Teil Landwirte Grund und Boden verkaufen mußte. Fünfhundertvierzehntausend Hektar, das sind gut zwei Drittel des alten deutschen Landbe-

135

sitzes, die bis jetzt der Liquidation und dem Zwangs-
verkauf zum Opfer gefallen sind. Hoffentlich müssen
wir nicht auch eines Tages den Ast ansägen, auf dem
wir sitzen.«

Sie hatten den See erreicht, waren abgesessen und
hatten sich auf der Bank neben den drei Birken nie-
dergelassen. Nur ein paar Schritte entfernt stand das
kleine Fischerhaus mit seinem geflickten Reetdach. Die
kümmerlichen, weißgetünchten Lehmwände verloren
durch die Strahlen der Sonne ein wenig an Ärmlich-
keit.

Die Pferde waren an das Ufer getreten und tranken
bedächtig schlürfend von dem kühlen Wasser. Der See
war glatt und blau wie der Himmel. Nur ab und zu
kräuselte sich seine Oberfläche ganz leicht durch eine
weiche, kaum spürbare Brise. Ein paar Enten und eine
Gans kamen schnatternd zu ihnen herübergewatschelt.
Kleine weiße Federn belebten mit rotem Klee und anderen Wiesenblumen die grüne Wiese. Es roch nach
frischgemähtem Heu, nach fauligem Wasser und etwas
undefinierbar Süßlichem, das aus dem Fischerhaus zu
kommen schien.

»Es ist schön hier«, sagte Anna. »So still und so rein.
Wir sollten einmal den Break nehmen und mit Gottfried hierherfahren. Noch ist das Wasser warm, und
das Schwimmen tut ihm gut. Ich hätte nie für möglich
gehalten, daß er so gut schwimmen würde. Ich bewundere seine Energie. Es ist erstaunlich, wie gut er auch
schon laufen kann.«

»Das ist auch dein Verdienst, liebe Anna«, erwiderte
ihr Schwiegervater. »Du hast ihm durch deine anhaltende Zuneigung, durch deine Treue zu ihm seinen
Lebensmut zurückgegeben. Nur durch dich konnte er
sein seelisches Gleichgewicht wiederfinden. Habe ich

dir eigentlich je richtig gedankt, daß du meinem Sohn eine so gute Frau bist? Deine selbstlose Liebe zu ihm ist in all dem Unglück, das Gottfried getroffen hat, ein großes Geschenk.«

Anna war bestürzt. Es belastete ihr Gewissen schon schwer genug, daß sie Gottfried aus Mitleid Liebe vorheuchelte, aber solche unverdienten Worte nun auch noch aus dem Mund ihres Schwiegervaters zu hören, beschämte sie zutiefst. Seitdem Robert seine Chinapläne aufgegeben hatte und immer in ihrer Nähe war, hatte sie ihr seelisches Gleichgewicht verloren. Sein Anblick, sein ständiges Verlangen nach ihr und ihr ewiger Kampf um ihre Selbstbeherrschung zermürbten sie. Sie fieberte danach, Robert zu gehören, und hatte doch Angst, ihren Widerstand ihm gegenüber erneut aufzugeben. Vielleicht würde Offenheit ihrem Schwiegervater gegenüber ihr Herz befreien. Robert war doch auch sein Sohn. Vielleicht würde er sie verstehen. Vielleicht würde er ihr helfen, würde verzeihen. Sie brauchte so sehr jemanden, dem sie ihr Herz ausschütten konnte. Nur einmal sprechen dürfen, einmal die Seele befreien.

Ich werde ihm alles erzählen, beschloß sie und sah zu ihrem Schwiegervater hin, der gedankenverloren, die Hände in den Schoß gelegt, den Kopf ein wenig vornübergeneigt, auf den See zu blicken schien. Er soll alles wissen. Alles! Auch was vor meiner Ehe zwischen mir und Robert geschah. Er soll es wissen, daß es nicht Gottfried, sondern immer nur Robert war, den ich geliebt habe und immer noch liebe.

Aber Ernst Herrlitz ließ seine Schwiegertochter gar nicht erst zu Wort kommen. Er begann von Cora zu sprechen.

Bestürzt merkte Anna, wie sehr er sie vermißte und

wie sehr er immer noch darunter litt, daß sie nicht nach Senjin zurückgekommen war. Er klagte sich an, Cora gekränkt und von sich gestoßen zu haben. Er hätte sie heiraten sollen. Kurz vor Kriegsausbruch hatte Cora einmal davon gesprochen, aber er war nicht darauf eingegangen. Er hatte zu sehr an sein Geld gedacht, hatte Angst gehabt, daß sie ihn ruinieren könnte. Ihre ganze Jugend hatte Cora ihm geschenkt, und er hatte nichts dafür geben wollen. Er hatte schlecht an ihr gehandelt.

Anna ließ sprachlos diesen unglücklichen Ausbruch ihres Schwiegervaters über sich ergehen. Damit hatte sie nicht gerechnet. Sie war völlig überrascht. All die Jahre seit Kriegsende hatte man kaum noch von Cora gesprochen. Zwar hatte sich nach wie vor ein kleiner, freundschaftlicher Briefkontakt erhalten, aber an eine innere Bindung von Ernst Herrlitz an Cora glaubte keiner mehr. Wie sehr hatten sich alle getäuscht!

Mitleidig sah Anna ihren Schwiegervater an. Wie lange mußte er diesen Kummer schon mit sich herumgetragen haben! Wie sehr mußte dieser Kummer ihn gequält haben, daß er heute zu ihr davon sprach!

Es geht ihm wie mir, dachte sie, auch er braucht jemanden, der ihm hilft. Er sucht Verständnis und eine Lösung wie ich. Aber wie ist es nur möglich, daß er glaubt, Coras Fortbleiben wäre seine Schuld? Wie kann er sich das nur einbilden! Wie kann er nur denken, daß er ihr nichts gegeben, ja, daß er schlecht an ihr gehandelt habe! Genau das Gegenteil war der Fall. Cora hatte all die Jahre frei bleiben wollen, und sie hatte es mit der Treue nie so genau genommen. Er hatte ihre Verschwendungssucht ganz richtig erkannt. Wie konnte er so blind ihrem egoistischen und leichtfertigen Lebenswandel gegenüber sein! Oder wollte er die Wirklichkeit nicht erkennen? Hatte er sich vielleicht unbewußt in eine Illusion geflüchtet, weil er einsam war? Weil er alt wurde? Weil er Liebe brauchte wie sie alle? Armer Schwiegerpapa! Anna streichelte seine Hand. Was sollte sie ihm sagen? Daß er Cora vergessen sollte? Daß sie ihn immer betrogen hatte? Daß sie ein vergnügliches Leben in Berlin mehr liebe als ihn? Daß sie seine Liebe nicht wert sei? Nein, das konnte sie nicht, das brachte sie einfach nicht fertig. Hatte sie überhaupt ein Recht, so hart über Cora zu urteilen? Sie, die auch ein falsches Spiel spielte? Waren ihre Gedanken, ihre einstigen Küsse mit Robert nicht genauso treulos ihrem Mann gegenüber? War sie nicht vielleicht noch mehr zu verurteilen? Nein, sie hatte kein Recht, schlecht über Cora zu denken. Warum hatte sie eigentlich nie versucht, Cora zu verstehen? Vielleicht war sie gar nicht so leichtfertig, wie es oft den Anschein gehabt hatte!

Annas eigenes schlechtes Gewissen suchte nach einer Entschuldigung, die auch ihr gelten konnte. Wenn du Cora nicht verzeihen kannst, dann kann man dir auch nicht verzeihen, sagte es.

»Du kennst doch meinen alten Freund Bernburg«, unterbrach Ernst Herrlitz Annas Gedanken. »Er hat mir geschrieben. Cora soll krank sein und ziemlich heruntergekommen. Sie soll nur noch wenige Freunde haben, und die wenigen sollen ebenso mittellos sein wie sie. Es wäre erbärmlich, wie sie lebte. Sie hat alles, was sie noch an Grundbesitz und Vermögen besaß, verloren. Ihr nützt es nichts, daß seit den Wahlen des neuen deutschen Reichskanzlers Dr. Stresemann die permanenten Staatskrisen ein Ende gefunden haben, daß man die Wirtschaft in den Griff zu bekommen scheint. Sie ist ein Opfer der Inflation geworden. Ein Opfer der Zeit. Es ist mir einfach unerträglich, sie in Not zu wissen und ihr nicht zu helfen.« Ernst Herrlitz machte eine kleine Pause. »Versteh mich recht, Anna«, fuhr er fort, »ich möchte damit nicht sagen, daß ich Cora verziehen habe, das kann ein Mann nicht. Unsere moralischen Grundsätze verlangen nun einmal Reinheit und Treue von einer Frau, auch bei einer Bindung, wie sie zwischen mir und Cora bestand, auch wenn man bei einem Mann darüber sehr viel großzügiger denkt.«

Wieder entstand eine kleine Pause. Wieder bat Ernst Herrlitz seine Schwiegertochter um Verständnis. »Wie soll ich dir nur meine Gefühle erklären, liebe Anna. Ich habe Cora einmal sehr geliebt. Wir kennen uns bald zwanzig Jahre. Ein halbes Leben verbindet uns. Ich habe viel über mich und sie und uns alle nachgedacht. Jeder von uns hat sein Päckchen zu tragen; nicht nur Freuden sind Gottesgeschenke. Und jeder von uns wird einmal Rechenschaft darüber ablegen müssen, wie er sein Leben erfüllt hat.«

Anna wurde das Herz ganz schwer bei diesen Worten. So spricht jemand, wenn er alt wird, dachte sie. Sie sah ihn an, wie er dasaß: sehr ernst, mit verlorenem Blick, immer noch ein wenig vornübergeneigt, die Haare grau, fast weiß. Wettergebräunt, ledern und faltig das edle Gesicht mit der schmalen, kühnen Nase, den buschigen Augenbrauen und den etwas zu weichen, blassen Lippen.

Ja, er wird alt, und es sind nicht Liebe und Begehren, die ihn nach Cora verlangen lassen. Es ist vielmehr das Bedürfnis, anständig zu handeln und mit reinem Gewissen einmal aus der Welt zu gehen.

Anna hatte ihn verstanden. Bewegt gab sie ihm einen zärtlichen Kuß auf die Wange und sagte: »Ich hab' dich sehr lieb, Schwiegerpapa. Und Cora, die solltest du wirklich wieder zurückholen nach Senjin.«

Anna hatte ihren Schwiegervater wirklich sehr lieb, aber daß er Cora zurückholen sollte, sagte sie mehr aus Mitgefühl für ihn als aus innerer Überzeugung. Der Gedanke, Cora wieder um sich zu wissen, war ihr im Grunde unerträglich.

»Ich danke dir, liebe Anna, daß du Verständnis dafür hast; ich will dir gestehen, ich habe Cora schon vor längerer Zeit geschrieben und ihr diesen Vorschlag gemacht. Ich höre nichts von ihr. Sie wird zu stolz sein und mein Angebot nur als Almosen betrachten. Cora ist ein eigenartiger Mensch. Sie ist nicht wie die meisten Frauen anlehnungsbedürftig und bereit, sich unterzuordnen. Viele mögen das egoistisch und exzentrisch nennen. Das trifft aber nicht ihren Kern. Im Grunde basiert ihre Haltung nur auf einem sehr starken Bedürfnis nach Unabhängigkeit. Wer die an ihr respektiert, findet immer eine weiche, liebevolle Cora mit Herz, Verständnis und Großzügigkeit für andere. Ja, Cora ist ein eigenartiger Mensch. Wenn ich nur wüßte, was sie hindert, meine Hilfe anzunehmen, wo es ihr so schlechtgeht. Sie hat doch auch früher, als sie es noch nicht nötig hatte, alles von mir angenommen.«

»Das war etwas anderes«, sagte Anna. »Das Bewußtsein der Unabhängigkeit blieb ihr erhalten. Jetzt ist es zerstört. Man hat sie an ihrer empfindlichsten Stelle verwundet. Sie ist arm, verlassen und ganz gewiß sehr verzweifelt. Du solltest um so schneller zu ihr fahren.«

»Wenn das so einfach wäre! Zunächst einmal ist unsere Bargeldlage so schlecht, daß ich mir eigentlich die Ausgabe einer Reise und den Kauf eines Visums, das immerhin den Wert von zwei erstklassigen Kühen ausmacht, nicht leisten dürfte. Versteh mich bitte nicht falsch, ich sage das nur, weil ich ohne eure Zustimmung so eine Ausgabe in der augenblicklich prekären

Lage nicht machen möchte. Aber ganz abgesehen davon ist es ja auch noch völlig unklar, wie lange ich auf ein Visum warten muß. Das heißt, ich könnte natürlich über Danzig fahren. Das ist zwar sehr umständlich, aber der einzige Weg, um ohne allzuviel Kontrollen aus Polen heraus- und wieder hineinzukommen. Aber bevor ich das tue, habe ich noch eine Bitte an dich. Sie ist der eigentliche Grund, weshalb ich mit dir über Cora gesprochen habe und heute mit dir hierhergeritten bin. Ich wollte dich bitten, daß du Cora schreibst. Versuch ihr ganz offen zu sagen, daß nicht der Mann Ernst Herrlitz sie bittet zurückzukommen, sondern ein alt gewordener Freund, und daß die Vergangenheit nicht wieder aufgefrischt werden soll. Vielleicht wäre es gut«, meinte er nach einigem Überlegen, »wenn du betonen würdest, daß in Zukunft unsere gegenseitige Verpflichtung die Wahrung der Gastfreundschaft sein soll.«

Ausgerechnet ich, dachte Anna, soll ihr schreiben, die ich Cora am liebsten nie wieder sehen möchte!

Aber was half das? Ihre Wünsche waren jetzt nicht wichtig. Sie würde ihrem Schwiegervater diesen Gefallen tun müssen und Cora so herzlich und so taktvoll wie möglich schreiben.

Cora hatte die Briefe ihres alten Freundes nicht, wie man in Senjin fälschlicherweise annahm, aus einem inneren Konflikt oder gar aus Stolz unbeantwortet gelassen, sondern erzwungenermaßen aus körperlicher Erschöpfung. Wochenlanges, fiebriges Kranksein fesselte sie ans Bett. Erst Tage nach Erhalt von Annas Schreiben war sie wieder in der Lage, einen kurzen Dank zurückzusenden.

Ernst Herrlitz hatte Coras Charakter zum Teil richtig beurteilt: Sie bestand keineswegs nur aus schlechten

Eigenschaften. Sie konnte reizend, liebenswürdig, großzügig und hilfsbereit zu jedermann sein, wenn sie daraus einen Vorteil zog oder es ihr gutging. Wie es um sie
unter anderen Umständen bestellt war, wußte er nicht.
Er wußte auch nicht, daß Cora zum ersten Mal in ihrem
Leben bei ihren Liebeleien auf einen Mann hereinge-
fallen war, daß sie sich verliebt hatte, machtlos, töricht
und blind, und daß sie sich eingebildet hatte, er würde
sich ihretwegen scheiden lassen, bis sie erfuhr, daß er
gar nicht verheiratet war. Für ihn hätte sie ehrlichen
Herzens ihre Freiheit aufgegeben. Sie hatte sich ihm
unterordnen wollen, hatte geglaubt, vertraut und war
jämmerlich betrogen worden. Zum ersten Mal hatte
man mit ihren Gefühlen rücksichtslos gespielt, ebenso
rücksichtslos, wie sie es des öfteren getan hatte. Doch
eine Selbstkritik lag ihr fern. Sie sah nur sich, fühlte
sich gedemütigt, verachtet und verspottet. Sie war wütend auf alle Männer, auf sich selbst, auf ihre Schwäche, ihre Dummheit. Auf einmal hatte sie allen Spaß an
dem vergnüglichen Leben der Großstadt verloren. Sie
ließ sich gehen, wurde ungepflegt, verbittert und reiz-
los. Nur noch wenige Freunde gaben ihr aus Mitleid das
Nötigste zum Leben. In diesem Zustand traf sie Herr
von Bernburg. Er hatte keine Ahnung von ihrem bisherigen Lebenswandel und den Hintergründen ihres
Abstiegs. Er glaubte, allein die Inflation wäre an ihrem
traurigen Schicksal schuld. Ihn dauerte ihr Elend, und
er erinnerte sich an eine Zeit, in der er sie strahlend am
Arm von Ernst Herrlitz gesehen hatte. Darum schrieb
er seinem alten Freund nach Senjin. Schon lange bevor
Herr von Bernburg auftauchte und Cora an die glücklichen Jahre mit Ernst Herrlitz erinnerte, hatte sie mit
dem Gedanken gespielt, einfach wieder nach Senjin
zurückzukehren. Aber nicht allein die Blamage, dort

keine Aufnahme mehr zu finden, auch eine ihr sonst nicht eigene, unerklärliche Scheu hatte sie die Ausführung dieses Gedankens immer wieder hinausschieben lassen. Anfänglich mag es auch wohl ein wenig Hoffnung gewesen sein, ihr Geliebter würde zu ihr zurückkehren. Später jedoch bemächtigte sich ihrer so etwas wie ein schlechtes Gewissen Ernst Herrlitz gegenüber und auch ein feiger Trotz, ihre Fehler und ihr Versagen einzugestehen. So sank sie immer tiefer in die elende, unerbittliche Armut der Großstadt.

Erst als es ihr gesundheitlich etwas besserging, konnte sie wieder nüchterner denken und erkannte plötzlich, daß Ernst Herrlitz ihre einzige Rettung war. Sie erkannte aus den herzlichen, wiederholten, von ihr unbeantworteten Schreiben, daß man ihr Schweigen als Empfindsamkeit und Charakterstärke zu deuten schien. Warum, so fragte sie sich, soll ich eine positive Einstellung mir gegenüber mit Wahrheit ernüchtern? Ich wäre ja dumm, eine Rolle, die man mir freundlicherweise anbietet, nicht anzunehmen.

Klar und deutlich erkannte sie ihre Chance, noch einmal in ein normales, angesehenes Leben zurückzukehren, und sie war gewillt, diese Chance mit aller Raffinesse und allen Möglichkeiten, die sie bot, zu nutzen. Wie weggefegt waren ihre Hoffnungslosigkeit, ihre Verzweiflung, ihre Angst vor der Zukunft. Neugierde und eine zurückgekehrte Lust am Spiel des Lebens hatten sie ergriffen.

Nüchtern überdachte sie ihren ersten Auftritt. Sie sah sich in ihrem kümmerlichen, kleinen, verschlampten Zimmer um. Hier war nichts mehr zu erkennen von der anspruchsvollen, verwöhnten Cora. Wütend stieß sie mit dem Fuß gegen ein Kissen, das auf der Erde lag. Sie sah in den Spiegel. Wo war ihr Charme geblieben?

Eine ungepflegte, verbrauchte und reizlose Frau sah ihr entgegen. Sie schnitt Grimassen, schimpfte, lachte, versuchte sich charmant mit ihrem Ebenbild zu unterhalten. Es war entsetzlich.

So kann ich unmöglich in Senjin erscheinen, dachte sie. Ich brauche Geld, aber woher bekomme ich welches? Sie nahm die kleine Silberschatulle, die auf dem Tisch stand. Was würde sie bringen? Zwanzig bis dreißig Mark?

»Ich muß zum Friseur«, murmelte Cora vor sich hin. »Und dann muß ich etwas für mein Gesicht tun. Außerdem brauche ich Kleidung.«

Sie sprang auf und begann, in ihrem Schrank zu wühlen. Sie zog ein grünes Taftkleid hervor. Schnell entkleidete sie sich, ließ die Sachen einfach zu Boden fallen, schritt darüber hinweg und trat nackt vor den Spiegel. Sie drehte sich nach rechts, dann nach links, befühlte ihre Brüste, betrachtete sie kritisch, hielt sie mit den Händen zusammen und drückte sie hoch. Zufrieden genoß sie das Gefühl, immer noch eine tadellose Figur zu haben. Ein wenig mager zwar, aber das ließ sich unter den Kleidern verbergen. Mit dem Gesicht würde es schwieriger werden.

Sie nahm etwas Rouge, betupfte die Wangen, malte mit einem hellen Stift die Lippen rot. Dann begann sie geschickt und schnell ihre Haare zu bürsten: ein wenig schräg über das eine Ohr, das andere frei, wie sie es öfter in einer Zeitschrift gesehen hatte. Dann wieder ganz schlicht zurück, mal mit Mittelscheitel, mal Ponys tief über die Stirn, bis sie halbwegs zufrieden und immer noch nackt nach dem grünen Kleid griff. Kalt legte sich der Taft auf ihre Haut.

»Nein«, sagte sie zu sich, »die Farbe schmeichelt mir nicht genug. Und der Ausschnitt? Unmöglich, viel zu gewagt! Man erwartet in Senjin eine in sich gekehrte, deshalb nicht minder stolze, aber bescheidene Cora. Wenn ich jetzt nicht auf der Hut bin und Fehler mache, habe ich meine letzte Chance verpaßt, dann kann ich glatt vor die Hunde gehen!« Ein diabolisches Lächeln trat in ihr Gesicht. »Ich werde euch alle an der Nase herumführen! Ihr mit eurer verdammten Anständigkeit!«

Aber ganz so leicht, wie Cora sich ihren neuen Lebensbeginn gedacht hatte, war er nicht. Zunächst einmal hatte sie erwartet, daß Ernst Herrlitz ihr, wie sie es früher von ihm gewohnt gewesen war, zur Reise einen größeren Geldbetrag zur Verfügung stellte. Aber die Fahrkarte und das Notwendige für ein Visum zur Einreise nach Polen blieben das einzige, was er ihr schickte. Dies war ihre erste Enttäuschung. So mußte sie also gezwungenermaßen die letzten Wochen mit dem nur wenige Mark erbrachten Erlös ihrer Habseligkeiten auskommen. Mit leerem Magen, einem etwas zu dünnen, wenn auch immer noch sehr eleganten Mantel mit Biberkragen und nur zwei Koffern verließ Cora an einem kalten Februartag des Jahres 1926 den auf dem Posener Bahnhof einlaufenden D-Zug aus Berlin. Hier erlebte sie ihre zweite Enttäuschung: Nicht Ernst Herrlitz, sondern Anna holte sie ab.

Die beiden Frauen standen sich für einen Augenblick verlegen gegenüber. Jede versuchte ihre Gefühle vor der anderen zu verbergen: Cora ihre Enttäuschung und Anna ihre Antipathie, die sie plötzlich wieder stark empfand und derer sie sich schämte, denn Cora begrüßte sie mit herzlicher Freude, die zwar gekünstelt war, aber auf Anna sehr echt wirkte.

Cora hatte im Gegensatz zu Anna die Situation sofort erfaßt. Sie merkte genau, was in Anna vorging, und sie wußte, daß sie sie nur mit geschickter Liebenswürdigkeit fangen konnte. Darum machte sie ihr Komplimente, fragte interessiert nach Michael, der als Eleve auf einem Gut in Ostpreußen lebte, und nach Sascha, der kurz vor seinem Abitur stand und die Absicht hatte, Medizin zu studieren. Sie ließ sich auch lang und breit von Gottfrieds fabelhaften Gehfortschritten erzählen und erkundigte sich nach Annas Lieblingshündin Bella, die sie nie hatte leiden können. Ganz besonders bedauerte sie – mit gekonnt unglücklichem Gesicht –, von den jetzt so häufig auftretenden Herzattacken Ernst Herrlitzens zu hören. Cora verstand es, genau das zu fragen und das zu antworten, was Anna erwartete. Daß sie sich insgeheim über Annas Gutgläubigkeit amüsierte, bemerkte diese nicht.

Sie waren zum Bahnsteig vier hinübergegangen, wo bereits der Anschlußzug nach Krottoschin wartete. Zu Coras Erstaunen suchte Anna nach einem halbwegs freien Abteil dritter Klasse.

»Bei euch scheint sich auch manches verändert zu haben«, konnte sie sich nicht verkneifen zu sagen.

Anna lachte. »Meinst du wegen der dritten Klasse? Das sind nur Äußerlichkeiten. Was hast du erwartet? Auch wir haben nach diesem Krieg ordentlich Federn lassen müssen. Aber wir haben das Gut behalten, und wenn jeder bemüht ist, auf seine Art und Weise so sparsam wie möglich zu sein, dann werden wir bald wieder Wasser im Teich haben, wie Vater zu sagen pflegt.«

Das war ja eine feine Überraschung! Sparsam war Cora zwangsweise wahrhaftig lange genug gewesen. Davon hatte sie gründlich die Nase voll. Immerhin schien es ihr geraten, Anna zu versichern, daß es ihr nichts ausmache, da sie ja, wie Anna wisse, in Berlin nicht gerade auf Rosen gebettet gewesen sei.

Anna in ihrer Gutgläubigkeit war froh über diese Bemerkung. Sicher hat Cora sich geändert, dachte sie. Ich will versuchen, so nett wie möglich zu ihr zu sein, vielleicht werden wir eines Tages sogar noch Freundinnen.

»Ich bin so froh«, sagte sie, weil sie sich von Herzen wünschte, es sein zu können, »daß du wieder zu uns gekommen bist. Es ist einsam in Senjin geworden, nachdem fast alle unsere alten Freunde und Verwandten das Land verlassen haben.«

Der Zug mußte in Kürze abfahren. Anna öffnete eine der Wagentüren. Eine dicke Bäuerin mit einem vollbepackten Korb zwischen den Beinen, der mit einem rotweiß getupften Tuch bedeckt war, versperrte den Eingang. Umständlich stand sie auf, drehte sich einmal um sich selbst, bis sie den Korb endlich weiter in den Gang hineinschob, wo ihn ein freundlicher junger Pole behende in das Gepäcknetz beförderte. Voller Empörung schimpfte die dicke Frau jetzt im breitesten Wasserpollackisch auf den jungen Mann ein, ihr ihren Korb wieder zurückzugeben. Erst nach längeren Beteuerungen, daß er ihn ihr ganz gewiß beim Aussteigen wieder herunterheben würde, beruhigte sie sich. Anna und Cora stiegen lachend ein.

Genau zu der Zeit, als die beiden Frauen sich in Posen auf dem Bahnhof begrüßten, erlitt Ernst Herrlitz einen schweren Herzanfall. Wenn er früher auch schon des öfteren unter kleinen Herzattacken zu leiden gehabt hatte, so sah es diesmal doch sehr ernst aus. Vermutlich hatte eine schlechte Nachricht, die neue Sorgen um die Erhaltung des Gutes brachte, den Anfall ausgelöst:

Die nun bald zehn Jahre bestehende polnische Regierung war von Beginn an um eine gesunde Neuordnung der wirtschaftlichen und sozialen Struktur ihres Landes bemüht. Vor allem lag ihr daran, dem echten Landhunger der Kleinbauern Rechnung zu tragen. Um das zu erreichen, schuf sie ein Agrarreformgesetz, das 1926 in Kraft trat. Alljährlich erschien ein Parzellierungsplan, der ohne Ausnahme sehr streng gehandhabt wurde. Diesmal war eine erhebliche Landenteignung des Gutes Senjin vorgesehen. Wenn auch polnischer Großgrundbesitz nicht ausgeschlossen wurde, so war doch in erster Linie ehemaliger deutscher Besitz betroffen. So diente das Agrarreformgesetz hauptsächlich der Verringerung der Lebensmöglichkeit des Großgrundbesitzers. Mit ihm traf man auch den sich gut ergänzenden, ausgewogenen Wirtschaftskörper des Deutschtums: Handwerk, Handel und Genossenschaften mußten sich zwangsweise mit dezimieren.

Die Befürchtung der Familie Herrlitz, daß das Agrarreformgesetz zur Axt an der Wurzel des deutschen und zum Teil auch polnischen Großgrundbesitzes werden würde, traf jetzt auch für Senjin ein.

Für Cora waren die veränderten Verhältnisse auf dem Gut und der schlechte Gesundheitszustand von Ernst Herrlitz die dritte Enttäuschung. Wie anders hatte sie sich ihren Einzug in Senjin vorgestellt! Man hatte ihr auch nicht wie früher ihr altes Südzimmer eingerichtet, sondern am entgegengesetzten Flügel des Hauses eines der schlichten Gästezimmer. Cora vermutete ganz richtig, daß man ihr damit bewußt ihre Stellung im Haus zeigen wollte. Auch die korrekte, fast schon ein wenig steife Liebenswürdigkeit der Familie deutete darauf hin. Dazu kam die Tatsache, daß Ernst Herrlitz, obwohl er schon wieder in der Lage war, mit Anna und seinen Söhnen zu sprechen, nicht so bald nach ihr verlangte.

All diese Begebenheiten dämpften Coras Optimismus. Konnte es wirklich wahr sein, fragte sie sich immer wieder, daß Ernst Herrlitz nichts mehr für sie empfand, sondern nur hilfsbereit sein wollte? Daß er keine Gegenleistung erwartete und ihr nur aus Anständigkeit half? Wenn sie zurückdachte an die Jahre mit ihm, mußte sie diese Frage bejahen. Diese Anständigkeit jedoch widersprach ihrer sonstigen Erfahrung, und deshalb wurde Cora unsicher. Wo war der Haken? Was hatte man mit ihr vor? Vielleicht wollte man sie auf die Probe stellen, wollte sie demütigen und dann davonjagen, damit sie es doppelt spürte, wie es war, im Stich gelassen zu werden, so wie sie bei Kriegsende Ernst Herrlitz im Stich gelassen hatte.

Für Cora waren diese von der Familie Herrlitz niemals erwogenen Gedanken unbewußt eine Hilfe in ihrem Verhalten. Der leichte Knacks, den ihr Selbstbewußtsein anfangs erlitten hatte, verlieh ihr den Anschein rücksichtsvoller Bescheidenheit, die durch ihre Vorsicht und Klugheit, immer im richtigen Augenblick zu schweigen oder zu sprechen, noch verstärkt wurde. Cora merkte sehr wohl, wie sie im Haus bald immer mehr an Boden gewann, wie Ernst Herrlitz' alte Zuneigung zu ihr wiederkehrte, wie Anna ihr vertrauensvoll ihre Freundschaft entgegenbrachte und wie auch das Personal die gleiche Ehrerbietung wie früher zeigte. Selbst Franz, der ganz weißhaarig geworden war und seinen Rücken nicht mehr so gerade halten konnte wie früher, war auf dem besten Wege, sich von Cora einwickeln zu lassen und all ihre früheren launischen Exzesse und Ungerechtigkeiten zu vergessen. Er bediente sie mit mehr Höflichkeit als erforderlich. Nur zu Robert hatte Cora noch wenig Kontakt. Er war zu sehr mit dem Aufbau seiner Fabrik beschäftigt. Wenn er auch in

Coras Hoffnungen und Plänen die wichtigste Rolle spielte, so glaubte sie doch, daß eine anfängliche Zurückhaltung ihrerseits diplomatisch sei.

Cora hatte sich in den ersten Monaten ihres Ausruhens wegen der guten Kost ausgezeichnet erholt. Sie hatte mit Annas Hilfe ihre Garderobe aufgefrischt, wobei sie Anna manch hübsches Kleidungsstück auszureden verstand, das sie selbst gern haben wollte. Sie sah schon wieder außerordentlich attraktiv und jugendlich aus, wenn auch nicht ganz ohne allerlei geschickt angebrachte Hilfsmittelchen; denn darauf verstand sich Cora wie keine andere. Sie war überhaupt ein verteufelt geschickter Blender, und sie genoß und verspottete im stillen die Bewunderung und Herzensgüte derer, die sich von ihrem Geschick einfangen ließen. In ihrer Eitelkeit kam sie gar nicht auf den Gedanken, daß es vielleicht jemanden geben könnte, der sie durchschaute, und schon gar nicht, daß es Gottfried Herrlitz sein könnte. Ihn unterschätzte sie ganz gewaltig. Sie maß seinem spöttischen Blick, seiner lässigen Kühle und seiner Reserviertheit keine Bedeutung bei. Für sie war er einzig und allein ein Krüppel. Vermutlich wollte er, so dachte sie, mit seinem Verhalten einen durch seine Verwundung hervorgerufenen Minderwertigkeitskomplex kompensieren und kehrte die durch die Jahrhunderte geprägte und anerzogene Arroganz des Mannes gegenüber der Frau besonders stark hervor.

Aber das stimmte nicht. Gottfried hatte weder Minderwertigkeitskomplexe, noch war er überheblich. Er merkte jedoch sehr wohl, daß Cora mit ihnen allen ein falsches Spiel zu spielen versuchte, daß sie undankbar und rücksichtslos war. Am liebsten hätte er sie zum

Teufel gejagt. Aber er dachte an seinen alten Vater und wollte ihm das vermeintliche gute Werk, das er an Cora tat, nicht verderben, solange Cora keinen Schaden anrichtete. Er würde ihr auf die Finger sehen.

Manchmal fand Gottfried Cora sogar ganz unterhaltsam. Wenigstens hatte sie gute Manieren und konnte ausgezeichnet Konversation machen. Und das war für eine Frau immerhin schon etwas.

Cora wäre empört gewesen, wenn sie gewußt hätte, wie Gottfried über sie dachte.

Es war Spätherbst. Gelblichbraune Blätter fielen von den Bäumen, wurden vom Wind aufgewirbelt und drehten sich übermütig in großen und immer kleiner werdenden Kreisen über den Hof. Dicke, weiße Haufenwolken wehten wie Traumgebilde, sich ständig wandelnd, durch den graublauen Himmel. Eine Schar Zugvögel flog über die Ebene und ließ sich zur Rast auf einer langen Reihe Telegraphendrähte nieder, die – durch hölzerne Masten verbunden – sich entlang der Bahnlinie zwischen den einzelnen Orten erstreckte. Wenn man das Ohr an die Masten legte, konnte man ein leises, geheimnisvolles Summen hören.

Die Lupinen am Bahndamm und die Heckenrosen waren längst verblüht, und zwischen den Stoppelfeldern leuchtete kein roter Mohn, keine blaue Kornblume mehr. Selbst die robuste Kamille am Wegrand hatte ihr Angesicht verloren. Nur noch vereinzelte Gräser erinnerten in dem ausgetrockneten Boden an die Glut des Sommers. Jetzt war es kalt. Die Sonne hatte ihre Kraft verloren. Bald würde ein rauher, schneebringender Wind das Land in einen ruhigen, frostigen Zauber verwandeln.

Doch noch schien die Sonne, und die Wäsche auf

der Leine hinter dem Küchenhof flatterte lustig im Wind. Seit sechs Uhr in der Früh hörte man das Schnattern und Kichern der Frauen im Waschhaus. Die Mittagszeit war längst vorbei. Wie eh und je hatte es auch an diesem Waschtag eine von Paulas herrlichen Fleischsuppen gegeben.

Längst hatte sich der alte Herr zu seinem alltäglichen Ruhestündchen in seinen Ohrensessel begeben. Gottfried war wieder im Büro neben dem Gutshaus und überprüfte Abrechnungen und neue Kalkulationen, während Anna zusammen mit der kleinen Maria die frischgestärkten Gardinen in den Schlafräumen neu richtete. Es war ein glücklicher, arbeitsreicher Tag wie viele andere auch.

Franz klopfte zum dritten Mal gegen die Eichentür des Rauchzimmers. Geduldig wartete er auf ein aufforderndes Herein. Nichts! Ein wenig befremdet öffnete er vorsichtig die Tür, schob den von Silber und Porzellan leicht klappernden Teewagen so leise wie möglich hinein, schloß, ohne sich richtig umzudrehen, hinter sich greifend behutsam die Türe und schob den Teewagen bis an den runden Tisch zwischen den Sitzmöbeln. Er zögerte noch, ob er jetzt zu seinem Herrn treten und ihn wecken sollte, als Anna und Gottfried gleichzeitig eintraten.

»Nun sieh dir doch Vater an«, sagte Gottfried, »er hat noch nicht einmal ausgeschlafen, und dabei zeigt die Uhr schon auf fünf. Er ging auf den Ohrensessel zu, in dem der alte Herr, den Kopf seitlich vornübergeneigt, saß. »Vater!« – Erst jetzt bemerkte Gottfried, wie eigenartig verdreht die Arme seines Vaters herunterhingen.

Anna war gerade dabei, die erste Tasse Kaffee zu füllen.

»Ist was?« fragte sie ihren Mann, der noch immer auf seinen Vater starrte. Ein eigenartiges Gefühl beschlich sie. Halb beschützend, halb selbst schutzsuchend, ergriff sie Gottfrieds Arm. »Ist er?« Sie mochte nicht weitersprechen.

»Ja«, sagte Gottfried, »ich glaube, er ist tot.«

Anna beugte sich ein wenig vor. In der Hoffnung, daß es nicht wahr sein möge, rief sie: »Vater! Vater, so hör mich doch!«

Gottfried stand noch immer reglos auf seine Krücke gestützt neben ihr. Anna ergriff eine der herabgefallenen Hände ihres Schwiegervaters. Sie war warm, weich und schlaff. Es war so unheimlich. Ihr war, als wäre es plötzlich viel dunkler im Zimmer. Sie hatte noch nie einen Toten berührt. Aber vielleicht war er gar nicht tot! Er war doch ganz warm, und er sah so friedlich aus. Nur der geöffnete Mund wirkte unnatürlich und fremd.

»Er kann doch nicht einfach tot sein, Gottfried! Das ist doch ganz unmöglich.« Wieder berührte sie Ernst Herrlitz. »Nein, nein, es darf nicht sein! Wir müssen den Arzt holen, schnell, ganz schnell!«

»Ja«, sagte Gottfried nur.

Franz, der bislang wie erstarrt an der Tür stehengeblieben war, eilte jetzt aus dem Zimmer, um so schnell wie möglich jemanden nach dem Arzt in Krottoschin zu schicken.

»Wir können gar nichts weiter machen«, sagte Gottfried. Doch nach einer Weile fügte er hinzu: »Jemand muß Robert benachrichtigen. Ich möchte auch, daß die Kinder sofort kommen. Wenn Michael über Danzig fährt, gibt es keine Schwierigkeiten mit der Einreise. Ich werde den Jungen jetzt hier brauchen, denn es gibt viel zu besprechen.« Gottfried war hinüber zu der Sitzecke getreten.

154

Täuschte sich Anna, oder schwankte er wirklich? Es schien ihr, als liefe er nicht so sicher wie sonst. Wie immer, wenn er sich hinsetzte, stützte er beide Hände auf die Lehnen des Stuhls, winkelte das gesunde Knie an und ließ sich, das linke Holzbein weit von sich streckend, langsam auf den Stuhl nieder.

»Komm, Anna, meine kleine Annuschka, setz dich ganz dicht zu mir.« Er streckte ihr die Hände entgegen.

Wie lange hat er mich schon nicht mehr Annuschka genannt, dachte sie, während sie auf ihn zuging. Er war immer der strenge, geradlinige Preuße gewesen, dem Schmusen und Zärtelei nie sonderlich gelegen hatten und der die polnische Koseform ihres Namens ablehnte. Nur in den ersten Jahren ihrer Ehe und als Michael geboren wurde, hatte er sie ein paarmal so genannt. Was mußte in ihm vorgehen, daß er sie jetzt so anredete? Annas liebevolles Herz schmolz dahin. Ihre Tränen, die ohnehin schon bedenklich locker gesessen hatten, begannen erst langsam, dann immer schneller über ihr Gesicht zu rollen. Sie wußte, daß Gottfried Tränen nicht leiden konnte, aber sie konnte und wollte sie jetzt nicht zurückhalten. Sie taten ihr gut, sie lösten das unheimliche, bedrückende Gefühl in ihr, das die Gegenwart des Todes verursacht hatte, und halfen ihr, ihre eigene Ohnmacht dem unbegreiflichen Nichts gegenüber zu ertragen.

Gottfried hatte sie die ganze Zeit traurig angesehen und geschwiegen. Jetzt zog er den Teewagen heran und sagte: »Komm, schenk uns eine Tasse Kaffee ein. Sie wird uns guttun.«

Anna glaubte, ihren Ohren nicht zu trauen. Vorwurfsvoll sah sie ihren Mann an. Daß er jetzt Kaffee trinken wollte! Sie konnte es nicht begreifen. Sie würde jetzt keinen Schluck hinunterbekommen. Sie würde überhaupt in diesem Raum nie wieder etwas essen oder trinken können.

»Nun sieh mich nicht so entsetzt an. Ihr Frauen solltet nicht bei dem Wunsch nach einer Tasse Kaffee meinen, gleich das ganze Innenleben eines Menschen beurteilen zu können.«

Das hatte gesessen. So spitz und zurechtweisend kannte Anna Gottfried gar nicht. Sie schämte sich. Er hatte ja recht. Natürlich war er mindestens so aufgewühlt wie sie. Darum hatte er auch auf ihren Blick so empfindlich reagiert. Sie kannte doch Gottfried, wann hätte er je seine innere Qual zur Schau getragen! Er war immer beherrscht, hatte sich immer eisern in der Gewalt. Auch in dieser Hinsicht war er ganz das Produkt jahrhundertealter preußischer Erziehung. Wenn er doch weinen könnte wie ich, dachte sie und begriff, wieviel schwerer es für Gottfried sein mußte, mit seinem Schmerz fertig zu werden. Es war sein Vater, der dort tot im Sessel saß, ein Vater, den er liebte, der ihm ein Freund und eine ganz besondere Stütze gewesen war seit seiner Verwundung. Wie konnte sie nur verkennen, daß die Tasse Kaffee nichts weiter als ein kleiner Strohhalm für Gottfried war, um seine verflixte Selbstdisziplin aufrechtzuerhalten! Ihr starkes, mütterliches Empfinden drängte sie, ihm Schutz und Hilfe anzubieten. In ihrer Ratlosigkeit goß auch sie sich eine Tasse Kaffee ein und begann zu trinken.

Anna erinnerte sich später oft an die kurze Zeit, die sie zusammen mit Gottfried und dem Toten bis zur Ankunft Roberts und Coras verbracht hatte. Immer wenn sie den wohltuenden, bitteren Geschmack von Kaffee auf ihrer Zunge spürte, glaubte sie sich für einen kurzen Augenblick zurückversetzt in das kleine Herrenzimmer. Sie hatte mit ihrem Mann von den Jahren gesprochen, die sie begleitet von der Fürsorge des Vaters miteinander verlebt hatten, von Gottfrieds Kindheit, dem Tod der Mutter und der doppelten Liebe und Sorgfalt, die der Vater den Söhnen gegeben hatte; von seinen Briefen während des Krieges und der schweren Zeit danach, von der taktvollen und klugen Hilfe, mit der er es verstanden hatte, Gottfried allmählich wieder an die Leitung des Gutes heranzuführen.

Sie waren zu dem Toten herangetreten. Gottfried hatte ihm mit einer rührenden Zärtlichkeit über die Haare gestrichen. »Ich bin froh«, hatte er trotz seines Schmerzes gesagt, »daß er so plötzlich und friedlich eingeschlafen ist. Es muß unser Trost sein, daß er einen leichten Tod hatte. Auch wenn er viel zu früh gestorben ist und wir jetzt sehr einsam sein werden. Wir müssen dankbar sein, daß wir mit so viel Stolz, so viel Ehrerbietung, so viel Liebe an ihn denken dürfen.«

Anna erinnerte sich genau, wie sich Gottfried plötzlich zu ihr umgewandt, seinen Stock fallen lassen und sie mit einem Stöhnen ganz fest in die Arme genommen hatte. Sie wußte ihn kaum zu halten. Sie sah nicht, ob er weinte. Sie wußte nur, daß er sehr unglücklich und traurig war und daß er zitterte und seinen Kopf in ihrem Nacken vergrub. Sie hörte seine verzweifelte, gebrochene Stimme an ihrem Ohr. »Jetzt hab' ich nur noch dich. Ich brauche dich so sehr, meine liebe, liebe Annuschka!«

Anna erinnerte sich immer wieder dieses Augenblicks, und sie erinnerte sich der stummen Zwiesprache, die sie, während Gottfried sich in ihren Armen beruhigte, mit dem toten Schwiegervater hielt. Ihr war, als wolle er ihr sagen: »Nun bist du an der Reihe, deine Pflicht dem Leben gegenüber zu erfüllen. Hilf deinem

Mann! Hab ihn lieb! Laß ihn nie einsam werden!« Und irgend etwas in ihrem Inneren löste sich, und ihr Herz öffnete sich weit. »Ich verspreche es dir!« sagte sie leise.

Vor einer Woche hatte man Ernst Herrlitz zu Grabe getragen. Die letzten Freunde und Verwandten hatten das gastliche Gut wieder verlassen. Es waren viele gekommen. Deutsche und Polen waren dem Trauerzug gefolgt. Viele, die ein letztes Mal für eine Freundschaft, für einen guten Rat, für Hilfe und nachbarliche Verbundenheit ihren Dank sagen wollten. In ihnen allen lebte noch die Erinnerung an eine glanzvolle, glückliche Zeit. Mit Ernst Herrlitz trugen die meisten von ihnen nicht nur den Menschen zu Grabe, sondern betrauerten auch eine verlorengegangene, unwiederbringliche politische und gesellschaftliche Ära. Sie fühlten sich zurückgelassen, einer fremden, ungewissen Zukunft ausgeliefert.

Noch waren Anna und Gottfried nicht zur Besinnung gekommen. Bei allem Schmerz um den Vater empfanden sie es doch als beglückend, ihre Kinder wieder um sich zu haben. Fast drei Jahre war Michael fort gewesen, und diese drei Jahre hatten ihn verändert. Anna berührte es ein wenig schmerzlich, daß er nicht mehr so anschmiegsam war und ihrer kaum noch zu bedürfen schien. Er war selbstbewußt und energisch geworden. Oft erschien er ihr fremd und zu eigenwillig. Obwohl er ihr gegenüber immer liebenswürdig und höflich blieb, fühlte sie sich persönlich angegriffen und gekränkt, wenn er mit seinem Vater in erhitzte Streitgespräche geriet. Es schien ihr, als hätte er an allem etwas auszusetzen: an den Ansichten, an der Führung des Gutes. Alles wollte er auf den Kopf stellen. Belehrungen und Ratschläge schienen noch stärker seinen Widerspruchsgeist herauszufordern. Wo waren seine

Achtung und sein Gehorsam geblieben? Wie war es nur möglich, daß Gottfried all diese beängstigenden Verhaltensweisen seines Sohnes guthieß, daß sie ihn amüsierten, ja sogar zu erfreuen schienen?

Anna konnte sich nicht so schnell daran gewöhnen, daß ihr lieber, gehorsamer Schulbub auf dem besten Weg war, ein Mann zu werden. Ist das wohl immer so? fragte sie sich beunruhigt.

Gottfried tröstete sie. Er verstand das temperamentvolle Besserwissen und den jugendlichen Unwillen seines Sohnes recht gut. Hatte er selbst nicht auch als junger Mann versucht, einen Machtkampf mit seinem Vater zu führen? Hatte er nicht damals auch alles besser gewußt und dann so vieles falsch gemacht? Waren ihm nicht auch die vielen Ermahnungen und Ratschläge unerträglich gewesen? Und wie nützlich wurden sie ihm eines Tages doch noch!

»Jeder junge Mann muß seine Erfahrungen selber machen, liebe Anna«, sagte Gottfried ein ums andere Mal zu seiner Frau. »Es braucht halt alles seine Zeit. Ich glaube, am besten wäre es für ihn, wenn er recht bald eine gute Verwalterstelle bekäme. Ich werde mich darum bemühen. Wir haben genug Freunde außerhalb Polens, in Ostpreußen und Schlesien. Es sollte sich einrichten lassen. Soll er sich woanders die Hörner erst einmal tüchtig abstoßen. Es ist das beste für ihn, für uns und auch später für Senjin.«

Anna, die mit dem Gedanken geliebäugelt hatte, ihren Sohn im Haus behalten zu können, war traurig, aber sie sah ein, daß es das Vernünftigste war, zumal in der Heimat sogleich das Problem der polnischen Militärzeit wieder auf sie zukommen würde, das jetzt so glänzend durch die Adoption gelöst war. Wie gut, daß wenigstens Sascha noch bei ihr war. Ostern würde er sein Abitur machen. Er war erst siebzehn Jahre alt, also noch ein Kind, und doch schon so ernst und zielstrebig wie ein richtiger Mann. Ob Sascha sich wohl je verändern würde? Immer noch war er still und empfindsam, war ein Einzelgänger, den jeder liebhaben mußte. Er hatte in seinem Koffer statt Kleidung fast nur Bücher mitgebracht und lebte in seiner eigenen, stillen, geistigen Welt.

Anna hatte oft etwas Angst um seine weiche, zarte Seele. Wie würde er sich später einmal in dem harten Daseinskampf des Lebens zurechtfinden? Andererseits wußte sie, daß in dem Jungen mehr innere Kraft steckte, als es den Anschein hatte. Schon als kleiner Knabe hatte er sie oft in Erstaunen versetzt. Wie bewundernswert war er mit dem Tod seines Vaters fertig geworden, den er so sehr geliebt hatte und der sich so wenig um ihn gekümmert hatte! Sascha war ein ganz besonderer Junge. Er war treu, feinfühlig und von hoher Intelligenz. Er hatte sich den richtigen Beruf erwählt. Er würde einmal ein guter Arzt werden, doch er würde es nicht leicht haben, weil er immer mit seinem ganzen Herzen dabeisein würde; aber gerade das würde ihm wohl die Kraft geben, die Härten und Grausamkeiten, mit denen ein Arzt ständig konfrontiert wird, zu ertragen. Und er würde stets das notwendige Mitgefühl aufbringen, das wiederum sein eigenes Leben um vieles reicher machen würde.

Nach den Beerdigungsfeierlichkeiten war es wieder still in Senjin geworden. Die Betriebsamkeit der Familie war einer Erschöpfung gewichen. Man begann das Unabänderliche, den Tod des Vaters, jeden Tag schmerzlicher zu begreifen, fühlte mit Bedrückung die traurige Leere. Die Gespräche drehten sich um den Toten.

Auch unter den Bediensteten gab es welche, die nicht aufhören konnten, von Ernst Herrlitz zu sprechen. Es waren diejenigen, die schon seit zwei oder drei Generationen auf dem Gut arbeiteten, die verwachsen waren mit Senjin, mit der Familie, oder die den Herrlitz' mehr als nur ihr Brot verdankten. Zu ihnen gehörte vor allem Franz. Er hatte schon im Krieg 1870/71 dem Vater von Ernst Herrlitz als Bursche gedient, der ihn mit auf das Gut gebracht hatte. Damals war der Verstorbene noch ein kleiner, blondgelockter Junge gewesen. Insgeheim hatte Franz ihn immer seinen kleinen Jungen genannt. Er hatte ihn mit großgezogen und mit ihm gespielt, ja er hatte ihn umsorgt ein ganzes Leben lang. Er liebte ihn. Seine Trauer war echt, und sein Herz war schwer.

Aber es gab auch jemanden, bei dem der Tod von Ernst Herrlitz ganz andere Empfindungen hervorrief. Das war Cora. Es wäre ungerecht, zu sagen, daß sie gleichgültig blieb, dazu hatte sie den Verstorbenen wohl doch einmal zu gern gehabt und wußte, wieviel Gutes sie ihm zu verdanken hatte. Er war der einzige Mensch, an den sie mit Achtung und auch ein wenig Herzenswärme dachte. Trotzdem empfand sie seinen Tod als eine Befreiung. Seitdem sie wieder in Senjin lebte, fühlte sie sich wie in einer Zwangsjacke. Sie glaubte jeden Schritt, jede Bemerkung, jede Handlung, die sie tat, registriert. Ihre finanzielle Abhängigkeit von der Familie verlangte von ihr ein einwandfreies Verhalten. Für jeden anderen wäre das eine Selbstverständlichkeit gewesen. Für Cora war es das nicht. Sie hatte sich immer außerhalb der Norm befunden, hatte immer über die Spielregeln der anderen gelacht, immer ihre eigenen Vorstellungen von Freiheit und Moral gehabt. Mit dem Tod ihres einstigen Geliebten glaubte sie, ihre Lebensform wieder lockern zu können, denn sie war fest davon überzeugt, daß Ernst Herrlitz sie testamentarisch sichergestellt haben würde.

Sie erinnerte sich zurück an die Zeit ihres Kennenlernens. Immer war er großzügig gewesen. Einst hatte er sie heiraten wollen. Das war lange her. Damals waren sie jedes Frühjahr an die Riviera gefahren. Pferd und Wagen hatte er vorschicken lassen. Wie üppig hatten sie immer gelebt! Es waren schöne Jahre gewesen. Und dann kamen der Krieg und die Jahre danach, in denen sie ihn mit so vielen Männern betrogen hatte. Und Cora dachte, daß er der einzige gewesen sei, der sie wirklich geliebt hatte. Hatte sie etwas falsch gemacht? Nein, Cora bereute nichts, und sie hatte auch nicht die Absicht, sich selbst einer Kritik zu unterziehen. Immer noch war sie davon überzeugt, daß Ernst Herrlitz sie bis zu seinem Tod geliebt hatte und daß er ihr als letztes Geschenk seiner Liebe ihre finanzielle Unabhängigkeit zurückgeben würde. Mochten die anderen seinen Tod betrauern, sie empfand ihn als eine beglückende Befreiung.

Coras Hoffnung erfüllte sich jedoch nicht. Ernst Herrlitz hatte zwar in seinem Testament nicht nur an die engsten Mitglieder seiner Familie gedacht, sondern auch manch treue Seele nicht vergessen, doch Cora wurde von ihm mit keinem Wort erwähnt. Er hatte dafür seine Gründe gehabt. Nach allem, was Cora sich geleistet hatte, bestand keine Veranlassung, ihr eine finanzielle Zuwendung zu machen. Vor allem aber befürchtete er, Geld würde bei ihr nur dazu dienen, um ihr für kurze Zeit wieder ein leichtsinniges Leben zu ermöglichen. Zum Schluß aber würde sie noch tiefer hinabsinken als bisher. Davor wollte Ernst Herrlitz sie bewahren. Schon Wochen vor seinem Tod hatte er darüber mit seinen Söhnen gesprochen und sie gebeten, soweit es ihnen möglich sei, sich später einmal Coras anzunehmen.

Im Grunde genommen tat Cora allen leid. Sie war ein zwiespältiger Mensch, den man gleichermaßen schätzen wie verachten mußte. Sie war eine Dame und eine Dirne zugleich. Cora wußte nicht, daß man über sie und ihre Zukunft gesprochen hatte. Sie wußte nur, daß all ihre Hoffnungen auf ein sorgenfreies, ungebundenes Leben zerschlagen waren, daß sie völlig mittellos blieb und für immer abhängig sein würde. Zum ersten Mal war sie nicht in der Lage, sich selbst in der Gewalt zu haben. Sie verließ oft ganz unerwartet für die Anwesenden tränenüberströmt den Raum und schloß sich in ihr Zimmer ein, um sich dort ihrer ohnmächtigen Wut und Verzweiflung hingeben zu können. Sie fühlte sich gedemütigt, verstoßen, verloren. Zum ersten Mal bekam sie Angst vor ihrer Zukunft, Angst vor dem Alter. Sie spürte eine Leere in sich, die sie nicht zu füllen wußte. Es gab niemanden, der sie liebte, der ihre Freundschaft suchte, der ihrer bedurfte. Sie begriff plötzlich, wie unwichtig, wie überflüssig sie geworden war: sie, die sich immer für so wichtig gehalten hatte! Diese Erkenntnis bedrückte sie so sehr, daß sie für lange Zeit in eine tiefe Niedergeschlagenheit, ja fast in eine ernsthafte Depression verfiel.

Cora so zu sehen, war für alle im Haus ein ungewohntes Bild. Wenn man ihr Gehabe auch anfänglich für ein wenig Schauspielerei hielt und darum nicht allzu ernst nahm, so wurde doch mit der Zeit deutlich, daß Cora tatsächlich mit sich selbst einen inneren Kampf ausfocht und daß sich in ihr ein Wandel vollzog.

Ihre laute Fröhlichkeit war verklungen. Sie war still und nachdenklich geworden, immer ein wenig blaß und erschrocken, wenn man sie ansprach. Ihre Selbstsicherheit war wie fortgeblasen. Fast wirkte sie gehemmt. Dabei schien es, als bettelten ihre Augen um ein gutes Wort, um ein Lob, um den Wunsch, dazuzugehören. Doch sie stand abseits, so leid sie auch allen tat und sosehr man bemüht war, sie aus ihrer depressiven Stimmung herauszuholen. Der Bruch, der einmal zwischen ihr und der Familie entstanden war, blieb spürbar.

Wenn Cora auch nicht in der Lage war, restlos ihre einmal begangenen Fehler einzusehen, so erkannte sie doch, daß sie durch ihre eigene Schuld gedankenlos die Sicherheit ihrer Zukunft verspielt hatte. Was war ihr geblieben von ihren Freuden, ihrem bewegten Leben? Noch nicht einmal eine gute Erinnerung. Es hatte sich nicht gelohnt. Das war eine bittere Erkenntnis. Doch diese Erkenntnis brachte sie ganz allmählich dazu, für das, was ihr geblieben war, wenigstens etwas Dankbarkeit zu empfinden. Es gab Senjin, wo man ihr Gastfreundschaft gewährte. Hier hatte sie so etwas wie eine Familie, eine Heimat. Noch war sie nicht ganz verloren. Und allmählich verwandelte sich ihre Mutlosigkeit wieder in ein wenig Hoffnung.

Die Kampagne in Roberts Zuckerfabrik war in vollem Gange. Es war November. Noch gab es keinen Schnee und keinen Frost. Immer wieder sah man hochbepackte Fuhrwerke über die neu hergerichtete Landstraße zur Fabrik fahren. Eisenbahnwaggons mit Zuckerrüben ratterten über den fabrikeigenen Gleisanschluß bis vor die Rampe der Waschanlagen, wo die Rüben gewogen und Proben gezogen wurden, um sie auf ihren Schmutz- und Zuckergehalt zu untersuchen. Erst dann wurden sie entladen, gereinigt und wanderten in die im Nebenhaus gelegenen Schnitzelmaschinen.

Robert war seit Beginn der Kampagne mindestens achtzehn Stunden täglich auf den Beinen. Man sah es ihm an. Er hatte Schatten unter den Augen, sah mager und mitgenommen aus, aber in seinen Augen leuchtete das Feuer der Begeisterung. Dies war die erste richtige Kampagne. Sie würde entscheiden, ob seine Pläne, seine mühsamen Vorbereitungen von Erfolg sein würden. Jetzt kam es darauf an! Diese drei Monate durfte er sich keine Ruhe gönnen. Die Fabrik war eingefahren und mußte im Fluß gehalten werden. Nur eine Verzögerung, ein Anhalten der Maschinen würde einen katastrophalen Verlust für die Fabrik bedeuten. Doch alles klappte – bis auf wenige unbedeutende und schnell zu behebende Pannen – ausgezeichnet.

Voll Stolz führte Robert Michael, der gekommen war, um sich von seinem Onkel und Adoptivvater zu verabschieden, und Sascha durch die Fabrik. Hier und da gab er in freundlichem, aber bestimmtem Ton Anweisungen, stellte Fragen, lobte oder ließ ein Donnerwetter vom Stapel. Des öfteren klopfte er einem schwitzenden, meist mit entblößtem Oberkörper arbeitenden Mann auf die Schulter, redete ein paar persönliche Worte mit ihm und ging, jeden Handgriff der Arbeiter scharf beobachtend, weiter. Man spürte, daß er die Leute an der Kandare hatte und das Letzte aus ihnen herausholte, aber daß er auch bemüht war, sie gerecht und menschlich zu behandeln. Nirgends sah man ein haßerfülltes Gesicht. Die Arbeiter waren zufrieden. Sie erhielten einen guten Lohn und wurden gut behandelt. Ihr Patron war sich nicht zu fein, selbst mit zuzupacken, wenn es sein mußte. Er war wie sie den ganzen Tag mit in der Fabrik und arbeitete ebenso hart wie sie. Er war ein guter Patron. Ja, Robert verstand sich auf Menschenführung. Seine Arbeiter würden für ihn durchs Feuer gehen.

Michael und Sascha hatten ihre Jacken ausgezogen. Die Luft in den einzelnen Räumen war von Dampf erfüllt. Es herrschte eine drückende Hitze.

Robert erklärte den beiden jungen Männern, wie mit Hilfe der Diffusionseinrichtung aus den Rübenschnitzeln der Rohsaft gewonnen wird, wie dieser danach zur Reinigung mit gebranntem Kalk versetzt wird und wie anschließend der Kalk durch eingeleitete Kohlensäure wieder ausgefällt und als Kalziumkarbonat abgefiltert wird.

»So entsteht der Reinsaft«, sagte er, »und jetzt kommen wir in das eigentliche Hauptgebäude, das Herz der Fabrik.« Er hatte die alten Gebäude geschickt durch Zwischenbauten miteinander verbunden. So konnte die Arbeit zeitsparender und reibungsloser ablaufen.

Jetzt wurde es noch heißer. Hier standen riesige Kessel, in denen der helle, goldgelbe Rübensaft zu schwarzem Sirup eingedampft wurde. Robert gab einem Arbeiter ein Zeichen. Der Zuckerkocher ließ einen Tropfen zähen Breies auf eine Glasplatte tropfen und reichte sie herüber. Robert strich den Brei aus. »Schaut«, sagte er zu seinen Neffen, »so sieht man, ob sich schon ausreichend Kristalle gebildet haben.« Kleine, glitzernde Sternchen waren sichtbar geworden. »Noch ist es nicht soweit, aber seht mal dort hinten!«

Die Jungen eilten voran. Gerade ergoß sich aus einem anderen Kessel die zähe Flüssigkeit in eine große Zentrifuge, die den schwarzen Saft von den Kristallen trennte, die an dem Zentrifugenkorb hängenblieben. Durch Zusatz von Wasser wurden sie gewaschen, bis nur noch der reine, glitzernde Zucker übrigblieb.

»Das Wichtigste habt ihr nun gesehen«, meinte Robert. »Abfall gibt es bei uns nicht. Wie ihr ja wißt, findet der schwarze Saft, die Melasse, anschließend als Viehfutter noch Verwendung oder wird zur Alkoholgewinnung benutzt. Ich beabsichtige, in späteren Jahren der Fabrik eine Brennerei anzuschließen.«

Die beiden jungen Männer waren sehr beeindruckt. Sascha, der sich nie viel um landwirtschaftliche Dinge gekümmert hatte, erfuhr auf dem Rückritt noch von Michael, daß nicht jeder Bauer ohne weiteres seine Zuckerrüben zur Fabrik bringen könne, sondern daß vorher mit den einzelnen Landwirten und der Fabrik feste Verträge über die Größe der Anbaufläche, die vorzunehmende Düngung und den verwendeten Rübensamen geschlossen werden müßten. Auch die Zuckerrübensamen würden meist von der Zuckerfabrik geliefert.

Eigentlich wollte Anna nur einen kleinen Ausritt machen, aber die Luft war so herrlich, daß sie Lust bekam, zur Zuckerfabrik zu reiten, um Michael und Sascha abzuholen.

Sie hatte den Falben soeben über die kleine Lichtung hinter dem werkseigenen Gelände in Trab fallen lassen, als ihre Söhne sich anschickten, mit einem kleinen Umweg über das Dörfchen Warschin wieder nach Hause zu reiten.

»Das ist aber eine Überraschung«, sagte Robert, als einer der Aufseher Anna in sein Büro führte. Er war aufgestanden, legte seinen Arm um ihre Schulter und drückte sie ganz leicht an sich.

Anna wurde verlegen. »Ich weiß«, sagte sie, »die Jungs sind gerade fort. Wenn Odin nicht eine Ruhepause haben müßte, wäre ich ihnen gleich nachgeritten.«

Robert drückte sie noch etwas fester an sich. »Dann habe ich mich also bei deinem Gaul zu bedanken.« Er zögerte einen Moment. »Weißt du eigentlich, daß ich sehr traurig war, daß du mich noch nie hier besucht hast?« Er hatte sie zu sich umgedreht und mit seiner Hand ihr Gesicht zu sich emporgehoben.

Ich sollte doch lieber gehen, dachte Anna, aber sie hielt ganz still.

»Du hast so wunderschöne blaue Augen. Schwarze Haare und blaue Augen, etwas ganz Seltenes«, sagte Robert plötzlich, und seine Lippen berührten – nur ganz leicht, ganz flüchtig – erst das eine Auge und dann das andere.

Anna stand wie gelähmt, keines Wortes fähig. Es ist nicht gut, daß ich hier bin. Ich sollte lieber gehen, dachte sie.

Robert war durch die plötzliche Anwesenheit Annas, ihre vom Reiten geröteten Wangen, die vom Winde zerzausten Haare, die ganze Frische, die sie in seine nüchterne Arbeitsatmosphäre brachte, in seinen Empfindungen für sie sofort wieder aufs höchste erregt. Doch er wußte, er durfte sie nicht in die Arme nehmen. Sie war Gottfrieds Frau. Warum nur, warum mußte es so sein! Warum durfte er sie nicht lieben? Um sich zu beherrschen, begann er auf seinem Schreibtisch, der ohnehin sehr ordentlich war, noch mehr Ordnung zu machen. Nur die Stimme der inneren Erregung, die zwischen ihnen spürbar war, sprach zu ihnen beiden.

»Es ist dir doch recht«, wandte sich Robert an Anna, »wenn ich Kaffee und etwas Gebäck bestelle?« Er hatte schon den Telefonhörer in der Hand.

Anna verspürte keinerlei Bedürfnis, jetzt etwas zu sich zu nehmen, aber zu ihrer eigenen Überraschung antwortete sie mit »Ja, gern« und ließ sich von Robert durch eine hinter seinem Schreibtisch gelegene, kleine Doppeltür führen.

»Hier geht es zu meiner Behausung«, sagte er, »bitte bekomme keinen Schreck. Sehr viel Komfort ist nicht vorhanden.«

Das erste, was Anna sah, waren ein Vorraum, ein Spiegel, ein paar Garderobenhaken und zwei Türen, von denen eine in einen hellen, großen Wohnraum führte.

»Hier lebe ich nun.« Robert forderte sie auf, sich zu setzen.

Anna nahm in dem einzigen, mit grobem Rips bezogenen Sessel Platz. Die Armlehnen waren ein wenig durchgescheuert. Der Raum wirkte zwar sauber, aber ansonsten recht schäbig. Anna war enttäuscht. Sie hatte nicht viel darüber nachgedacht, wie Robert in der Fabrik leben würde, doch daß es so kümmerlich war, machte sie traurig. Das Mobiliar war geschmacklos. Man sah, daß es zerwohnt und ungepflegt war. Die Mahagoniplatte des wenig stilechten Sheratontisches war zerkratzt und hatte eine Unzahl Wasserflecke. Ein Kleiderschrank und eine häßliche Glasvitrine standen sich an den Wänden gegenüber. Der Kronleuchter war übertrieben groß aus Hirschgeweihen zusammengebaut. Nur in einer Ecke stand eine kleine, hübsche Kommode mit einigen Photographien, die aus der Entfernung nicht erkennbar waren.

Jetzt erst bemerkte Anna, daß Robert neben ihr auf einer Art Divan saß, auf dem er auch zu schlafen schien, da sich unter der blaugrünen Decke das Federbett wölbte. Keine Blume, keine hübschen Gardinen und noch nicht einmal ein Bild zierten das Zimmer. Nur ein großer, verhältnismäßig gut erhaltener Afghanteppich gab ein bißchen Wärme.

»Wie schrecklich ist es hier«, sagte Anna. »Wie kannst du nur so leben?«

Robert lachte. »Du bist wenigstens ehrlich. Ich finde die Einrichtung auch scheußlich. Es sind die kümmerlichen Überreste, die der Vorbesitzer zurückgelassen hat. Ein Provisorium für mich. Es gibt Schlimmeres. In zwei, drei Jahren werde ich mir ein Schmuckkästchen geschaffen haben. Vorerst ist nun einmal die Fabrik wichtiger als meine Bequemlichkeit.«

Robert hatte die Türen zu seinem Büro offengelassen. Man hörte von dort das Klappern von Geschirr auf einem Tablett. Eine kleine, dicke Frau mit einer großen, grauen Schürze über einer sauber gestärkten Bluse kam herangeschlurft. »Das ist Frau Maschinska«, sagte Robert. »Sie wirtschaftet für mich und bäckt ganz ausgezeichnete Anisplätzchen!« Und tatsächlich verbreitete sich jetzt ein himmlisch süßer Duft von Anis im Zimmer.

Die Frau grinste, stellte das Tablett vor Anna auf den Tisch und wischte sich verlegen und umständlich die Hände an ihrer Schürze ab. Dabei betrachtete sie reichlich lange und neugierig den fremden Gast. Schließlich verließ sie, die Tür leise hinter sich schließend, den Raum.

»Was meinst du, was es jetzt zu klatschen gibt«, prophezeite Robert. »Sie ist das reinste Nachrichtenmagazin. Du solltest sie reden hören. In meinem ganzen Leben habe ich noch nie einen Menschen so schnell reden hören und dazu noch in dem komischsten und breitesten Wasserpollackisch.«

Anna war aufgesprungen. Roberts Bemerkung über Frau Maschinska hatte ihr bewußt gemacht, daß sie selbst durch ihre Anwesenheit in seinem Zimmer die Veranlassung zum Klatsch gegeben hatte. Welch eine Beschämung! Sogar die Türen hatte diese Person zugemacht, und das auch noch so leise, daß sie es erst jetzt bemerkte.

Anna sah das hämische Grinsen der Frau förmlich vor sich. Die schlimmsten Gedanken gingen ihr durch den Kopf. Sie war wütend. Wütend auf sich, daß sie nicht gleich weitergeritten war, wütend auf Frau Maschinska, die jetzt klatschen würde, aber vor allem auf Robert, der dafür hätte Sorge tragen müssen, daß sie gar nicht erst in diese Situation kommen konnte.

Anna hatte die Tür noch nicht ganz erreicht, als Robert sie mit einem Ruck am Arm packte und zu sich herumdrehte. Er verstand sie nicht. »Was ist in dich gefahren?« fragte er. Wie eine Eisenklammer umspannte seine Hand ihren Arm. Er sah ihre Erregung, das versteckte, ungebändigte Temperament, das aus ihr sprach. Er hörte kaum ihre Worte, ihre Anklagen, ihr Flehen, sie freizugeben. Er spürte nur ihren Widerstand, der seine Sinne reizte.

Verzweifelt versuchte Anna, seine Hand von ihrem Arm zu lösen.

»Aber Anna, sei doch nicht töricht. Endlich habe ich dich einmal bei mir. Ich lasse dich jetzt nicht gleich wieder fort.« Er hatte sie einfach zum Tisch zurückgezogen.

Das fremde, häßliche Zimmer, Roberts schmerzender, gewaltsamer Griff, dazu die durch sein hastiges Aufstehen heruntergerutschte Divandecke, die das weiße Bettzeug wie in einer billigen Absteige freigab, verursachten Anna plötzlich panische Angst. Vor lauter Verzweiflung schrie sie ihn an: »So machst du das wohl immer, wenn du eine Frau haben willst.« Sie wußte gar nicht, was sie sagte. Sie war zu erregt. Ihre Wangen glühten und ihre Lippen bebten vor Aufregung. Immer noch zog und zerrte sie, um sich aus seiner Umklammerung zu befreien.

Robert, der nicht den geringsten hinterhältigen Gedanken gehabt hatte, fühlte sich nun seinerseits angegriffen. Auch er geriet in Zorn. Böse Worte wechselten hin und her. Wie zwei sich hassende Kampfhähne standen sie sich gegenüber. War es Zufall, Schuld oder Wille? Sie wußten es beide später nicht mehr zu sagen. Es kam ganz plötzlich. Genauso wie damals in der Kutsche, als Robert sie von der Bahn abgeholt hatte und sie auch so unerwartet in Streit gerieten. Nur diesmal gab es keine Grenzen, kein Zurück. Diesmal überfiel sie beide ein solch unbeherrschtes Verlangen, daß sie alles vergaßen.

Ehe Anna wußte, was ihr geschah, lag Roberts muskulöser Körper schon über ihr auf dem Divan. Es war ihr unmöglich, sich von ihm zu befreien. Seine Hände lösten ihre Bluse, glitten über ihre Brüste, und ohne daß Anna noch irgend etwas dachte, gab sie allen Widerstand auf. Genauso wild, genauso verlangend umklammerte jetzt auch sie ihn. Alle Vernunft war erloschen, nur noch ein beseligendes Ineinanderaufgehen, ein nicht enden wollendes Liebkosen bis zur beglückenden Erfüllung hatte sie erfaßt.

Völlig ermattet und für den Augenblick von zärtlicher Glückseligkeit erfüllt lagen sie sich in den Armen. Dann erwachte ihr Bewußtsein. Mit grausamer Brutalität riß es sie zurück in die Wirklichkeit. Wie Blei legte sich die Tat ihrer Liebe auf ihr Gewissen.

»O Gott, Robert! Was haben wir getan! Wie konnten wir uns so vergessen!« Anna drehte sich von ihm fort und begann hemmungslos zu weinen. Nichts gab es, was sie jetzt hätte beruhigen können. Nicht die liebevollen Tröstungen Roberts, nicht die Innigkeit, mit der er sie um Verzeihung bat. Nichts konnte ihr Schuldbewußtsein schmälern, ihr Gewissen entlasten. »Nie, nie hätte es dazu kommen dürfen«, schluchzte sie immer wieder.

Robert legte Anna die Decke über die Schultern und verließ den Raum. Er konnte ihr jetzt nicht helfen und glaubte, es würde ihr guttun, für einen Augenblick allein zu sein. Auch würde es ihr die Peinlichkeit ersparen, sich vor ihm wieder anzukleiden.

Er ging in seinen Waschraum und ließ sich das kalte Wasser über Kopf und Nacken laufen. Er haßte sonst kaltes Wasser, aber nun tat es ihm gut. Er empfand die spürbare Kälte als eine Kasteiung. Wenn Robert es auch nicht so spontan und deutlich zu zeigen vermochte, so war er doch nicht weniger schuldbewußt als Anna. Aber er bereute anders als sie: So moralisch verwerflich er auch gehandelt haben mochte, das Glück, Anna gespürt zu haben, sie besessen zu haben, konnte er nicht bereuen, dazu war er zu sehr von diesem großen Glück erfüllt. Das, was geschehen war, hatten sie beide weiß Gott nicht geplant. Seit Gottfrieds Verwundung hatten sie sich bemüht, ihre Liebe zueinander als ein Tabu anzusehen. Doch ihre Vorsätze hatten ihnen einen Streich gespielt. Robert belastete der Gedanke, seinen Bruder betrogen zu haben, erheblich. Wie oft hatte er sich, wenn sich seine Gedanken nicht von Anna lösen ließen, geschworen, seinen Bruder niemals zu hintergehen und Anna niemals wieder anzutasten. Daß es dennoch geschehen war, war zwar nicht entschuldbar, aber gewiß nicht so verwerflich, als hätten sie es vorsätzlich getan. Niemals durfte Gottfried etwas davon erfahren, und niemals durfte so etwas wieder geschehen.

Robert hatte den Wasserhahn zugedreht und begann, sich mit einem Handtuch den Kopf trockenzureiben.

Wie kann ich Anna nur beruhigen, überlegte er. Wie kann ich ihr nur helfen, daß sie damit fertig wird. Sie ist zu sensibel. Sie wird es nicht verkraften. Wie kann ich ihr nur glaubhaft begründen, daß sie nichts wirklich Böses getan hat, daß unser Vergehen nicht heute geschah, sondern viel früher, als wir uns verliebten, als wir noch halbe Kinder waren, damals in Koyja, und nicht den Mut hatten, alles zu gestehen, weil Anna bereits Gottfried versprochen war. Hier liegt unsere Schuld. Wir werden damit fertig werden müssen, jeder auf seine Art.

Anna war angezogen. Sie hatte das Bett wieder ordentlich hergerichtet und die Decke über den Divan gelegt, als wolle sie damit symbolisch ein für allemal über etwas Geschehenes Schweigen ausbreiten. Sie bemerkte nicht, daß Robert in den Raum zurückgekehrt war. Ihre Augen waren auf die Photographien, die auf der kleinen Kommode standen, geheftet. Behutsam nahm sie eines der Bilder in die Hände. Es war eine Aufnahme von Gottfried. Sie war noch vor seiner Verwundung gemacht worden.

Anna vertiefte sich ganz in seinen Anblick. Er trug Uniform. Wie gerade und stolz stand er da! Wie glücklich strahlten seine Augen! Welche Wärme lag in seinem Blick! Sie mußte es immer wieder ansehen. Diesen Menschen, diesen zuverlässigen, anständigen Menschen hatte sie betrogen! Ihn, der so schuldlos Schweres hatte erleiden müssen, der ihr nie etwas Böses angetan hatte, der jetzt so hilflos war, hatte sie so schändlich hintergangen! Wie war das nur möglich gewesen? Anna schien es auf einmal ganz unbegreiflich, was sie getan hatte. Warum nur, für wen, für was hatte sie so gehandelt? Sie war ernüchtert von sich, von Robert, von dem, was sie vermeinte, ihr Glück zu nennen. Verdeckt legte sie das Bild auf die Kommode zurück. Sie konnte es nicht länger ertragen, daß Gottfried sie ansah.

Robert hatte Anna von der Tür aus beobachtet, wie sie die Decke über das Bett gebreitet hatte, wie sie die Photographie Gottfrieds mit beiden Händen umklammert hielt und mit welch einer verzweifelten Gebärde sie sie fortlegte. Ihm war, als hörte er förmlich die Vorwürfe, mit denen sie sich quälte. Seine geliebte Anna! Das hatte er nicht gewollt. Es war seine Schuld, allein seine Schuld, daß sie jetzt so litt. Alles war zerbrochen: ihre Liebe, ihre Zuneigung, ihr Vertrauen. Ein Haufen Scherben war alles, was blieb!

»Ich werde dich nach Hause begleiten!«

Erschrocken, mit übergroßen Augen, sah Anna ihn an. »Nein, Robert, bitte nicht. Ich kann jetzt nicht zu Gottfried und schon gar nicht mit dir.«

Robert hielt ihr den Reitmantel entgegen. »Doch«, sagte er ganz ruhig. »Du wirst es können. Wir beide werden es können müssen. Unsere Gefühle spielen jetzt keine Rolle. Wir müssen jetzt nur an Gottfried denken. Wir haben bereits einen großen Fehler gemacht, weil wir uns zu liebhatten. Wir dürfen nicht noch einen Fehler machen, indem wir Gottfried merken lassen, was geschehen ist.«

Anna schlug die Hände vor das Gesicht. »Ich schäme mich so, Robert. Ich schäme mich so sehr.«

Wie unglücklich sie ist, dachte er, und alles durch meine Schuld! Wenn ich es nur wiedergutmachen könnte! »Du sollst dich nicht so quälen, Anna. Es wird alles einmal vergessen sein. Alles! Du hast nichts wirklich Unrechtes getan. Selbstvorwürfe sind keine Abhilfe. Nur unser zukünftiges Handeln kann uns über das hinweghelfen, was heute unser Gewissen so sehr belastet.«

Seit dem Tod seines Vaters, so schien es Gottfried, war mit Anna etwas geschehen. Ihm war, als wäre es nicht mehr nur Pflichterfüllung, wenn sie sich zu ihm setzte, nicht mehr nur Mitleid, wenn sie ihre Hand in die seine legte oder zärtlich über seine Haare strich. Auch ihre Augen, so glaubte er, blickten verändert, es lag etwas wie Sehnsucht darin. Und ihre Lippen, waren sie nicht weicher, verweilten sie nicht länger auf seiner Wange, wenn sie sich zur Nachtruhe verabschiedete?

Gottfried wagte kaum zu glauben, was diese schüchternen Anzeichen seiner Frau bedeuten könnten. Sollte sie ihn doch noch lieben? Ihn, den Krüppel? Sollte sie wollen, daß er wieder ihr Mann werde?

Gottfried war voll Hoffnung, voll Bangen, voll Furcht, daß das vielleicht beginnende leichte Aufblühen ihrer zurückkehrenden Liebe zu ihm durch ein falsches Wort, eine falsche Handlung wieder ersterben könnte. Nachts lag er oft stundenlang wach in seinem Zimmer und verzehrte sich vor Sehnsucht. Immer drängender überfiel ihn das Verlangen nach seiner Frau. Ein paarmal war er aufgestanden, war vor ihre Zimmertür getreten, aber immer wieder hatte ihn der Mut verlassen, sich ihr endgültig zu nähern. So tapfer, so energiegeladen und selbstsicher Gottfried auch erscheinen mochte, sosehr war seine Männlichkeit seit seiner Verwundung mit schweren Minderwertigkeitskomplexen belastet. Und dann war der Abend gekommen, an dem Robert Anna von der Fabrik zurückbegleitet hatte! Gottfried konnte es immer noch nicht begreifen. Von diesem Abend an gehörte Anna ihm wieder ganz. Wie war es nur dazu gekommen? Gottfried war so überwältigt, daß er es nicht ergründete. Wie aufgewühlt war Anna gewesen. Sie hatte an seinem Hals gehangen, hatte gelacht und geweint. Oder hatte sie nur geweint? Was fragte er noch danach? Es mußten Tränen des Glücks gewesen sein. Wie wäre es anders denkbar gewesen! Sie war zu ihm gekommen. In sein Schlafzimmer. Sie hatte es so gewollt. Sie brauchte ihn. Ihn, den Mann. Er war kein Krüppel mehr für sie! Es war wieder wie früher, nein, es war viel, viel schöner.

Gottfried war so bewegt, so dankbar, so erfüllt von Glück, daß er jede Behauptung Annas, sie sei seiner Liebe nicht würdig, mit Rührung als völlig unsinnig abtat. Er vermutete, daß ihre jahrelange körperliche Zurückhaltung, an der im Grunde genommen nur er allein durch seine Mutlosigkeit Schuld trug, sie so törichte Worte sprechen ließ. Darum liebte er sie nur um so mehr. Sie war sein ganzes Glück, sie war sein Himmel auf Erden.

Und Anna? Anna litt Höllenqualen, aber nicht dadurch, daß sie sich ihm hingab. Schon nach dem Tod ihres Schwiegervaters hatte sie es tun wollen. Wie oft war auch sie vor die Tür seines Schlafzimmers getreten, doch immer hatte ihr der Mut gefehlt. Es waren nicht seine Liebkosungen, die sie quälten, nicht die Berührung seines ihr so fremd gewordenen Körpers und auch nicht die Unvollständigkeit seiner Glieder. Es war nicht das, was sie tat und was sie ihrem Mann zu tun erlaubte. Es war die Beschämung, die sie empfand bei der Offenbarung seiner Liebe. Es war das schlechte Gewissen, das sie daran hinderte, glücklich zu sein, ebenso glücklich wie Gottfried. Und es war die Erkenntnis über sich selbst, die Feststellung, daß ihr Opfer, das sie Gottfried mit ihrer Hingabe zu machen glaubte, gar kein Opfer war, daß es ihr keine Qual, sondern Freude bereitete, daß sie sich plötzlich ebenso stark von Gottfried angezogen fühlte, wie sie es glaubte, von Robert zu sein, daß sie in der Lage war, zwei Männer gleichermaßen zu lieben.

Anna, die immer in sehr strengen moralischen Traditionen gelebt und gedacht hatte, erschütterte diese Erkenntnis zutiefst. War sie schlecht? War sie eine Dirne? Stundenlang sah sie in den Spiegel und betrachtete ihr Gesicht. Man mußte sie ihr doch ansehen, diese Verwerflichkeit, diese Zügellosigkeit. Gott würde sie strafen für ihre Sünden. Durfte sie überhaupt noch den Namen Gottes aussprechen, sie, eine Gefallene? Gehörte sie nicht zu den Verdammten? Verzweiflung und Hoffnung stritten in ihr. Anna quälte sich. Sie wollte so gern alles wiedergutmachen. Sie wollte Buße tun. Und in diesem Wunsch verströmte sie alle Liebe, derer sie fähig war, auf Gottfried. Sie wagte nicht daran zu glauben, daß das Glück, das sie durch Gottfried empfand, anhalten könnte. Doch die Wochen vergingen. Immer reicher wurde ihre Liebe, immer kleiner ihr Kummer. Robert war in weite Ferne gerückt. Ganz unwirklich erschien ihr das, was einmal geschehen war. Nur noch schemenhaft zog es durch ihre Erinnerung. Es sah so aus, als verliefe das Leben wieder in den alten, geordneten Bahnen. Wie ein ruhiger Strom, den kein Sturzbach von außen verändern konnte.

Der Januar des neuen Jahres war schneereich, frostig und voller Sonne. Auf den Fischteichen am Ende des Parks wurden große Eisblöcke geschlagen und für die warme Jahreszeit in den gleich hinter der Trauerbuche gelegenen, tief in die Erde gegrabenen Eiskeller eingelagert. Darüber wölbte sich wie ein großer Ameisenhaufen die aufgeschüttete, im Sommer mit Moos bewachsene Erde. Eine kleine, im Rundbogen verlaufende hölzerne Tür, vor der ein dickes, eisernes Vorhängeschloß hing, stand offen. Man sah die ein wenig schiefen, aus rohen Ziegelsteinen gefertigten Treppenstufen in das Gewölbe des Kellers führen. Zwei Windlichter im Inneren gaben dem Ganzen einen gespenstigen Eindruck.

Wie in jedem Jahr, wenn der Eiskeller neu aufgefüllt wurde, waren einige Kinder der Arbeiter unbemerkt ihren Eltern nachgeschlichen, um diese herrlich unheimliche, sonst immer verschlossene Höhle zu besichtigen. Wie modrig es in ihrem Inneren roch, und wie fremd und bedrohlich die eigenen Stimmen klangen! Es war immer eines der aufregendsten Erlebnisse.

Auf dem Gut war wieder einmal Waschtag. Aus den geöffneten Fensterspalten des Waschhauses quoll der dicke, stark nach Seifenlauge riechende Dampf. Wie immer kicherten und schnatterten die Frauen. Wie immer kochte Paula ihre Suppe. Meta und die junge Magd waren gerade dabei, Rohrnudeln zu backen, denn heute feierte Franz seinen sechsundsiebzigsten Geburtstag, und darum gab es nicht nur wie jedes Jahr für ihn seine Maronentorte, sondern auch Rohrnudeln als Nachspeise, die Franz für sein Leben gern aß. Der alte Diener war jetzt ganz weißhaarig geworden und ein wenig dicker, soweit man ihn überhaupt als dick bezeichnen konnte, aber er hielt sich trotz allem immer noch erstaunlich gerade. Seit ein paar Jahren hatte er den hübschen, hoch aufgeschossenen Fetja zu einem würdigen Nachfolger erzogen, aber immer noch wollte er nicht von der Arbeit ausruhen. – »Man tut ihm nichts Gutes, wenn man ihm die Arbeit nimmt«, hatte schon Ernst Herrlitz immer gesagt. »Solche treuen Rösser wie der Franz wollen laufen, bis sie umfallen.«

Darum ließ man auch weiterhin den alten Mann all die Dinge tun, die er sich selber zur Aufgabe gesetzt hatte. Und alle wußten das.

Zum Wochenende wurde Robert erwartet. Die Kampagne in seiner Fabrik näherte sich dem Ende, alles lief glatt, so daß er sich schon mal ein freies Wochenende gönnen durfte.

Anna wunderte sich, wie ruhig sie dem Wiedersehen mit ihm entgegensah. Dabei waren erst wenige Wochen vergangen seit ihrem unseligen Zusammensein. Eine Ewigkeit, wollte ihr scheinen. Doch als Robert ihr gegenüberstand, als er sie so eindringlich und fragend ansah, da zitterte ihre Hand verdächtig. Aber es war nicht allein Robert, der diese Unruhe in ihr auslöste. Sie hatte dieses seltsame Gefühl der Ruhelosigkeit schon ein paarmal während der letzten Tage in sich gespürt. Ganz unerwartet bemächtigte es sich ihrer, und wenn es vorüber war, fühlte sie sich immer ganz elend und mußte weinen. Genauso, wie sie jetzt am liebsten geweint hätte. Was war nur los mit ihr? So kannte sie sich gar nicht: Das war nicht ihre Art. Sie mußte sich mehr zusammennehmen.

Doch plötzlich kam es wieder. Anna wurde es auf einmal ganz schwarz vor den Augen. Sie ließ sich in einen Sessel fallen, um nicht umzukippen. »Ja«, sagte sie zu sich selbst, »du bist krank. Das sind nicht die Nerven. Das hat nichts mit Robert und Gottfried zu tun. Du bist krank, und du solltest möglichst bald einen Arzt aufsuchen.« Ihr wurde es schon wieder ganz schwarz vor den Augen. Am liebsten hätte sie sich übergeben, doch die Übelkeit ging zum Glück schnell vorüber. Ja, sie würde zum Arzt fahren. Ihr Entschluß stand ganz fest, aber Gottfried brauchte vorerst nichts davon zu erfahren. Sie wollte ihn nicht beunruhigen, wollte nicht, daß er sich Sorgen machte. Doch zu wem sollte sie gehen? Nach Krottoschin zu Dr. Hillbricht, der ihren Schwiegervater so fürsorglich behandelt hatte? Vielleicht wäre das das beste. Aber würde er schweigen, wenn es etwas Schlimmes wäre? Nein, nein, er würde bestimmt gleich Gottfried benachrichtigen. Und Professor Melanowski in Posen würde es auch tun. Sie mußte zu einem fremden Arzt gehen.

Anna steigerte sich in den Gedanken hinein, daß ihre Krankheit die Strafe Gottes sei, für das, was sie ihrem Mann angetan hatte. Damit mußte sie allein fertig werden.

Doch so bald ließ sich eine Fahrt für zwei oder drei Tage, wie sie sie plante, nicht einrichten. Ein wenig war sie auch selbst an der Verzögerung schuld, weil sie sich vor der Diagnose fürchtete und immer, wenn sie sich besser fühlte, den Gang zum Arzt hinausschob, bis sie sich dann doch überwand und Ende Februar, an einem der kältesten Tage des Jahres, mit dem kleinen Einspänner nach Krottoschin zur Bahnstation fuhr. Jochens breiter Rücken, der in einen dicken Schafsfellmantel eingehüllt war, schützte sie vor dem scharfen Wind, der ihnen entgegenblies. Wenn sie die Luft durch die Nase einzog, schien es ihr, als beginne es darin zu knistern, als wollten sich selbst dort Eiskristalle bilden, die die Nasenflügel verklebten. Es schmerzte, so kalt war es. Das Gesicht mit den hohlen Händen schützend, blies sie sich selbst warmen Atem entgegen.

Die Bahnfahrt war angenehm. Anna hatte gleich ein Abteil hinter der Lokomotive gewählt, das erstaunlich gut geheizt war. Je näher sie Posen kam, desto wohler fühlte sie sich und desto unsinniger erschien ihr ihre Reise. Ein Schlitten brachte sie zum Hotel, in dem die Familie immer übernachtete, wenn sie in Posen verweilte.

Der Portier erkannte Anna sofort. Er war mit einem Teil des Personals von der neuen polnischen Hotelverwaltung übernommen worden. Alles war wie vor dem Krieg: die Halle, das Mobiliar, sogar die schweren Portieren, in denen in gleichmäßigen Abständen winzig klein die deutsche Kaiserkrone eingewebt war.

Anna ließ sich ein Adreßbuch geben und studierte die Namen der Ärzte. Wen sollte sie wählen? Sie entschied sich für den nächstgelegenen. Letzten Endes war es ganz gleichgültig, zu wem sie ging. Sie kannte den einen so wenig wie den anderen, und was sie sich einmal vorgenommen hatte zu tun, das wollte sie möglichst schnell hinter sich bringen.

Anna mußte sich selbst gut zureden, um ihre Feigheit zu bekämpfen und nicht auf die Stimme zu hören, die sie von dem Gang zum Arzt abhalten wollte, die ihr einzureden versuchte, erst auszuruhen oder die Schaufenster zu betrachten oder Einkäufe zu machen. Nein, nein, sie durfte jetzt nicht kneifen.

Sie knöpfte ihren Mantel wieder zu, nahm ihre Handtasche und machte sich auf den Weg. Die Nummer siebenunddreißig der Ulica Grunwaldska lag zwischen all den anderen mit Stuck verzierten, im typisch Wilhelminischen Stil erbauten Etagenhäusern. Das Messingschild des Arztes war klein, aber − ebenso wie die Klingel und die im unteren Teil der Etagentür befindliche Briefeinwurfklappe − sehr sorgfältig geputzt.

Anna holte tief Luft, dann läutete sie. Nach einer Weile hörte sie Schritte. Die Tür wurde geöffnet, und Anna sah in das runde, freundliche Gesicht einer älteren Frau. Sie sprach ein breites, sauberes Polnisch. Anna bemerkte, daß sie keine Schürze trug und sehr einfach angezogen war. Ob das seine Frau ist? dachte sie. Gut scheint er nicht zu verdienen, wenn er ihr keine besseren Kleider kaufen kann. Vielleicht ist es doch der falsche Arzt, den ich ausgesucht habe.

»Sie wünschen?« hörte sie jetzt die Frau zum zweiten Mal sagen.

»Ich wollte gern zu Dr. Boguslawski.«

»Der Doktor hat heute keine Sprechstunde. Jeden Dienstag vormittag und nachmittag geht er ins Spital. Er macht sich viel zuviel Arbeit. Eben kam er ganz erschöpft nach Hause. Zum Mittag kommt er immer nach Hause, müssen Sie wissen.«

Was die Frau alles redet, dachte Anna, das interessiert mich doch nicht.

In diesem Augenblick näherte sich auf dem sehr langen, verhältnismäßig dunklen Flur ein mittelgroßer, hellhaariger Mann mit einer Narbe über der rechten Gesichtshälfte, die ihn weniger entstellte, als daß sie ihm einen interessanten Ausdruck verlieh.

»Wollen Sie zu mir?« fragte er. »Ich bin Dr. Boguslawski.« Seine Stimme war angenehm.

Anna lächelte. Nun kann ich schlecht fortlaufen, dachte sie. Außerdem war er ihr sympathisch.

»Ich wäre Ihnen dankbar, wenn Sie einen Augenblick Zeit für mich hätten.«

»Aber gern, Zeit muß man in meinem Beruf immer haben, sonst ist man kein guter Arzt.« Er zeigte mit der Hand auffordernd den langen Gang hinunter, und Anna trat ein.

Das Ordinationszimmer war nicht besonders groß, bescheiden, durchschnittlich eingerichtet, aber sehr sauber und ordentlich. Auf dem Schreibtisch standen zwei Photographien. Eine von einer sehr lieb aussehenden, jungen Frau und die andere von drei kleinen Kindern. Anna konnte nicht umhin, sie anzuschauen.

»Meine Frau und meine drei Kinder«, sagte er verbindlich. »Sie sind im Augenblick verreist.«

Er ist wirklich sympathisch, registrierte Anna, und in dem weißen Kittel sieht er noch vertrauenerweckender aus.

»So, was haben wir auf dem Herzen?« fragte er, nachdem er ihr gegenüber auf der Kante seines Schreibtisches Platz genommen hatte.

Eine komische Art sich hinzusetzen, dachte Anna, doch es gefiel ihr und es paßte zu ihm. Sie hatte auf einmal keine Scheu mehr, ihm ihre Kümmernisse und Ängste zu erzählen. – Er fragte viel und untersuchte sie sehr gründlich. Sein Gesicht blieb gleichmäßig freundlich. Nichts von dem, was er dachte, war ihm anzumerken.

»Darauf hätte ich eigentlich gleich kommen können«, meinte er vergnügt, nachdem Anna sich wieder angezogen hatte. »Bei einer so gesunden und schönen Frau ist es kein Wunder, wenn sie ein Baby erwartet.«

Anna war fassungslos. Hatte sie richtig gehört? Ein Baby? Sie sollte ein Kind bekommen? Das also war es, was sie so verändert hatte. Ein Baby! Sie war so überwältigt, so erschüttert und beglückt, daß sie anfing zu weinen.

Dr. Boguslawski schien derartige Ausbrüche gewohnt zu sein, denn er schwieg dazu.

»Irren Sie sich auch ganz bestimmt nicht?«

»Ich bin ganz sicher«, sagte der Arzt. »Vermutlich sind Sie im dritten Monat. Leichte Blutungen können zu Beginn einer Schwangerschaft manchmal vorkommen. Ich werde Ihnen etwas verschreiben. Für ein wenig Schonung müssen Sie selber sorgen.«

Anna wußte später nicht mehr, was sie noch alles mit dem Arzt gesprochen hatte. Sie wußte auch nicht, wann sie sein Haus wieder verlassen hatte und wie kalt es draußen war. Sie dachte nur an das Kind, das sie bekommen würde. Alles hatte sie erwartet, nur das nicht. – Warum werde ich noch belohnt für alles Schlechte, was ich getan habe? Warum? Anna verstand den lieben

Gott nicht mehr, aber sie war glücklich, glücklich und dankbar. Ich werde gleich zurückfahren, entschied sie, Gottfried soll es auch wissen. Er soll sich auch freuen! Ach, wie wird Gottfried sich freuen!

Doch dann fiel es ihr siedend heiß ein: Im dritten Monat hat er gesagt! Wenn das Kind nun nicht Gottfrieds Kind ist? Wenn Robert der Vater ist? O Gott! Anna blieb, an eine Hauswand gelehnt, stehen. Das kann nicht sein, nein, so darf es nicht sein! An Robert hatte sie überhaupt nicht gedacht.

Ob man nicht spürt, von wem das Kind ist? überlegte Anna. Ich als Mutter muß es doch irgendwie spüren! Sie horchte in sich hinein, versuchte etwas zu merken. Nichts.

Mechanisch setzte sie ihren Weg fort. Ein paarmal stieß sie dabei mit einigen, ihr kopfschüttelnd nachsehenden Passanten zusammen. Sie bemerkte es kaum. Sie war ganz benommen. Unaufhaltsam bohrte in ihr die Frage nach dem Vater des Kindes. Immer weiter lief sie und kam durch Gassen und Straßen, die sie nie zuvor gegangen war.

Inzwischen war es Nachmittag geworden. Die Kälte hatte merklich nachgelassen. Bald würde es sicher schneien. Der Himmel hatte seine klare, hellblaue Farbe vom Vormittag in ein undurchsichtiges Grau verwandelt.

Anna wurde aus einiger Entfernung von einem gelblichen, in der beginnenden Dämmerung diffus wirkenden Licht angezogen. Es kam von der anderen Straßenseite. Sie hörte Stimmen. War es Gesang? Ihr war, als röche sie den lieblichen Duft von Weihrauch und Kerzen. Es erinnerte sie an die Kindheit, an den Christbaum, an die Räucherhölzchen, die ihr Onkel Stanislav immer mitgebracht hatte, und an die Dachstube ihrer alten Kinderfrau, bei der in einer Ecke des

Zimmers eine Ikone hing. Dort hatte es auch immer so geheimnisvoll und eigenartig gerochen, fast so wie jetzt auf der Straße. Anna blieb stehen. Vor ihr lag ein kleines Gotteshaus mit einem Vorhof und einem Brunnen, auf dessen Beckenrand trotz der Kälte einige Männer saßen und lebhaft diskutierten. Sie trat, ohne sich recht bewußt zu sein, wohin sie ging, durch das reich verzierte Gittertor auf den kleinen Innenhof. Das warme Licht, das über die Treppenstufen, das Mauerwerk und die Menschen fiel, hatte etwas Freundliches, Einladendes. Während Anna noch überlegte, ob es sich hier um eine katholische Kirche oder eine Synagoge handeln mochte, half ihr ein kleiner, verwachsener Herr, das schwere, mit Eisen beschlagene Portal zu öffnen. Er verneigte sich, lächelte und wartete, bis sie eingetreten war. Es ist eine Synagoge, registrierte Annas Unterbewußtsein. Der kleine Herr trug einen langen, schwarzen Kaftan, einen schwarzen Hut, unter dem ebenso schwarze, lange Haare hervorsahen. Von seinen Barthaaren waren Strähnen rechts und links vom Mund zu Korkenzieherlocken aufgedreht worden. So sahen auch die Männer aus, die auf dem Vorhof so lebhaft miteinander sprachen.

Auch im Inneren der Synagoge sah Anna jetzt mehrere ähnlich gekleidete Herren. Eine Frau war nirgends zu entdecken. Ich bin noch nie in einer Synagoge gewesen, dachte sie, was will ich nur hier? Doch sie war so erschöpft, daß sie sich auf eine der Bänke niedersetzte. Nur oberflächlich registrierten ihre Augen, was um sie herum geschah. Ihre Gedanken waren schon wieder bei dem Kind, das sie erwartete, und bei der quälenden Frage nach seinem Vater.

War es nun Erschöpfung, Mutlosigkeit oder Frömmigkeit, die Anna veranlaßten, in einer Synagoge die

Hände zu falten und ihren Herrgott um Hilfe in ihrer Not zu bitten? Hier in dieser fremden, friedfertigen Umgebung fühlte sie sich geborgen, beschützt und empfand das tröstende Gefühl, nicht allein zu sein mit sich, dem Kind und ihrem schlechten Gewissen. Hier fühlte sie sich Gott näher. Hier konnte sie zu ihm sprechen, ihm ihre innere Zerrissenheit, ihre Angst, ihre Hoffnung, ihre Verzweiflung gestehen. Und immer wieder fragte sie den Allmächtigen: »Warum? Warum hast du zugelassen, daß ich Robert liebe? Warum tötest du diese Liebe nicht? Warum läßt du mich im Zweifel über die Frage nach dem Vater des Kindes? Weißt du denn nicht, wie sehr ich darunter leide? Warum hilfst du mir nicht? Du bist doch allmächtig. Merkst du denn nicht, wie sehr ich dich brauche, gerade jetzt?«

Aber durfte sie so zu Gott sprechen, hatte sie ein Recht, mit ihm zu hadern? War nicht sie selbst allein an ihrem Schicksal schuld?

Als wollte sie ihr Kind beschützen, hielt sie ihre Hände über ihrem Leib gefaltet. Anna merkte kaum, wie ihr nach und nach immer dickere Tränen in den Schoß fielen; sie merkte auch nicht, daß die Synagoge fast leer geworden war und der kleine, verwachsene Jude, der ihr die Tür geöffnet hatte, ganz mitleidig zu ihr herübersah. Immer noch hielt sie mit ihrem Gott Zwiesprache. Alles sprach sie sich von der Seele, und als sie nach langer Zeit wieder in die Winterkälte hinaustrat, fühlte sie sich von einem Druck befreit. Sie hatte einen Teil ihres inneren Gleichgewichts wiedergefunden.

Es war schon fast dunkel. Wie feine Nadelspitzen spürte sie den kalten Schneestaub auf ihrem Gesicht, wo er schmolz und wie ein feuchter Schleier liegenblieb, bis er dann in kleinen, feinen Bächen über ihre

Wangen, die Ohren, den Hals hinunterlief und vom Mantel aufgesogen wurde.

Ein halbgeschlossener Pferdeschlitten brachte sie zurück zum Hotel. Erst jetzt merkte Anna, wie erschöpft sie war. Trotz leerem Magen legte sie sich sogleich schlafen. Auf ihrem Gesicht lag ein Lächeln, und durch ihre Träume zogen ihre Kindheit, die Synagoge, Robert und Gottfried, und immer wieder hörte sie die Stimme des Arztes: »Sie bekommen ein Baby.«

Das war auch der erste Gedanke, der sie erfüllte, als sie am anderen Morgen erwachte. Eine unbändige Freude bemächtigte sich ihrer, die vorerst alle Kümmernisse beiseite schob. In ihr vollzog sich ein kleines Wunder. Obwohl sie jetzt bald vierzig Jahre alt sein würde, durfte sie noch ein Kind bekommen. Sie sprang aus dem Bett. Sie wollte nach Hause. Sie wollte zu Gottfried. Es sollte sein Kind sein – weil sie es so wollte, weil er ihr Mann war und sie ihn liebhatte. Jeder andere Gedanke würde Unheil stiften. Was einmal geschehen war, mußte sie vergessen. In Zukunft durften nur noch Gottfried und das Baby ihr Handeln und Denken bestimmen.

Am 3. September des Jahres 1927 wurde zum ersten Mal wieder seit drei Generationen eine kleine Tochter in die hölzerne Wiege der Familie Herrlitz gelegt. Man taufte sie auf den Namen Katherina Charlotte nach ihren beiden Großmüttern. Als Kinderzimmer hatte man Gottfrieds früheres Schlafzimmer hergerichtet. Es lag nach Südosten und hatte vom frühen Morgen bis in die späten Mittagsstunden Sonne. Eine Verbindungstür führte zu den Eltern und eine andere in ein dahinter gelegenes Zimmer, das später einmal für ein Kindermädchen gedacht war.

Vorerst hatte Cora dort ihren Einzug gehalten, die sich seit der Geburt des Kindes wie eine rührende, aber auch ebenso eifersüchtige Glucke gebärdete. War es nun die fühlbare Nähe eines Babys, die bei Cora zum ersten Mal mütterliche Gefühle hervorrief, oder war die kleine Katherina Charlotte nur ein letzter Halt, an den sie sich klammerte, nachdem sich ihre stille Hoffnung, eines Tages Robert zu heiraten, zerschlagen hatte? Auf jeden Fall vergrößerte Coras Liebe zu dem Kind die Harmonie in der Familie.

Noch bevor Annas Tochter geboren wurde, hatte Robert seine Familie mit der Nachricht überrascht, daß er Swenna Olsen, die Schwester eines alten Geschäftsfreundes von den Philippinen, heiraten wolle. Robert sah nach allem, was zwischen ihm und Anna vorgefallen war, in der Entscheidung zu heiraten, die sicherste Möglichkeit, sich von Anna zu lösen. Wenn er auch behauptete, daß allein die Pflicht dem Leben gegenüber, eine Familie zu gründen und Kinder zu haben, ihn zu diesem Schritt bewogen habe, so war doch die Überstürztheit seines Entschlusses unverkennbar. Auch daß seine Wahl auf Swenna Olsen fiel, schien niemandem sonderlich glücklich. Von Liebe und Zuneigung war bei beiden kaum etwas zu merken. Gewiß, Swenna sah gut aus, wenn auch nicht so weich und weiblich wie Anna. Sie wirkte eher etwas herb, war sehr sportlich und hatte ganz kurz geschnittene Haare. Sie war ungeniert wie ein Mann und konnte ausgezeichnet schießen, vielleicht schon deshalb, weil ihr jede Art von Tieren zuwider war. Sie lehnte das Landleben ab und weigerte sich von vornherein, Polnisch zu lernen. Dabei schien sie sehr sprachbegabt, konnte blendend Malaiisch, Englisch und Französisch sprechen. Sie war intelligent, doch es fehlte ihr jede Wärme, jede Herzlichkeit. Sie paßte so gar nicht in die Familie, auch nicht zu Robert und zu seinem Leben in einer Zuckerfabrik und erst recht nicht nach Senjin.

Swenna war vermögend. Sie war daran gewöhnt, sich ihre Wünsche zu erfüllen, und die Erfüllung ihrer Wünsche waren Reisen. So kam es, daß Robert sich trotz seiner Ehe bald noch einsamer fühlte als zuvor. Schon nach den ersten Ehejahren verstand niemand und vor allem er selbst nicht, warum er ausgerechnet Swenna Olsen geheiratet hatte. Es gab nichts – außer ein paar Erinnerungen an Ostasien und der Freundschaft zu ihrem Bruder –, was sie innerlich verband. Auch die Hoffnung auf Kinder blieb unerfüllt. Auf allen Gebieten waren sie gegensätzlicher Meinung. Nur ihre gute Erziehung und Swennas finanzielle Unabhängigkeit ermöglichten ihnen ein erträgliches Leben nebeneinander.

Immer häufiger verbrachte Robert sein Wochenende wieder auf dem Gut. Er verzehrte sich wie früher heimlich nach Anna, doch er beherrschte seine Wünsche, sein noch immer sehr starkes körperliches Begehren. Er wußte, daß das höchste, was er noch für sich erwarten durfte, eine innige seelisch-geistige Beziehung war und daß er dankbar sein konnte, Annas Zuneigung und das Vertrauen seines Bruders nicht verloren zu haben. Er liebte die kleine Katherina Charlotte, ja er lebte nur noch für dieses Kind, verwöhnte es, konnte stundenlang mit der Kleinen spielen.

Oft beobachtete Anna, wie er sie sehnsüchtig betrachtete, und sie fürchtete, daß auch er an dem Kind nach Ähnlichkeiten suchte, daß auch ihn die Frage beschäftigte, ob Katherina Charlotte wohl seine Tochter sei.

Ebenso wie Robert war Anna trotz aller Harmonie in ihrer Ehe nicht frei von Erinnerungen und einem schlechten Gewissen. Daran konnten selbst die Jahre, die vergingen, nichts ändern.

So floß die Zeit dahin. Michael war inzwischen verheiratet. Er hatte schon zwei kleine Kinder und lebte im äußersten Zipfel von Ostpreußen, wo er das Gut seines Schwiegervaters bewirtschaftete. Sascha hatte sein Studium beendet. Er hatte sich ganz der Wissenschaft verschrieben und wollte sich in Kürze habilitieren. Er ging in seiner Arbeit auf und lebte bescheiden von einem kleinen Gehalt in Warschau. Er packte immer noch mehr Bücher als Wäsche in seine Koffer, wenn er in den Ferien nach Senjin kam. Sascha hatte sich nicht verändert. Er strahlte nach wie vor Ruhe, Zuverlässigkeit und Wärme aus, wenn er auch immer den anderen ein wenig abwesend erschien. Eine ganz besondere Zärtlichkeit verband ihn mit seiner kleinen Stiefschwester Katherina Charlotte. Es war auffällig, wie dieses Kind ihn liebte; noch nicht einmal zu ihrem Vater oder zu Robert zeigte das kleine Mädchen eine so starke Zuneigung wie gerade zu Sascha.

So gingen die Jahre dahin – glückliche, harmonische und friedliche Jahre, wenn auch von starken finanziellen Schwierigkeiten belastet. Die Preise für Agrarprodukte waren kaum noch der Rede wert. Ein Sechstel der arbeitenden Bevölkerung des Landes war arbeitslos. Selbst 1935, nachdem die Weltwirtschaftskrise in Europa ihren Tiefpunkt bereits überschritten hatte, hielt sie in Polen noch an. Die Bauernschaft war fast restlos verarmt. Die trotz intensiver Bemühungen der Regierung kaum veränderte strukturelle Überbevölkerung des Landes verstärkte die ohnehin großen Spannungen im Gesellschafts- und Besitzgefüge Polens.

Als am 12. Mai 1935 der Revolutionär und Unabhängigkeitskämpfer, der Schöpfer des jungen polnischen Staates, Staatspräsident Pilsudski, starb, manifestierten sich oppositionelle Bewegungen. Es begann ein Abgleiten in politische Extreme, und die Neuordnung der Regierungsgewalt brauchte Zeit.

Am 10. November 1936 wurde General Edward Rydz-Smigly durch Erhebung zum Marschall endgültig in die Rolle des Pilsudski-Nachfolgers hineingedrängt. Annas Vater, der Rydz persönlich kannte und ihn für einen tapferen Offizier hielt, bewunderte seine liebenswürdige und charmante Art zu reden, war aber davon überzeugt, daß er kaum eine politische oder strategische Begabung besaß. So war Herr von Borrodin, wie viele seiner Landsleute, besorgt um die Geschicke Polens.

In Senjin war man nicht weniger beunruhigt. Man verfolgte mit gemischten Gefühlen die örtlichen und die weltpolitischen Ereignisse. Wohin man auch sah, hatte die Weltwirtschaftskrise eine Welle totalitärer Machtergreifungen hervorgerufen: Während man in Spanien von 1924 bis 1936 noch zwischen der Möglichkeit einer Militärdiktatur oder eines anarchosyndikalistischen Zwangsstaates schwankte und König Alfons XIII. 1931 aus seinem Heimatland vertrieben wurde, überraschte 1929 der jugoslawische König mit einem Staatsstreich, in Brasilien Gotulio Vargasin 1930 mit einer Revolution. In Ungarn entstand 1932 das Gömbös-Regime, darauf folgte 1935 der Austrofaschismus. Selbst Japan begann allmählich, autoritäre Züge anzunehmen. In Estland, Lettland und Bulgarien wurde in den Jahren 1934 bis 1935 die parlamentarische Demokratie aufgegeben.

In dieser allgemeinen Welle der totalitären Zeitströmung sammelte in Deutschland der Nationalsozialist Adolf Hitler die durch Hunger und Arbeitslosigkeit mürbe gewordenen Volksmassen um sich. Am 31. Januar 1933 übernahm er das Amt des deutschen Reichskanzlers. Ebenso wie man in Deutschland voller Zuversicht war, daß Hitler das Reich wieder zu Ansehen und Wohlstand führen und dafür sorgen würde, das Unrecht von Versailles zu beseitigen, setzte die große Zahl der deutschen Minderheiten in Polen und anderen europäischen Ländern ihr ganzes Vertrauen in diesen Mann. Sie sahen in ihm den einzigen, der das deutsche Volk aus Armut, Unterdrückung und Not retten konnte.

»Endlich, endlich!« begrüßten auch Robert und Gottfried Herrlitz die Machtergreifung Hitlers. Hoffnungsvoll, wenn auch leise, sangen sie seit langer Zeit mit bewegter Stimme wieder: »Deutschland, Deutschland über alles, über alles in der Welt …«

Die Hoffnungen, die das deutsche Volk in Hitler setzte, schienen sich zu erfüllen. Es gab wieder Arbeit, es gab wieder Brot, man begann wieder aufzurüsten.

»Ich bin froh«, sagte Herr von Borrodin, der wieder einmal auf Senjin weilte, zu seinem Schwiegersohn, »daß Hitler die bisherige Zusammenarbeit mit Rußland abbaut, daß er die Kooperation zwischen der Reichswehr und der Roten Armee beendet hat. Das ist die Voraussetzung für die Freundschaft zwischen Polen und Deutschland. Wir waren doch immer einer Meinung, lieber Gottfried, daß nicht zuletzt das gute deutsch-russische Verhältnis des 19. Jahrhunderts an der so bedauerlichen Feindschaft zwischen Deutschen und Polen Schuld trug.«

»Gewiß, lieber Schwiegervater, es ist nun mal ein ostpolitischer Grundsatz, daß jede deutsche Polen-Politik von der Rußland-Politik abhängig sein muß. Im Gegensatz zu Wilhelm II. scheint Hitler das erkannt zu haben.«

»Aber ganz gewiß«, fiel ihm jetzt Herr von Borrodin wieder ins Wort, »seitdem wir sogar einen Nichtangriffspakt miteinander geschlossen haben, sind die deutsch-polnischen Beziehungen unbedingt als freundschaftlich anzusehen. Auch in wirtschaftlicher Hinsicht geht es aufgrund der zuvorkommenden Politik der deutschen Regierung bergauf. Unsere landwirtschaftlichen Überschüsse werden uns abgenommen. Endlich gibt es wieder einigermaßen berechenbare Zustände. Soviel ich weiß, wird Roggen zu sechsdreiviertel bis sieben Zloti und Weizen bei zwölf Zloti gehandelt. Meine Schweine brachten durchschnittlich vierzig Zloti. Dir erzähle ich damit gewiß nichts Neues, mein Sohn. Du weißt ja, was das für einen Landwirt bedeutet.«

»Ja, gottlob«, antwortete Gottfried. »Es sieht so aus, als wären wir jetzt endlich über den Berg, als kämen nun die sieben fetten Jahre.«

Doch diese Hoffnung war trügerisch. Als Gottfried genau nach einem Jahr wieder mit seinem Schwiegervater ein Gespräch führte, hatte sich sein Optimismus ins Gegenteil verwandelt. »Ich sehe schwarz für unsere Zukunft«, sagte er.

Herr von Borrodin konnte diesen Pessimismus angesichts der begonnenen günstigen politischen und wirtschaftlichen Lage Polens nicht verstehen.

»Ich begreife dich nicht«, entgegnete er. »Seit langem ist es uns nicht so gutgegangen wie jetzt. Wo siehst du Gewitterwolken? Weißt du nicht mehr, wie du mir vor einem Jahr prophezeit hast, daß jetzt die sieben fetten Jahre kommen? Was macht dir Sorge, mein Junge? Vielleicht Hitlers Austritt aus dem Völkerbund? Oder daß man in Deutschland aufrüstet, daß man die allgemeine Wehrpflicht wieder eingeführt hat? Ist das ein Grund, gleich beunruhigt zu sein? Wir haben doch einen Nichtangriffspakt, und außerdem müßten diese Dinge mich als Polen doch eher beunruhigen als dich.«

Herr von Borrodin bot seinem Schwiegersohn eine Zigarre an, und es entstand eine Pause, in der die Zeremonie des Abschneidens und Anzündens der Zigarre genüßlich vollzogen wurde.

»Nein, nein, lieber Schwiegervater«, sagte Gottfried dann, »das alles beunruhigt mich in keiner Weise, auch wenn diese Tatsachen neue Mächtegruppierungen mit sich bringen. Ich wäre gewiß ein schlechter Deutscher, wenn mich die Entwicklung in Deutschland nicht erfreuen würde. Was mich beunruhigt, sind die kleinen, privaten Belange der deutschen Minderheiten hier in Polen. Seit dem Austritt Hitlers aus dem Völkerbund und der nachfolgenden einseitigen Kündigung der Minderheitenschutzverträge durch Polen sind wir der internationalen Bühne beraubt, vor der bislang unsere Anliegen verhandelt werden konnten. Wir Minderheiten sind damit außenpolitisch isoliert. Ob Hitler sich darüber im klaren war, was er uns antat, als er faktisch auf jede Unterstützung der deutschen Belange in Polen verzichtete? Es gibt mir doch sehr zu denken.«

Herr von Borrodin sah für einen Augenblick überrascht zu seinem Schwiegersohn auf. »Wie meinst du das?«

»Ganz ehrlich gesagt, lieber Schwiegerpapa, aber das bleibt ganz unter uns, ich befürchte, wir Deutschen hier in Polen werden im Interesse der augenblicklichen Hitlerschen Politik ganz einfach verschaukelt.«

Herr von Borrodin schüttelte bedenklich den Kopf. »Du bist sehr hart in deinem Urteil. Was soll ich dazu sagen? Ich bin Pole. Ich freue mich über das gute deutsch-polnische Verhältnis. Glaubst du nicht, daß es wichtiger als die kleinen Sorgen einer Minderheit ist?«

»Aber Vater!« Gottfried schlug empört mit der Hand auf den Tisch. »Kleine Sorgen! Verzeih mir, aber das kann nur ein Pole sagen. Bist du dir wirklich sowenig darüber im klaren, wie es tatsächlich um die Probleme der Deutschen in Polen bestellt ist? Allein ein Nichtangriffspakt oder ein gutes politisches Klima zwischen Deutschland und Polen bedeuten noch keine Hilfe für die Probleme der deutschen Minderheit in diesem Land. Ich fürchte sogar, daß wir unter dem Mantel der Friedfertigkeit bald noch größerer Willkür ausgesetzt sein werden. Um gerecht zu sein, ich will auf keinen Fall behaupten, daß Polen allein für unsere Lage verantwortlich zu machen ist. Hitler trägt eine große Schuld, denn er hat Polen den Weg zur Willkür gegen uns deutsche Minderheit freigegeben. Das bedeutet, daß unsere Existenz, ja unser Leben in Gefahr ist. Du bist Pole. Verständlicherweise interessieren dich die Interessen Polens stärker als die der deutschen Minderheit, aber du hast eine Tochter, und da du sie nun einmal einem Deutschen zur Frau gegeben hast, sind Anna und deine Enkelkinder von allen Maßnahmen der polnischen Regierung gegen die deutsche Minderheit mit betroffen.«

Es entstand eine Pause. Herr von Borrodin zog nachdenklich an seiner Zigarre.

»Du hast recht«, sagte er, »aber du bist, glaub' ich, ein wenig zu negativ und vorurteilsvoll den Handlungen der polnischen Regierung gegenüber eingestellt, ebenso wie du es auch gegenüber der Hitlerschen Politik in bezug auf deutsche Minderheiten in Polen bist.«

»Glaubst du wirklich? Du weißt, lieber Schwiegervater, ich bin gewiß kein Pessimist, und ich verabscheue es, mißtrauisch zu sein, aber neuerdings bin ich sowohl das eine als auch das andere. Ich muß dich schon wieder um Verzeihung bitten, wenn ich bekenne, daß ich es besonders Polen gegenüber bin. Du weißt, daß ich damit weder dich noch die polnischen Freunde, die wir haben, oder unsere unwissenden, fleißigen Landarbeiter meine, sondern die Politiker, die Fanatiker und unbekannten Drahtzieher, die den Haß schüren. Ich kann mich nur danach orientieren, was ich höre und erlebe. Und ich höre und erlebe laufend neue Ungerechtigkeiten und Erschwernisse im Leben der Minderheiten in diesem Land. Wir persönlich sind da nicht ausgeschlossen. Ich fürchte, wenn das erweiterte Grenzzonengesetz, so wie es ist, verabschiedet wird, bedeutet das eine erneute Kampfansage Polens gegen den Grund und Boden der Deutschen in diesem Land. Nur diesmal werden wir sogenannten Polen deutscher Volkszugehörigkeit in diesem ungleichen Kampf keine Chancen mehr haben. Wir wollen uns doch einmal klarmachen, daß die ganze Wojewodschaft Schlesien, neunzig Prozent von der Wojewodschaft Pommerellen und sechsundsechzig Prozent von Posen – wozu auch Senjin gehört – durch das Grenzzonengesetz unter Ausnahmevorschrift gestellt werden sollen. Nach Ermessen des Innenministers oder des Wojewoden können diese Gebiete sogar noch erweitert werden. Jede Entscheidung des Regierungspräsidenten soll unwiderruflich sein. Wenn dieses erweiterte Grenzzonengesetz tatsächlich in Kraft tritt, und es wird in Kraft treten, davon bin ich überzeugt, dann bedeutet das, daß sämtlicher Besitz in diesen Grenzzonengebieten nach Belieben zwangsenteignet werden kann, daß jeder Erbübergang genehmigungspflichtig ist und daß damit jede Sicherheit unseres Eigentums in Frage gestellt ist. Und dies alles geschieht im Zuge einer sehr zuvorkommenden Politik der deutschen Regierung.«

»Aber das ist, das wäre ja ...!« Herr von Borrodin war außer sich. Er zog an der Weste seines Rockes, stand auf, lief ein paar Schritte, setzte sich wieder hin. »Ich kann mir nicht vorstellen«, sagte er, »daß man deinen Besitz antasten wird. Du hast doch schon im Rahmen des Agrarreformgesetzes ein großes Stück Land hergeben müssen, das zu Siedlungszwecken parzelliert worden ist. Anna ist Polin. Ihr habt alle die polnische Staatsangehörigkeit angenommen. Nein, ich kann es mir nicht denken!«

»Aber Vater, du willst mir doch nicht erzählen, daß du vergessen hast, daß wir damals nur aufgrund deiner Fürsprache die polnische Staatsbürgerschaft erhielten und auch nur aufgrund deiner Verbindungen sehr milde bei der Parzellierung davonkamen.«

»Aber ich würde euch wieder helfen, das weißt du doch, mein Junge!«

»Natürlich, nur fürchte ich, du wirst uns diesmal sehr viel weniger helfen können. Hast du mir nicht selbst gesagt, daß man dir deine verwandtschaftliche Bindung mit uns nachträgt und dir schon ein paarmal unterstellt hat, nicht patriotisch genug zu sein? Und hast du dich nicht öfter dahingehend geäußert, daß du Sorgen hättest, man könnte Koyja auch im Rahmen der Bodenreform mit heranziehen? Du kannst uns nicht mehr helfen; vielleicht hast du bald selbst Hilfe nötig, denn auch der polnische Großgrundbesitzer ist in diesem Land nicht sehr beliebt.«

»Ach Gottfried, du hast ja in allem vollkommen recht. Ich mache mir wirklich Sorgen um Koyja. Das Gut ist nicht wirtschaftlich. Du hast dich ja selbst davon überzeugt, wie schlecht es um Koyja bestellt ist. Glaubst du, ich sollte verkaufen? Meine Söhne hat mir der Krieg genommen, und euch wäre vielleicht mit Geld gedient. Ein paarmal habe ich schon mit dem Gedanken gespielt. Ich würde bestimmt mehr herausschlagen als bei einer

Enteignung, sollte sie einmal kommen, die gesetzmäßig zu zahlende Entschädigung ausmachen würde.«

»Landbesitz, der seit Generationen in derselben Familie ist, kann man nicht freiwillig aufgeben; das hast du uns einmal gesagt, als wir nach dem Krieg entscheiden mußten, ob wir hierbleiben sollten für den Preis, Polen zu werden.«

Gottfried legte seinem Schwiegervater die Hand auf die Schulter. »Was auch immer kommen mag, du wirst Koyja genauso wie ich Senjin niemals aufgeben können. Dieses Land ist nicht allein unser persönliches Eigentum. Es gehört unseren Vorfahren ebenso wie unseren Nachkommen. Nicht nur Fleiß, auch Beständigkeit und Pflichtgefühl der Familie gegenüber haben uns groß werden lassen. Wir werden auch mit den kommenden Schwierigkeiten fertig werden.«

Im Haus erklang der Gong, der zum Mittagessen rief.

»Ich glaube«, sagte Gottfried, bevor er sich erhob, um zu Tisch zu gehen, »wir sollten Anna nicht zu sehr mit unseren Gedanken beunruhigen. Gerade weil sie in ihrem Herzen eine sehr nationalbewußte und stolze Polin ist, leidet sie besonders unter den wenig anständigen Methoden ihrer Landsleute gegenüber uns Deutschen. Denk nur, aus Opposition gegenüber den Diskriminierungen will Anna unsere kleine Katherina nun doch nicht auf ein polnisches, sondern auf ein deutsches Lyzeum schicken. Ich freue mich natürlich sehr darüber, auch wenn ich das Kind dann nur noch in den Schulferien sehen kann. Viel Auswahl an deutschen Schulen haben wir leider nicht. In ganz Polen sind uns jetzt nur noch zwölf Gymnasien und Lyzeen geblieben. Natürlich alle privat. Mit den Volksschulen ist es genauso traurig bestellt. Wir haben in der Nachbarschaft eine Familie Wehrling. Der Mann hat Fischzuchten hinter Kolnitz. Es sind einfache, respektable Leute. Standen immer ein bißchen abseits. Die Frau ist Jüdin, na, du weißt ja, wie die Leute sind. Heute ist Frau Wehrling die Rettung für viele deutsche Kinder auf abgelegenen Bauernhöfen. Sie hat sich als Wanderlehrerin ausbilden lassen und trägt nun zu jedem deutschen Gehöft Fibel und Lesebuch. Sie weist die Erwachsenen an, wie die Kinder zu unterrichten sind. Selbst die Kinder zu unterrichten, ist nach einer Verordnung den Wanderlehrern bei Strafe verboten. Neuerdings hat Frau Wehrling sogar Anna als Helferin eingespannt. Du glaubst gar nicht, mit wieviel Freude und Opferbereitschaft beide sich bei Wind und Wetter auf den Weg machen, um mitzuhelfen, daß wenigstens unsere Jüngsten anständig Deutsch schreiben und lesen lernen. Ich staune immer wieder, was diese Zeit aus unseren Frauen gemacht hat, mit welcher Begeisterung und Selbstverständlichkeit sie zupacken, wo Not am Mann ist.«

Die beiden Herren hatten den Rest ihrer Zigarre im Aschenbecher ausgehen lassen. Herr von Borrodin half Gottfried, damit er leichter aus dem tiefen Ledersessel aufstehen konnte.

Cora hatte schon seit längerer Zeit ihren Wohnsitz vom Gut in die Villa der Zuckerfabrik verlegt. Ganz allmählich hatte sich eine derartige, übertrieben auffällige Zuneigung zwischen ihr und Swenna gebildet. Anfänglich hatte Cora jeglichen Freundschaftsversuch Swennas unerwidert gelassen. Sie konnte ihr die Heirat mit Robert, den sie selbst zum Mann haben wollte, nicht verzeihen. Doch die Erkenntnis, wie wenig Robert Swenna bedeutete, und die billige Genugtuung, daß er unglücklich war und litt, beruhigte nicht nur ihre Eifersucht, sondern tat ihr gut. Schon dafür begann Cora, Swenna zu lieben.

Die beiden Frauen wurden ein eigenartiges, unzertrennliches Paar. Waren es nun die großzügigen Geschenke, die Swenna Cora machte, oder die Freude an den gemeinschaftlichen Reisen oder etwas anderes, was die beiden Frauen miteinander verband? Gerüchte und Vermutungen wurden geflüstert, doch niemand wußte, wie das Verhältnis zwischen Swenna und Cora wirklich war. Robert schwieg. Seine Fröhlichkeit war seit seiner Heirat mehr und mehr verschwunden. Er war ernst und still geworden. Aber er verfiel deshalb keineswegs in eine Melancholie. Für ihn gab es andere Wichtigkeiten als eine mißglückte Ehe: Erfolg in der Arbeit, die Familie in Senjin und vor allem seine politischen Interessen.

Seitdem Robert 1936 anläßlich der Olympischen Spiele in Berlin gewesen war, hatte er sein Herz für den Nationalsozialismus entdeckt. Zum ersten Mal seit 1918 hatte er ohne große Schwierigkeiten eine Ausreisegenehmigung nach Deutschland erhalten. Er war überwältigt von dem Deutschland, in das er fuhr. Es waren nicht nur der Glanz der Reichshauptstadt, nicht nur die Eindrücke bei den feierlichen Wettkämpfen der Nationen im Olympiastadion. Es war die Faszination, die von dem ganzen deutschen Volk ausging, von der Zucht, der Ordnung, der strahlend gesunden Jugend, von der ehrlichen Begeisterung, mit der das ganze deutsche Volk seinem Führer zujubelte. Und sprachen die Tatsachen nicht für sich? Was hatte dieser nationalsozialistische Staat für sein Volk getan! Es gab Arbeit. Es gab Brot. Es gab ein lebenswertes Leben für jedermann. Das sah man doch; besser war es kaum zu demonstrieren nach einem verlorenen Krieg, nach einem Diktat von Versailles. Und das Ausland, war es nicht voller Bewunderung? Respektierte und anerkannte es nicht die Leistungen des nationalsozialistischen Deutschland? War es nicht bemüht um Freundschaft, um Partnerschaft?

All diese Eindrücke, dazu das gläubige Vertrauen des Auslandsdeutschen zu seinem Mutterland, hatten Robert in einen Rausch versetzt. Er, der sonst nüchterne, skeptische und klar denkende Kaufmann wurde mitgerissen von der Leistung, der Idee und der Persönlichkeit des Führers.

Anna kannte ihren Robert kaum wieder. Sie war ein wenig amüsiert und auch ein wenig befremdet von der überschwenglichen Art, in der er von Deutschland erzählte. War das nicht alles etwas übertrieben? Wie kam es nur, daß Robert wie ein Backfisch schwärmte? Natürlich wußte Anna wie jeder Interessierte in Polen aus Presse und Radio von der wirtschaftlichen und politischen Entwicklung in Deutschland, aber Deutschland war weit, und dazwischen lag eine Grenze. Es war für Anna nicht ganz leicht, von ihrem alltäglichen, ländlichen Leben aus genügend Verständnis für Roberts fanatische Hitler-Begeisterung aufzubringen. Außerdem war sie Polin.

So gab es immer wieder manch hartes Streitgespräch zwischen Robert und ihr, und es gab auch wieder einmal nach einem besonders heftigen Streit eine spontane und leidenschaftliche Versöhnung, die ihnen beiden erschreckend deutlich machte, daß sie in all den vergangenen Jahren trotz ihres guten Willens ihr Verlangen nacheinander nicht hatten besiegen können.

Mitte des Jahres 1937, fast ein Jahr nachdem Paula, die fleißige Küchenmamsell, im Spital von Krottoschin gestorben war, schloß auch der treue Diener Franz seine Augen. Er hatte schon das ganze letzte Jahr ge-

kränkelt. Die Beine wollten nicht mehr, die Augen
waren trübe geworden. Er wußte, daß er bald sterben
würde, aber er war nicht traurig darüber. Er hatte lange
gelebt, viel zu lange, wie er sagte, und er war zufrieden
mit seinem Leben. In Ruhe hatte er in den letzten Wochen von den Menschen, die ihn umgaben, Abschied
genommen. Er hatte ein arbeitsreiches und erfülltes
Leben gehabt. Jetzt wollte er nur noch Ruhe. Er starb
in Frieden. Sein Tod war für die Zurückbleibenden wie
eine schmerzende Wunde. Obwohl die Familie schon
seit Wochen darauf vorbereitet war, bewegte die endgültige Tatsache sie alle doch mehr, als sie erwartet hatten. Ein ganzes Leben hatte Franz mit ihnen geteilt. Er
gehörte mit hinein in all ihre Erinnerungen. So schnell,
so erbarmungslos schnell waren sie verflogen die
Jahre, die glücklichen Stunden. Wieviel Zeit würde
noch bleiben? Wieviel Glück, wieviel Leid würde übrig-
bleiben für einen jeden von ihnen?
Zunächst einmal gab es ein kleines Fest: Katherina
Charlotte feierte ihren zehnten Geburtstag. Zu diesem
Anlaß hatte sie ihre ganze Schulklasse zum Wochenende einladen dürfen. Es gab Eis, herrliche Butterkrem-
torte, und zu allem Überfluß gab es auch Tränen, weil
das wunderhübsche, neue Musselinkleid mit brauner
Schokoladensoße übergossen wurde. Aber die größte
Sensation bildete Sascha, der extra aus Warschau her-
übergekommen war und ein Fahrrad mitbrachte. Es
mußte ihn ein Vermögen gekostet haben. Anna war
gerührt über die Liebe, die der Stiefbruder Katherina
entgegenbrachte. Wie verlegen und glücklich strahlte er,
als er die Freude sah, die er bereitete! Er war so ein
guter Sohn! So liebevoll und anhänglich!
Ein wenig schmerzlich dachte Anna an Michael. Er war
auch ein guter Sohn, aber so anders. Wie lange hatte

sie ihn nicht gesehen! Daran war natürlich die Grenze schuld, aber er schrieb auch selten, schien ihrer kaum noch zu bedürfen. Anna tröstete sich damit, daß das wohl immer so sei, wenn ein Sohn verheiratet, glücklich und mit seinem Leben zufrieden sei, und das war Michael; aber schreiben könnte er trotzdem öfter, dachte sie. Ihr Verständnis schloß ihre Sehnsucht nach ihm nicht aus.

Am Ende des Jahres ereigneten sich weniger erfreuliche Tatsachen: Das von allen gefürchtete, erweiterte Grenzzonengesetz war in Kraft getreten. Mit unbarmherziger Härte walteten die polnischen Beamten ihres Amtes. Immer häufiger hörte man von Zwangsverkäufen und Verboten, Erbschaften anzutreten.

Obwohl die Minderheiten in Polen noch immer im Interesse höherer politischer Ziele von der deutschen Regierung ignoriert wurden, wuchs die Faszination Hitlers bei den Volksdeutschen mit seinem Machtzuwachs. Auch der Eindruck der völkischen Idee, wie ihn der Nationalsozialismus propagierte, machte sich bemerkbar.

Nachdem das Rheinland besetzt war, Österreich und die Tschechoslowakei dem deutschen Reich eingegliedert, Polen von der deutschen Macht im Norden wie im Süden umfaßt waren und Hitler am 28. April 1939 den deutsch-polnischen Pakt kündigte, war die trügerische deutsch-polnische Freundschaft endgültig zu Ende. Von Stund an wurden die Deutschen in steigendem Maße offen verfolgt. Bislang hatte die Familie Herrlitz ebenso wie viele Volksdeutsche es als selbstverständliche Pflicht angesehen, sich Polen gegenüber möglichst loyal zu verhalten. Jetzt schien ihnen das kaum noch möglich. Ihre Mitarbeit in deutschen Vereinen und Verbänden hatte bisher der allgemeinen Hilfe gegolten. Unter dem Druck, mit dem das nationalsozialistische

Deutschland an den Patriotismus seiner Landsleute appellierte, übernahmen sie politische Informationsarbeiten und Vorbereitungen, durch deren Hilfe Kampfhandlungen gegen Polen erleichtert werden sollten. In Erinnerung an das alte Kaiserreich glaubten sie, sich und ihrem deutschen Vaterland durch ihren Einsatz zu neuer Freiheit, neuer Ehre und neuem Ansehen zu verhelfen.

Gleich bei Tagesanbruch war Anna fortgeritten, um zum Frühstück wieder daheim zu sein. Ihr Ziel war das Dörfchen Suwac. Sie wollte sehen, ob die Dackelhündin des Försters Grdurski schon ihre Jungen geworfen hatte. Der Förster hatte ihr eines versprochen.

Die Luft war noch frisch, der Sandweg eben und trocken. Nur an den Gräsern am Wiesenrand glitzerten einzelne Tautropfen, und fein beperlte Spinnengewebe hingen zwischen niedrigem Gesträuch. Fern in der Mulde drüben beim Moor, wo das Kräuterweibchen für die Leute im Dorf den Aberglauben herholte, stiegen blaßgraue Nebelstreifen empor.

Schon eine ganze Weile beobachtete Anna einen Mäusebussard, der sie kreisend begleitete. Sonst war kein Tier oder Mensch ringsum zu sehen. Einsam und endlos dehnte sich die Landschaft unter den ersten Strahlen der wärmenden Maisonne. Anna war glücklich. Sie liebte dieses Land, seine Weite, seine leicht welligen Hügel, die sich im Wind wiegende, saftige, grünende Saat. In der Ferne erkannte sie eine Gruppe hochgewachsener, grüner Bäume. Dorthin wollte sie. Eingebettet zwischen Buchen und Eichen lag das Forsthaus vor dem Dorf.

Ein ganzes Stück war das Pferd im Schritt gegangen. Jetzt ließ sie es traben.

Die ersten klappernden Bauernfahrzeuge kamen ihr entgegen. Freundlich wurde Anna gegrüßt, und sie grüßte ebenso freundlich zurück.

Die fleißigen Leute, dachte sie. Welch ein Friede! Welch eine Beständigkeit drückt dieses alles hier aus! Tief atmend sog sie die würzige Luft des Morgens in sich hinein.

In Senjin traf an diesem friedlichen Morgen die Benachrichtigung von der bevorstehenden Liquidation des Gutes ein. Wie in den meisten Fällen war mit der Aufforderung die Erlaubnis verbunden, den Besitz in einer Frist von längstens einem Vierteljahr freiwillig zu verkaufen. Doch gleichzeitig wurde unter Strafandrohung die Einhaltung einer ganzen Liste von Verkaufsbedingungen mitgeteilt.

Was sollte man tun? Gottfried benachrichtigte sofort seinen Schwiegervater und seinen Bruder, um sich mit ihnen zu beraten. Doch bevor Herr von Borrodin oder Robert in Senjin eintrafen, waren schon die ersten Agenten auf dem Hof. Dreist gingen sie durch die Scheunen und Ställe. Gottfried ließ sie vom Hof verweisen, aber schon waren andere da, standen in seinem Büro.

So ging es den ganzen Tag. Sie waren alle gleich: Schmierig und grinsend offerierten sie ihm ein schändliches Angebot. Zwei von ihnen machten sogar kein Hehl daraus, daß sie wüßten, wie stark der wahre Wert unterboten sei, betonten aber, daß Gottfried im Falle einer Ablehnung ohne Zweifel mit einem noch geringeren Preis einverstanden sein müsse. Am Abend kam Robert. Er tat allen wohl mit seiner Frische, seiner Zuversicht.

»Was kann uns schon groß passieren?« sagte er. »Es riecht doch förmlich nach Krieg. In ein paar Monaten sind die deutschen Soldaten hier. Bis dahin heißt es durchhalten und nicht die Nerven verlieren. Was man jetzt liquidieren will, ist morgen wieder deutsch.«

»Ach Robert!« Anna war dem Weinen nah. »Wie kannst du das Wort ›Krieg‹ nur so leichthin aussprechen? Hast du denn vergessen, wieviel Elend, wieviel Tod, wieviel Leid damit verbunden ist? Sieh dir doch deinen Bruder an! Kannst du das vergessen? Krieg, das bedeutet auch, daß Michael gegen Sascha kämpfen wird. Bruder gegen Bruder. Hast du auch daran gedacht? Und was soll aus Polen werden, wenn die deutschen Truppen hier sind? Wird man es wieder einmal aufteilen?«

»Mein Gott, Anna! Man kann dich prügeln, und du bist immer noch nationalstolz.«

»Laß Anna in Ruhe!« sagte jetzt Gottfried. »Ich kann sie verstehen; so einfach ist das nicht, wenn man zwischen zwei Stühlen sitzt. Krieg ist etwas, was man nie herbeisehnen sollte. Haben wir nicht selbst Angst davor, daß dadurch immer mehr zerbricht? Woher wissen wir denn, ob sich das Leben noch lohnt mit zerbrochenen Scherben?«

»Wir können alle nicht in die Zukunft sehen«, mischte sich Herr von Borrodin ins Gespräch. »Bleiben wir in der Gegenwart. Der Krieg hat im Grunde für alle bereits begonnen. Angesichts der Ohnmacht Polens gegenüber der deutschen Überlegenheit bedeutet das, daß sich der ganze polnische Nationalhaß auf Deutsche, Juden und alle Minderheiten in diesem Land stürzen wird. Unlängst hörte ich schon von Überfällen, von Verhaftungen und Deportationen. Das ist der Anfang. Was wird noch kommen, bei einem Volk, das um sein Leben kämpfen muß? Ich bin Pole. Ich sitze wie Anna zwischen zwei Stühlen, sehe Berechtigtes und Unberechtigtes, fühle mich wie ein trauriger Statist, dem die Hände gebunden sind. Was kann ich tun, was kann ich raten? Robert hat recht, lieber Gottfried. Das einzige, was euch jetzt zu tun bleibt, ist Ruhe und Nerven bewahren. Noch ist nichts Endgültiges geschehen. Eine Verhaftung wäre schlimmer.«

Gottfried bemühte sich, die Unsicherheit über das bevorstehende Schicksal seines Gutes nicht auf die Bewirtschaftung zu übertragen. Vernachlässigte Investierungen, Renovierungen oder Ergänzungen des Inventars würden nur den tatsächlichen Wert des Gutes herabdrücken. Denn die wohl erwogene Absicht der Liquidationskommission war, den Taxwert, der in Abständen festgesetzt wurde, immer geringer werden zu lassen.

In ein paar Tagen wurde Katherina erwartet. Wie immer hatte man ihr erlaubt, für die Zeit der Schulferien eine Freundin mitzubringen. Anna kümmerte sich mit dem Stubenmädchen um die Zimmervorbereitungen. Im Hof wurde gelärmt und gepoltert. Fremde Geräusche drangen zu den Frauen herauf.

Anna sah aus dem Fenster. Ein Lastwagen, Gepäck, eine Frau, Kinder, ein kleiner, untersetzter Mann, Befehle austeilend, und dazwischen Gottfried, ganz verloren dastehend mit seiner Krücke unter dem Arm. Irgend etwas stimmt da nicht, dachte Anna. Sie rannte die Treppe hinunter.

»Was ist los?« rief sie schon von weitem.

Gottfried deutete auf den breitbeinig dastehenden Mann. »Herr Danielczyk«, sagte er, »unser Zwangsverwalter und seine Leute.«

Oh, mein Gott, dachte Anna. Soweit ist es also gekommen. Ein Zwangsverwalter!

Herr Danielczyk hatte Anna herbeieilen sehen, aber

er machte nicht sogleich Anstalten, sie zu begrüßen. Bewußt gab er noch ein paar unwichtige Anweisungen an unwichtige Leute. Seine Frau, dicklich, das runde Bauerngesicht von einem schwarzen Kopftuch bedeckt, stand mit sechs sich ängstlich an ihren Rock klammernden Kindern abseits.

Ein unangenehmer Mann, registrierte Anna, als Herr Danielczyk ihr endlich übertrieben liebenswürdig die Hand reichte.

»Ich bedaure unendlich«, spottete er mit einem zynischen Lächeln auf den Lippen.

»Ich auch«, erwiderte Anna. Wie Blitze trafen sich für Sekunden ihre Augen.

Herr Danielczyk hatte jetzt jede Liebenswürdigkeit abgestreift und gab Anna unmißverständlich zu verstehen, daß er das Herrenhaus für sich und seine Familie beanspruche und sogleich einzuziehen gedenke, daß Anna das Personal für die neue Herrin zusammenrufen solle und daß er um vierzehn Uhr zu speisen wünsche.

Anna war überzeugt davon, daß seine dreisten Ansinnen jeder rechtlichen Grundlage entbehrten. Darum stellte sie sich genauso breitbeinig dem Zwangsverwalter gegenüber und sagte mit der gleichen Härte:

»Das alles werde ich nicht tun! Ich bin nicht Ihre Magd. Noch ist alles, was Sie hier sehen, unser Eigentum. Gegen eine zwangsweise Einquartierung können wir uns nicht wehren. Aber wir sind nicht bereit, unsere Sachen zu packen und das Haus zu räumen. Wir sind auch nicht bereit, Ihnen unser Hauspersonal zur Verfügung zu stellen. Es steht in unserem persönlichen Dienst und wird von uns und nicht von Ihnen bezahlt. Sollten Sie Personal benötigen, dann müssen Sie es sich selbst besorgen. Auch die Zeit Ihrer Mahlzeiten kann nur für Ihre Frau von Interesse sein. Sie überschreiten Ihre Kompetenz. Sie befinden sich hier gegen unseren Willen nur als Verwalter, nicht als Herr, merken Sie sich das!«

Gottfried war sprachlos dem Redefluß seiner Frau gefolgt. Was für eine Frau! dachte er. So viel Mut und Kampfgeist hatte er seiner zarten, sanften Anna nicht zugetraut. Er selbst hatte vor Schreck kaum etwas über die Lippen gebracht, seitdem das Unheil in Form von Herrn Danielczyk über ihn hereingebrochen war. Vielleicht wäre auch Anna nicht ganz so forsch und mutig gewesen, hätte sie nicht an dem unverschämten, überheblichen Gebaren des Zwangsverwalters erkennen können, daß dieser glaubte, aufgrund Gottfrieds körperlicher Unzulänglichkeit ein leichtes Spiel zu haben. Mit nichts sonst hätte er Annas Zorn und Widerstand so stark herausfordern können.

»Er ist feige und dumm. Er ist nichts anderes als ein schlecht erzogener Hund, der die Peitsche verdient«, sagte Anna voll Zorn zu Gottfried, der mit ihr ins Haus zurückging.

»Ich fürchte nur, deine Tapferkeit wird uns nichts nützen«, erwiderte ihr Mann. Aber darin irrte er sich.

Natürlich konnte Anna es nicht verhindern, daß der neue Zwangsverwalter mit seiner Familie einen Teil des Herrenhauses bezog, aber sie hatte wenigstens erreicht, daß er sie nicht sogleich vor die Tür setzte.

Mit der Zeit jedoch wurde das Leben unter den veränderten Verhältnissen immer unerträglicher. Gottfried hatte auf seinem eigenen Grund und Boden nichts mehr zu sagen. Der Zwangsverwalter hatte das Recht, nach Gutdünken über die gesamte Gutswirtschaft zu verfügen. Sämtliches Privateigentum der Familie wurde von ihm als sein eigenes angesehen. Er wurde immer dickfelliger, immer anmaßender. Es gab nichts, was Anna und Gottfried dagegen hätten unternehmen können. Im Hintergrund standen die bewaffneten Gendarmen.

»Er weiß genau«, sagte Anna zu ihrem Mann, »daß wir die seelische Tortur nicht mehr lange aushalten können. Unsere Leute haben Angst, uns zu helfen. Kein Huhn dürfen wir ohne Erlaubnis schlachten. Unsere eigenen Lebensmittel, selbst Milch und Eier, sollen wir kaufen. Du quälst dich, wenn du siehst, wie hier gewirtschaftet wird. Ich glaube, wir sollten nach Koyja übersiedeln. Vater hat es uns immer wieder angeboten.«

»Nein, Anna. Seit 1667 leben die Herrlitz' in Senjin. Ich gehe nicht freiwillig von diesem Grund und Boden. Sie haben kein Recht, mich davonzujagen. Aber du und Katherina, ihr solltet gehen. Wir wissen nicht, was noch geschieht, wenn der Krieg losbricht. Hier seid ihr völlig schutzlos.«

»Und du?« fragte Anna.

»Ich bin ein Krüppel, vollkommen wehrlos und uninteressant. Mir wird gewiß niemand etwas tun.« Gottfried stöhnte und stieß mit dem Stock auf den Boden. »Wenn ich nur meine Beine noch hätte, ich würde sie alle zusammenschlagen.«

Anna schmerzte dieser verzweifelte Blick in seinen Augen. Sie war ganz dicht zu ihm getreten, legte den Arm um ihn, küßte ihn und schmiegte sich an ihn. »Bitte, Gottfried, reg dich nicht auf! Denk daran, was Robert gesagt hat. Vielleicht ist dieser Zustand nicht mehr von langer Dauer. Wir werden Katherina nach Koyja schicken. Vater wird sie beschützen. Ich bleibe bei dir.«

»Ach Anna, ist es nicht schrecklich, daß man sagen muß, uns kann jetzt nur noch der Krieg retten? Was ist nur mit den Menschen geschehen, daß sie sich alle so hassen?«

Anna strich Gottfried liebevoll über den Kopf. »Das tun sie ja gar nicht. Das sind immer nur einige wenige. Ich bitte dich, Gottfried, laß dich in deinem Gerechtigkeitsempfinden nicht von diesen wenigen und durch das, was wir jetzt erleben, gegen die vielen Unschuldigen aufwiegeln! Es wird wieder Krieg geben, und es wird wieder ein Leben nach dem Krieg geben. Wir werden immer alle miteinander leben müssen, Polen und Deutsche, aber unser Leben wird nicht eher lebenswert sein, bis wir nicht unseren Haß begraben haben.«

»Meine liebe, gute Annuschka.« Gottfried drückte sie an sich. »Immer willst du verzeihen, immer willst du lieben.«

Anna war sich nicht klar darüber, ob sie Gottfrieds Worte als Zustimmung oder als Zurückhaltung ansehen sollte. Herr Danielczyk, der ohne anzuklopfen eintrat, enthob sie einer Frage.

Wochen später, nachdem Katherina, froh darüber, vorerst die Schule nicht besuchen zu brauchen, bei ihrem Großvater in Koyja eingetroffen war, wurde Gottfried die Liquidationsakte mit einer dazugehörigen Abrechnung vorgelegt. Man verlangte von ihm, daß er für die Einkommensteuer des ganzen noch laufenden Jahres aufkommen sollte sowie für angeblich erhebliche Verluste, die während der kurzen Zeit der Wirtschaft des Zwangsverwalters aufgetreten seien. Somit blieb von der zu zahlenden Liquidationstaxe kaum ein Bruchteil des ohnehin lächerlich gering geschätzten Besitzes.

Dieses alles hätte Gottfried und Anna sicher sehr erregt, wäre nicht am darauffolgenden Tage etwas viel Erschreckenderes auf sie zukommen: Gottfried wurde verhaftet.

Anna, die seit den frühen Morgenstunden dabei war,

Koffer zu packen, erfuhr es erst, als man Gottfried bereits, wenig Rücksicht auf seine Prothesen nehmend, in ein Auto verfrachtet hatte. Nur durch die Glasscheibe blieb ihr ein letzter Blick, eine verzweifelte Gebärde. Ihr Schrei, ihre Worte verhallten in dem Geräusch des abfahrenden Autos. Ihr war, als höre sie in dem Dröhnen des Motors noch lange die Worte: Flieh, flieh, flieh.

Anna stand wie angewurzelt. Alles war so plötzlich gekommen. Ihr war, als hätte sie das eben nicht erlebt. Es konnte ja auch gar nicht möglich sein. Die Aufregungen der letzten Zeit hatten sie verwirrt. Ihre Phantasie spielte ihr einen Streich. Sie blickte sich um. Mehrere neugierige Gesichter sahen sie an. An einem der oberen Fenster stand das kleine, schwarzgelockte Hausmädchen Maria. Anna hatte begriffen. Es war keine Fata Morgana. Es war wirklich geschehen. Sie hatten Gottfried geholt, ihren lieben Gottfried, der doch niemandem etwas zuleide getan hatte, der doch ein Krüppel war, der sich nicht wehren und davonlaufen konnte! Ihn hatten sie einfach verhaftet!

Anna sah wieder in die erschreckten, verängstigt blickenden Gesichter der Leute. Fieberhaft gingen ihre Gedanken im Kopf herum. Was kann ich nur tun, dachte sie. Es muß doch ein Irrtum sein.

»Hat jemand von euch gehört«, fragte sie jetzt laut, »warum der Herr verhaftet worden ist?«

»Ich weiß nicht«, antwortete schüchtern ein Pferdeknecht und drehte dabei verlegen seine Mütze. »Ich war ja im Stall, als die Gendarmen kamen. Der gnädige Herr war gleich neben mir in der Box bei der tragenden Stute, da hab' ich gehört, wie sie was gesagt haben von Volkstumsorganisationen und staatsfeindlicher Tätigkeit. Ich habe auch gesehen, wie sie dem Herrn den roten Haftbefehl gezeigt haben.«

Anna wurde noch eine Schattierung blasser, als sie schon war. Sie wußte, was ein roter Haftbefehl bedeutete. Er wurde bei der Festnahme von besonders stark belasteten Personen verwandt. Es gab auch noch rosa Haftbefehle für weniger stark belastete Personen. Und seit kurzem wußte sie noch von gelben Evakuierungsbefehlen. Diese wurden für Personen ausgestellt, deren politische Einstellung dem Staat undurchsichtig erschien und die man aus diesem Grund sicherheitshalber für eine bestimmte Zeit unter Polizeiaufsicht in einen Ort einer ostpolnischen Provinz abschob.

»Weißt du ganz genau«, fragte Anna den Stallknecht noch einmal, »daß der Haftbefehl rot war?«

Der Mann drehte noch immer an seiner Mütze. Er sah Anna ergeben an. »Ja«, sagte er, »ich weiß es genau. Ich habe auch noch gesehen, daß die Gendarmen einen anderen Haftbefehl hatten. Der war auch rot, und der Gendarm sagte, der sei für den Bruder des gnädigen Herrn. Ich habe ganz still an der Futterkrippe gestanden, und dann bin ich ihnen nachgegangen, wie sie den gnädigen Herrn hinausgeführt haben.«

»O Gott!« stöhnte Anna. Sie legte dem Mann ihre Hand auf die Schulter. »Ich brauche sofort ein Pferd, ganz gleich, welches, nur schnell.«

Es vergingen keine fünf Minuten, da war Anna schon aus dem Blickfeld des Getreuen verschwunden.

Ich muß Robert warnen, dachte sie, während sie davonritt. Wie kann ich nur vor den Gendarmen in der Fabrik sein? Ich schaffe es nicht. Ein Sprung über den niedrigen Knick. Zur Mühle, ging es ihr durch den Kopf, dort ist ein Telefon, von dem ich – ohne daß jemand mithört – sprechen kann. Das ist die einzige Rettung.

Die kurze Zeit, die verging, bis sie die Verbindung mit der Zuckerfabrik erhielt, erschien ihr endlos. Eine weibliche Stimme meldete sich. Anna bat, Robert zu sprechen. Noch eine Stimme, wieder verging kostbare Zeit. Jetzt endlich war Robert am Apparat. Annas Worte überschlugen sich.

»Gottfried ist verhaftet worden. Man ist auf dem Weg zu dir. Anklage« wegen staatsfeindlicher Tätigkeit.«

Für einen Augenblick hörte man nur das tiefe Atmen von Robert. Dann seine Stimme: »Wende dich an Professor Melanowski. Er hat Verbindungen. Er weiß, daß die Anklage nur auf mich zutreffen kann. Danke, Anna!« Ein Klicken in der Leitung.

»Viel Glück«, sagte Anna, als sie den Hörer zurück in die Gabel legte. Professor Melanowski, ging es ihr durch den Kopf. Robert hatte recht. Der Professor hatte Verbindungen. Er hatte schon manchen einflußreichen Mann operiert.

Sie wählte das Amt und ließ sich mit der Posener Klinik verbinden. Sie mußte warten. Lange, viel zu lange, so erschien es ihr. Als die Verbindung endlich hergestellt war, erzählte Anna in abgehackten, kurzen Sätzen, als ginge es immer noch um Sekunden, was geschehen war.

»Ich kenne Ihren Mann bald so gut wie mich selbst«, sagte Professor Melanowski in seiner Beruhigung ausstrahlenden Art. »Sie können sich auf mich verlassen. Ich werde alles in meiner Macht Stehende für ihn tun. Sie hören von mir.«

Wieder ein Klicken. Die Verbindung war abgebrochen.

Vollkommen erschöpft verließ Anna die Mühle. Sollte sie zurückreiten zum Gut? Was sollte sie da, jetzt, wo Gottfried fort war? Ihre Sachen holen? Wie unwichtig. Jeden Augenblick konnte es Krieg geben. Sie ritt nach Norden. Nach Koyja, zu ihrem Vater, zu Katherina. Ob

215

Robert wohl schon auf der Flucht war? fragte sie sich. Ob Professor Melanowski noch etwas für Gottfried tun könnte? Sie ritt und ritt. Der Weg war weit. Sie dachte an die letzten Jahre, die sie so glücklich mit ihrem Mann gelebt hatte. Sie hatte Angst, daß es auf einmal vorbei sein könnte. Wie viele Fehler hatte sie in ihrer Ehe gemacht!? Wie selten hatte sie ihm gesagt, daß sie ihn liebhabe? Warum gab es noch so vieles, was sie ihm gerne gesagt hätte?

Anna dachte auch an Robert, aber er streifte nur ihre Gedanken. Er würde Glück haben. Er würde durchkommen, das glaubte sie ganz sicher. Er war der Begünstigtere. Er würde immer Glück haben. Aber Gottfried! Immer wieder waren ihre Gedanken bei ihm. Wo mochte er jetzt sein? Was würden sie mit ihm machen? Würden sie ihm glauben, wenn er sich verteidigte? Würden sie gerecht sein? Würde man überhaupt noch gerecht sein wollen?

Sie war dem Weinen nah, sie war verzweifelt in ihrer Ohnmacht, nicht helfen zu können.

Es war schon dunkel. Sie war den ganzen Tag geritten. Vollkommen erschöpft glitt sie in Koyja aus dem Sattel in die Arme ihres Vaters.

Zur gleichen Zeit befand sich Gottfried – hungrig, mit Schmerzen in den Beinstümpfen und wenig Hoffnung für sein Leben – auf einem Eisenbahntransport mit unbekanntem Ziel. Die Namen der mitfahrenden Häftlinge hatten sich schnell herumgesprochen. Manche von ihnen waren Gottfried persönlich bekannt. Es waren Frauen, Kranke und Gehbehinderte wie Gottfried darunter. Die meisten hatten ihre Angehörigen ohne Abschied verlassen müssen und machten sich nun Sorgen um deren Schicksal. Was würde aus denen werden, die versuchten, über die polnische Grenze zu fliehen? Seit einigen Monaten gab es auf deutscher Seite Flüchtlingslager. Würden sie wohlbehalten dort ankommen?

Gottfried dachte an Robert. Ob man ihn rechtzeitig hatte warnen können? Swenna, Roberts Frau, war zur Zeit mit Cora in Holland. Sie wußte es nicht einmal, in welcher Gefahr ihr Mann schwebte. Sie hatte sich nie für Geschehnisse in diesem Land interessiert, ebenso wie sie sich nie für Roberts Leben interessiert hatte. Swenna war immer für alle wie eine Fremde geblieben.

Wie wenig Glück hat Robert im Leben gehabt, dachte Gottfried. Gewiß, er hat mehr von der Welt gesehen als ich, und er hatte auch immer Erfolg im Beruf. Aber kann das die Liebe ersetzen? Robert hat sie nie richtig kennengelernt, so wie ich und Anna. Was bedeuten da schon alle anderen Kümmernisse gegenüber dieser großen, tiefen inneren Bindung. Mein ganzes körperliches Leiden ist aufgewogen gegen das Glück dieser starken, unbeschreiblich schönen Liebe. Armer Robert, dieses Glück hat er nie erlebt. Wenn ich jetzt sterben muß, dachte Gottfried, dann muß ich daran denken, daß ich alles im Leben bekommen habe, was das Leben lebenswert macht. Es war vollkommen. Nur der Gedanke, Anna allein lassen zu müssen, schmerzt.

Gottfried schloß die Augen. Er sah seinen Vater, den alten Diener Franz, die Kinder, das Gutshaus von Senjin, Felder und Wiesen. Bilder aus seiner Kindheit zogen vorüber. Die Jahre vermischten sich. Da war das junge Mädchen Annuschka in Koyja mit den langen, offenen, gewellten Haaren. Er hörte ihr Lachen. Dann war wieder Annas Gesicht vor ihm, wie sie sich über ihn beugte, an seinem Krankenbett im Lazarett. Ernst, verzweifelt und doch so beherrscht! Gottfried hielt die Augen noch immer geschlossen. Ihm war, als spüre er

Anna fast körperlich, als wäre sie ganz dicht bei ihm mit ihrer Wärme, ihrer Liebe, ihrer Innigkeit ...

Monoton ratterten die geschlossenen Eisenbahnwaggons über die Schienen. Gottfried war wieder in der Wirklichkeit. Der Gedanke an Anna, das Bewußtsein, daß sie mit Katherina bei ihrem Vater in Koyja Sicherheit und Schutz finden würde, machte ihn ruhig. Er versuchte, bei dem schwachen Licht, das durch die Ritzen der Holzplanken hereinfiel, die Gesichter der anderen zu erkennen. Sie alle saßen stumm da und hatten einen ganz eigenen Ausdruck. Ihre Augen blickten irgendwohin in eine unbekannte Ferne. Sie leben alle in ihren Erinnerungen, dachte Gottfried, wie ich eben auch, und sie wissen, daß angesichts der drohenden Kriegsgefahr und der leidenschaftlichen Überhitzung des deutsch-polnischen Verhältnisses für sie kaum noch eine Chance besteht, ihre Familien wiederzusehen. Woher sollte jetzt noch Hilfe kommen? Wer von ihren Richtern würde noch Recht und Unrecht unterscheiden können?

Die meisten Häftlinge waren wegen staatsgefährdender Tätigkeit angeklagt, und teilweise bestand diese Anklage sogar zu Recht. Sie glaubten als Deutsche, so handeln zu müssen. Aber wer fragte jetzt noch nach ihren Motiven? Wer war noch bereit, schuldig und unschuldig zu unterscheiden? Jetzt regierte der Haß. Sie alle würden sein Opfer sein. Daß es immer noch Hoffnung gab, erfuhr Gottfried in einem Bromberger Gefängnis, in das man ihn gebracht hatte. Zwar wurde man keinem Richter vorgeführt, es gab auch keine Verhöre, aber es gab doch hin und wieder für einen Unschuldigen einen polnischen Freund, der durch seine Fürsprache dem Gerechtigkeitssinn zum Sieg verhalf und eine Freilassung bewirkte.

Solche Nachrichten sprachen sich schnell von einer

Zelle zur anderen herum und gaben den Inhaftierten neuen Mut. So erfuhr auch Gottfried, daß sich Professor Melanowski für ihn verwandt hatte und er vermutlich bald frei sein würde.

Tatsächlich hatte der Professor sofort alle Hebel in Bewegung gesetzt, um seinem Freund zu helfen. Erschwerend dabei war allerdings die Tatsache, daß man ihm jede Auskunft über den Aufenthalt von Gottfried Herrlitz verweigerte. Doch er gab nicht auf. Er war hartnäckig und ließ all seine Verbindungen spielen. So erhielt er endlich am Abend des 30. August das Versprechen, daß Gottfried Herrlitz wieder auf freien Fuß gesetzt werden sollte.

Doch die Ereignisse überschlugen sich: In den frühen Morgenstunden des 1. September erfolgte der Einmarsch deutscher Truppen in Polen. Zwar hatte Anna noch in der Nacht zuvor telefonisch durch Professor Melanowski von der bevorstehenden Freilassung Gottfrieds erfahren, aber wo Gottfried sich befand, konnte der Professor nicht sagen.

Das Durcheinander, das bei dem plötzlichen, mit enormer Schlagkraft begonnenen Krieg entstand, verhinderte dann jegliche weitere Verbindung, und Anna wurde erneut von Angst ergriffen. Wo war Gottfried? War er schon frei? Was würde geschehen, wenn man ihn noch gefangenhielt? Was würde man mit all den Gefangenen machen? Der Krieg hatte seine eigenen Gesetze. Gottfried war so hilflos. Er konnte nicht einmal versuchen zu fliehen. Er war verloren ohne die Hilfe anderer. Aber wer würde ihn retten? Wenn sie nur bald kommen würden, die Deutschen! Wie schnell konnten Soldaten marschieren? Wie schnell würden sie das Land erobern? Wie lange würde es dauern, bis sie alle Gefangenen befreit hätten?

Anna verfolgte mit ihrem Vater jede Meldung, die über das Radio zu hören war. Nichts sehnte sie jetzt so herbei wie die deutschen Soldaten.

Plötzlich waren sie da. Am vierten Kriegstag in der Früh hörte sie noch halb im Schlaf das Dröhnen von Motoren und laute Kommandos in deutscher Sprache. Noch ganz benommen vom Schlaf stolperte sie zu den Fensterläden, die sie zum Schutz vor Beschuß am Abend zuvor geschlossen hatte. Sie war immer noch nicht ganz wach. Vorsichtig blinzelte sie durch die schmalen Spalten der Fensterläden. Strahlende Sonne lag über dem Hof, der angefüllt war mit deutschen Soldaten! Sie trugen eine graugrüne Uniform. Dazwischen standen Autos und Geschütze. Nichts wirkte furchterregend.

Anna hatte sich den Krieg ganz anders vorgestellt. Kein Beschuß, kein Blut, kein Tod, keine Kampfhandlung hatte man auf Koyja gemerkt. Nur die Knechte waren fort, und das Vieh hatte man nach Osten getrieben.

Schnell zog sie sich etwas über und eilte die Treppe hinunter. Wir sind frei, frei, frei, jubelte ihr Herz, und sie vergaß dabei ganz, daß sie ja eine Polin war. Sie dachte an Gottfried und daß er jetzt vielleicht schon gerettet sei. Vor lauter Glück weinte und lachte sie und umarmte die Soldaten. Frauen und Mädchen brachten Blumen herbei. Man schmückte die Uniformen der Männer, bekränzte die Wagen. Es war ein schönes, erfreuliches Bild. Nichts, gar nichts hatte dieser Anblick gemein mit den bösen Erinnerungen von 1918. Nichts war zu sehen von Grauen, Schmerz, Blut und Tod. Hier blickten ihr strahlende, junge Gesichter entgegen.

Glückliche, wohlerzogene junge Männer. Wie Michael und Sascha, dachte Anna. Es gibt keine Feindschaft mehr. Der Spuk ist vorbei. Jetzt werden sie mir meinen Gottfried wiederbringen.

Sie trat zu ihrem Vater, der mit einem der Offiziere über eine Landkarte gebeugt stand.

»Sehen Sie«, sagte der junge Offizier nun zu Anna gewandt. »Ihr Gut Senjin müßte heute bereits in deutscher Hand sein.« Seine langen, schmalen Finger fuhren über Dörfer und Flüsse der Karte entlang. »Hier stehen bereits unsere Truppen. Wie eine große Zange haben wir von Norden und Süden das Land ergriffen. Die Polen fliehen hinter Warschau zurück. Doch es wird ihnen nichts nützen. Bald werden wir sie alle überrollt haben.«

Anna fröstelte plötzlich. Warschau, Lodsch, Krakau. Das war doch Polen, das war doch ihr Land. Die Namen vieler Städte gingen ihr durch den Kopf. Sollte das auf einmal wieder vorbei sein, was in zwanzig Jahren so mühsam errichtet worden war? Wieder kein Polen mehr? Ein uralter Stolz bäumte sich in ihr auf.

Als hätte Herr von Borrodin ihre Gedanken erraten, drückte er ihre Hand, sah ihr in das erhobene, stolze Gesicht und sagte: »Das ist der Preis für den Frieden der Zukunft.« Anna sah das Zucken um seinen Mund und dachte, auch er leidet um Polen, aber er denkt an das Morgen. Doch glaubt er wirklich an den Frieden der Zukunft? Ihre Gedanken wurden durch neue Kommandos unterbrochen. Genauso plötzlich, wie sie gekommen waren, waren die Soldaten auf einmal wieder verschwunden. Zurück blieben nur die Spuren der schweren Reifenprofile, verlorene Blüten von Astern und Dahlien und ein Gemisch aus Freude und Unsicherheit.

In den nächsten Tagen brachte das Radio eine Sondermeldung nach der anderen über den siegreichen Vormarsch deutscher Truppen in Polen. Von Gottfried gab es immer noch keine Spur, doch Robert hatte sich gemeldet. Er hatte Glück gehabt. Er war noch während seines Versuches, über die Grenze zu fliehen, von den deutschen Truppen überrollt worden. Seine erste Frage galt seinem Bruder. Die telefonische Verständigung war schlecht. Laufend wurde das Gespräch unterbrochen. Die Frage nach Gottfried blieb in der Luft hängen.

Auch als Robert ein paar Tage später in Koyja eintraf, konnte Anna die Frage nach Gottfried immer noch nicht beantworten. Alle Nachforschungen nach ihm waren bislang ergebnislos geblieben, doch einige Hinweise ließen die Vermutung zu, daß er in einem Bromberger Gefängnis gewesen sein konnte.

Robert fuhr sofort nach Bromberg. Eine bedrückende Stimmung beherrschte die erst seit wenigen Tagen in deutscher Hand befindliche Stadt. Die Zivilbevölkerung schien wie vom Erdboden verschwunden. Überall wimmelte es von Militär. Darunter erstaunlich viel schwarze Uniformen. Immer wieder mußte Robert Paßkontrollen über sich ergehen lassen. Er erfuhr von den schweren, blutigen Aufständen in der Stadt, von den zusammengeschossenen Verschlepptentransporten, von den grausamen Morden an wehrlosen Zivilpersonen, die alle das Opfer einer blindwütigen Haßpsychose zurückflutender polnischer Soldaten geworden waren. Er erfuhr auch, wie es begonnen hatte am 3. September. Es war ein Sonntag gewesen, ein trockener, milder Herbstsonntag. Die Kirchenglocken läuteten wie immer. Sie kümmerten sich nicht darum, daß Krieg war. Gläubige eilten zur Andacht. In der Stadt hatten sich die Reste der bei Krohne an der Brahe zerschlagenen neunten polnischen Infanteriedivision gesammelt. Es war beabsichtigt, daß sie sich zusammen mit der noch intakten fünfzehnten Infanteriedivision von Bromberg aus in Richtung Thorn zurückziehen sollten. Plötzlich hörte man Schüsse. Waren das die Deutschen? Schreie gellten, Fensterscheiben klirrten. Aus allen Ecken der Stadt wurde plötzlich gleichzeitig geschossen. Niemand konnte später mit Sicherheit sagen, wer angefangen hatte. Die Meinungen gingen zu stark auseinander. Robert sprach mit Leuten, die sich versteckt gehalten hatten. Sie glaubten gesehen zu haben, daß die enttäuschten, zurückflutenden polnischen Soldaten das Feuer auf Zivilpersonen und Verschlepptentransporte eröffnet hatten. Andere wollten wissen, daß deutsche Soldaten schon vor dem Krieg nach Westpolen eingeschleust worden seien und nun zusammen mit der eingesessenen deutschen Bevölkerung in Bromberg planmäßig mit Hand- und Maschinenwaffen aus Fenstern, Kirchen und Treppenhäusern auf die marschierenden polnischen Truppen geschossen hätten. Wie immer auch die Wahrheit sein mochte, es waren Tage des Grauens. Sie brachten den Tod für viele, viele unschuldige Menschen. Sie hatten auch Gottfried Herrlitz den Tod gebracht.

Robert fand seinen Bruder schon am zweiten Tag seiner Suche. Er lag entstellt, blutverschmiert und fremd auf einem der Sammelplätze, wohin man die noch nicht identifizierten Toten gebracht hatte. Trotz der nicht mehr zu warmen, frischen Luft lag bereits ein unangenehmer, süßlicher Geruch über den Leichen. Für einen Augenblick glaubte Robert, sich erbrechen zu müssen. Er brachte es kaum fertig, sich zu seinem Bruder niederzubeugen, aber er wollte sehen, was man mit ihm gemacht hatte. Er wollte wissen, wie Gottfried zu Tode gekommen war. Wie lange, wie qualvoll hatte er leiden müssen? Eine maßlose Wut stieg in Robert auf. Dick und rot schwoll die Ader des Zorns auf seiner Stirn. »Ihr Schweine«, stöhnte er und ballte die Hände zu Fäusten. »Das werdet ihr mir büßen, ihr alle.«

In diesem Augenblick tat Robert etwas, was er sich immer geschworen hatte, nicht zu tun. Er haßte. Er haßte aus tiefster Seele jeden und alles, was polnisch war. Er wollte Vergeltung, er wollte Rache. Aber sein Haß war nur ein vorübergehender Zustand der Verzweiflung. Robert war viel zu gerecht und objektiv, um nicht zwischen Polen und Polen einen Unterschied zu machen. Doch im Augenblick war ihm jede besonnene Denkungsart abhanden gekommen. Kein humanes, kein edles Gefühl regte sich mehr in ihm. Immer noch waren seine Hände zu Fäusten geballt. Ganz langsam verschwamm das Bild vor seinen Augen, in denen sich Tränen gebildet hatten. Seine Lippen begannen zu beben. Seit zwei Tagen hatte er nur Tote gesehen. Er hatte gesucht, gebangt und immer noch gehofft, seinen Bruder nicht unter den Leichen zu finden. Jetzt war er am Ende. Er fühlte sich elend, hohl und bedeutungslos.

Ohne noch einmal auf den leblosen Körper zu blicken, drehte er sich um, lief zurück durch die Reihen der Toten, überstieg hin und wieder mit schlafwandlerischer Sicherheit fremde Körper, bis er zu der Tür gelangte, durch die man ihn bei seinem Kommen geführt hatte.

Jetzt war er auf dem langen Gang. Schritte hallten neben ihm im düsteren Gewölbe. Die ganze Zeit über hatten ihn zwei SS-Männer begleitet. Robert hatte sie kaum wahrgenommen, obwohl sie die ganze Zeit bei ihm gewesen waren. Mechanisch hatte er ihre Fragen beantwortet, hatte ihnen die Namen der Toten genannt, die er bei der Suche nach seinem Bruder identifizieren konnte. Es war eine lange Liste geworden, fein säuberlich aufgeführt, mit Nummern versehen, die man ihm jetzt zur Unterschrift vorlegte, als handle es sich um die Quittierung alter Rechnungen.

Robert war innerlich viel zu bewegt, um seine Gedanken auf die Erledigung irgendwelcher Formalitäten zu konzentrieren. Er war froh, daß man ihm alle weiteren Schritte einer Überführung des Leichnams nach Senjin abnahm. Trotz des Durcheinanders des Krieges schien eine erstaunliche Ordnung und Organisation zu herrschen. Man behandelte Robert mit äußerster Zuvorkommenheit. Der sich gleich nach der kämpfenden Truppe in Polen etablierende Staatssicherheitsdienst verstand es, sich zu informieren. Man wußte, wen man vor sich hatte. Robert Herrlitz gehörte zur Elite der deutschen Minderheit in Polen. Seit Ende 1936 war er geheimes Mitglied der NSDAP. Man kannte seinen genauen Lebenslauf: junger Offizier während des Boxeraufstandes in China, EK I im Ersten Weltkrieg, Kampf in einem Freikorps um Oberschlesien. Erstklassige kaufmännische und organisatorische Fähigkeiten bis zu seinen umfangreichen Fremdsprachenkenntnissen. Solche Leute mußte man im Auge behalten. Nicht nur ihre Kenntnisse, ihre Zuverlässigkeit, ihre Einstellung zum Nationalsozialismus, besonders ihr Wunsch nach Vergeltung für den Tod eines Angehörigen in der Bromberger Blutnacht würde sie zum nützlichen Werkzeug im eroberten Polen machen.

Robert ahnte natürlich von all diesen Gedankengängen nicht das geringste. Er dachte nur an Gottfried und daran, daß er ihn gefunden hatte und ihn heimbringen würde zu Anna nach Senjin.

Anna stand in dem kleinen Jagdzimmer ihres Vaters und sah hinaus auf den Hof. Die sehr alten, mit Zinn aneinandergesetzten, gewölbten Butzenscheiben ließen die Konturen draußen nicht sehr deutlich erscheinen. Ein wenig verborgen wirkte der Stamm der mächtigen Linde. Wie mit Wasser übergossen sahen die Wände der Ställe aus. Doch der Eindruck des schönen Herbsttages blieb trotz des gebogenen Fensterglases unverändert.

Anna beobachtete, wie ein großer, schwarzer Wagen durch das Hoftor im Bogen um die Linde bis vor den Brunnen seitlich der Pferdeställe fuhr. Es war ein Kabriolett. Das Verdeck war heruntergelassen. Sie wollte sich gerade vom Fenster fortwenden, um die Fremden zu begrüßen, wie es sonst ihre Art war, da entdeckte sie Robert. Er stieg aus dem Auto und mit ihm zwei Herren in Uniform. Ihr Vater ging auf sie zu. Sie begrüßten sich und sprachen miteinander. Plötzlich erstarrte ihr Vater. »Oh, mein Gott«, murmelte Anna. »Was ist geschehen? Warum dreht sich Vater immer wieder zum Haus um?« Sie drückte ihr Gesicht näher an die Scheiben, doch dadurch wurde alles noch verzerrter.

Jetzt kamen die Männer auf das Haus zu, und eine grauenvolle Ahnung befiel Anna. Die Zimmertür öffnete sich. Stumm traten die Herren ein, grau und ernst waren ihre Gesichter.

Anna senkte den Kopf. »Gottfried ist tot«, sagte sie ganz leise, »er ist tot.«

Herr von Borrodin nahm seine Tochter liebevoll in die Arme und strich ihr zart über die Haare. »Ja, meine kleine, liebe Annuschka, Gottfried ist tot.« Seine Stimme war brüchig, und seine Hand zitterte. Anna begann bitterlich zu weinen. Sie fühlte sich verloren, verlassen, verzweifelt. Etwas in ihr war zerbrochen. Ihr war, als hätte man sie jeder Empfindung beraubt. Hohl und tot erschien ihr ihr Herz.

Katherina traf ein. Irgend jemand hatte sie gerufen.

Nun weinte auch sie. Sie war noch ein Kind, eben dreizehn Jahre alt. Wie sollte sie begreifen, was nicht einmal die Erwachsenen zu begreifen vermochten!

Anna war durch die Anwesenheit ihrer Tochter wieder zur Besinnung gekommen. Ihr Kind brauchte jetzt ihren Beistand. Sie mußte sich Katherina zuliebe beherrschen und ihren eigenen Schmerz verdrängen.

Liebevoll preßte sie das Kind an sich. Es tat ja so gut, etwas im Arm zu halten, zu trösten, zu spüren, wie hilflos auch ein anderer war, wie sehr er des Schutzes, der Fürsorge bedurfte. Anna spürte ihr Herz wieder schlagen. Sosehr es auch blutete und schmerzte, die Liebe zu ihrer Tochter hatte es wieder mit Leben erfüllt.

»Du hast eine Aufgabe, eine Pflicht«, sagte sie zu sich. »Gottfried hat dich nicht ganz allein gelassen!«

Anna wirkte jetzt wieder ganz beherrscht. Sie ging ein paar Schritte auf Robert zu, reichte ihm die Hand und sagte: »Ich danke dir, Robert! Auch dafür, daß du mir heute nicht alles gesagt hast.« Robert war verlegen, was sollte er antworten? »Später einmal«, sprach Anna weiter, »später möchte ich alles wissen.« Dann ging sie schnellen Schrittes mit Katherina aus dem Zimmer.

Es war für alle beunruhigend, wie beherrscht sich Anna in den nächsten Tagen zeigte. Zwar war ihr Blick unbeweglich, fast starr, und der weiche Zug um ihren Mund war verschwunden, doch sie war freundlich wie immer.

Mit einer ihr fremden Nüchternheit überdachte und entschied sie die nächsten Schritte. Selbst bei der Rückkehr nach Senjin ließ sie sich kaum etwas von ihrem Schmerz und ihrer inneren Aufgelöstheit anmerken.

Die Beisetzung Gottfrieds sollte sofort nach der Überführung des Leichnams erfolgen. Anna hatte versucht, ihren Sohn Michael noch rechtzeitig zu benachrichtigen. Er war wie die meisten jüngeren Männer zum deutschen Militär eingezogen. An Urlaub war nicht zu denken. Noch war Krieg, noch kämpfte man gegen Polen. Und Sascha, Sascha konnte man nicht benachrichtigen. Auch er war im Krieg, nur er kämpfte als Pole gegen die Deutschen. Welch ein entsetzliches Spiel, dachte Anna. Bruder gegen Bruder. Nichts hat sich geändert seit damals, als Kain den Abel erschlug.

Somit fand sich in dem Trauerzug nur ein kleiner Teil der Familie, wenige Freunde, die rechtzeitig erreichbar waren, und was sich an Knechten und Mägden noch in Senjin vorfand. So beherrscht und klar denkend Anna auch allen erscheinen mochte, so fremd kam sie sich selbst vor. Wie in Trance erlebte sie die folgenden Tage, funktionierte wie ein Uhrwerk, das jemand in Bewegung gesetzt hatte. Doch als der Sarg neben dem Grab ihres Schwiegervaters in die Tiefe gesenkt wurde, brach sie weinend zusammen.

Dritter Teil
GIER

Der Krieg, für den in erster Linie die Gier Hitlers und Stalins nach Ausweitung ihrer Machtbereiche verantwortlich war, war so gut wie beendet! Schon sechzehn Tage nach Beginn des Feldzuges hatten sich die von Ostpreußen und Schlesien vordringenden deutschen Angriffsspitzen östlich des Bug die Hand gereicht. Damit war die polnische Armee eingeschlossen.

Noch so heroische Anstrengungen der tapfer kämpfenden polnischen Soldaten konnten an dem Schicksal ihres Landes nichts mehr ändern. Ein Teil versuchte, sich nach Litauen, Lettland, Rumänien und Ungarn zu retten, von wo aus sie weiter nach England oder Frankreich flohen. Manch einer von ihnen trug die feste Absicht in sich, dort später an der Gründung einer Exilarmee teilzunehmen. Andere Soldaten, die noch bis in den Oktober hinein in den Städten Warschau, Lemberg, Modlin, Hela und Kok Widerstand geleistet hatten, wurden – soweit sie nicht wie Sascha in Verstecken untertauchen konnten – gefangengenommen.

Mit der Behauptung, die weißruthenische und ukrainische Bevölkerung schützen zu wollen, fielen im Einvernehmen mit Deutschland, ohne daß die Westmächte etwas dagegen unternahmen, sowjetische Truppen in Ostpolen ein. Später wurden auch Litauen, Lettland und Estland von Rußland annektiert. Hitler hatte Stalin die Hand gereicht, und Polen wurde in einen nationalsozialistischen und einen bolschewistischen Herrschaftsbereich aufgeteilt. Für Volksdeutsche aus Bessarabien, Wolhynien oder den baltischen Ländern begann jetzt unter dem Ruf: »Heim ins Reich« die große Umsiedlung. Alteingesessene Geschlechter und Bauern gaben ihren Grund und Boden auf, weil sie in ihren Traditionen und ihrem Lebensgefühl nicht unter dem Bolschewismus leben konnten. Die von Polen enteigneten deutschen Gutsbesitzer kehrten wie Anna Herrlitz auf ihre alten Höfe zurück. Kartoffeln und Zuckerrüben mußten eiligst geerntet, geplünderte Ställe und Häuser wieder in Ordnung gebracht werden.

Anna blieb nicht viel Zeit, sich ihren Grübeleien und ihrem Schmerz hinzugeben. Es gab zuviel Arbeit, die getan werden sollte, denn solange Michael durch den Militärdienst verhindert sein würde, sein väterliches Erbe anzutreten, mußte Anna es für ihn verwalten. Sie war sogar froh darüber, denn sie brauchte jetzt Senjin. Sie brauchte eine Pflicht, eine Aufgabe. Jede Unterstützung Roberts lehnte sie ab. Nicht weil sie wußte, daß er durch den Beginn der Kampagne in seiner Zuckerfabrik überbelastet war, sondern weil sie seine Gegenwart im Augenblick nicht ertragen konnte; denn gerade die Geschehnisse mit Robert belasteten ihr Gewissen jetzt ganz besonders. Es quälten sie die Erinnerungen und der nie wiedergutzumachende Gedanke, Gottfried im Innersten ihrer Seele immer belogen zu haben, auch wenn sie sich noch so bemüht hatte, ihm eine gute Frau zu sein.

So war es nicht allein die Trauer, es war auch die eigene Scham, die ihren Schmerz so stark machte. Sie mußte damit fertig werden. Sie ganz allein. Anna begann deshalb ihr Leben ohne Klagen in die eigenen Hände zu nehmen. Sie war fest entschlossen, Senjin allein weiterzuführen. Ein gutes Rüstzeug dafür verdankte sie ihrem Schwiegervater, von dem sie damals in den ersten Jahren nach Gottfrieds Verwundung viel gelernt hatte. Seitdem und besonders nach dem Tod des Schwiegervaters hatte sie den größten Teil der praktischen Verwaltung des Gutes übernommen, während Gottfried die Erledigung aller schriftlichen Arbeiten versah. Jetzt würde sie auch diese lernen müssen. Aber es würde ihr Freude bereiten. Gottfried würde ihr dabei ganz nahe sein. Seine Schrift, seine Akten und Bücher, seine Notizen würden ihr dabei helfen. Nie zuvor hatte Senjin Anna soviel bedeutet wie jetzt. Hier lebte Gottfried für sie noch. Hier war in jedem Winkel des großen Herrenhauses eine Erinnerung an ihn. Über jede Futterkrippe in den Ställen, die sie berührte, hatte seine Hand gestrichen; jeden Acker, jede Wiese, jedes Stück Wald hatten seine Augen gestreift.

Bald schon vollzog sich der Tageslauf auf dem Gut wieder in geordneten Bahnen. Die Ställe füllten sich durch zurückgetriebenes oder neu erstandenes Vieh. Der treue Pferdeknecht und Kutscher Jochen Palluscheck hatte einen Teil der besten Pferde in die Wälder gerettet und versteckt. Von dort waren sie fast alle allein wieder zurückgekehrt, nur Jochen selbst war bislang nicht wiedergekommen, und Meta, seine Frau, die seit Paulas Tod die Mamsell auf Senjin war, weinte jetzt viel.

Auch andere Knechte aus Senjin blieben verschollen. Viele waren deutscher Abstammung wie Jochen. Waren sie gefallen, verwundet, gefangengenommen oder geflohen? Noch wußte man nichts Genaues. Der Krieg war ja eben erst zu Ende, wenigstens erschien es so, weil mit der Kriegserklärung Englands und Frankreichs gleich nach Beginn des Polenfeldzuges an Deutschland bislang keinerlei militärische Kampfhandlungen verbunden waren.

Die Sieger sonnten sich im Glück ihres Sieges. Die Volksdeutschen lebten auf in dem Gefühl, endlich von einer unterdrückten Minderheit zu der Macht der Herrschenden zu gehören. Das polnische Volk aber ertrug den Zusammenbruch teils mit Apathie, teils mit schwerer Kritik an dem Versagen der eigenen Regierung. Seine ganze Hoffnung setzte es jetzt auf die Verwaltungstüchtigkeit, die Ordnung und die Gerechtigkeit der Deutschen, wie es sie noch aus der Zeit vor 1918 kannte.

Tatsächlich spielte sich der Verwaltungsapparat in den neu eingegliederten Ostgebieten schnell ein.

Schon nach einer kurzen Periode der Militärverwaltung erfolgte mit Wirkung vom 26. Oktober 1939 die Eingliederung der Reichsgaue Danzig-Westpreußen und Posen in das deutsche Reich. Die Provinz Ostpreußen wurde durch den Suwalki-Zipfel und den Regierungsbezirk Zichenau, die Provinz Schlesien durch einige galizische und kongreßpolnische Kreise vergrößert. Der restliche Teil wurde einer eigenen Verwaltung unterstellt und erhielt die Bezeichnung: Generalgouvernement.

Zwar galten die neuen Gebiete als Teil des deutschen Reiches, doch blieb entlang der bisherigen Ostgrenze eine Polizeigrenze bestehen, deren Überschreitung nur mit behördlicher Genehmigung möglich war. Auch Gesetze und Verordnungen galten nur dann in den Ostgauen, wenn sie jeweils dort ausdrücklich in Kraft gesetzt wurden. Hierdurch war die polnische Bevölkerung in den eingegliederten Ostgebieten schutzlos einer Mischung aus zentral gesteuerter oder individueller Willkür ausgeliefert.

Ebenso wie vor und zu Beginn des Krieges polnische Miliz und polnisches Militär Übergriffe, Verhaftungen, Verschleppungen und Morde an Volksdeutschen verübt hatten, so begann jetzt von deutscher Seite eine Welle von Verhaftungen, Verschleppungen, Enteignungen und Exekutionen von Polen.

Robert sah zunächst wie viele andere auch in diesen Geschehnissen eine natürliche Reaktion auf die an der deutschen Minderheit verübten Greueltaten. Sie verschafften ihm sogar eine gewisse Befriedigung, war er doch selbst viel zu tief von dem grausamen Mord an seinem Bruder in Bromberg betroffen. Doch schon sehr bald begann sein innerer Ruf nach Rache zu schweigen. Die Verbrechen, die jetzt von Deutschen an dem polnischen Volk begangen wurden, konnte er einfach nicht mehr mit einem normalen Maß an Vergeltung entschuldigen. Es erschien ihm undenkbar, daß der Führer, daß die Spitzen der Regierung davon unterrichtet waren.

Allein in der Provinz Posen wurden in der ersten Dezemberhälfte 1939 siebenundachtzigtausendachthundertachtunddreißig Polen zwangsweise in Güterzügen ins Generalgouvernement deportiert. Hunderte von Ärzten – unter ihnen auch Professor Melanowski, der sich so sehr für Gottfrieds Leben eingesetzt hatte und dem man nicht helfen konnte, weil man von seinem Schicksal zu spät erfuhr –, Rechtsanwälten, Pastoren, Lehrern, Geschäftsleuten und Gutsbesitzern wurden aus ihren Betrieben, ihren Praxen und Höfen verjagt, umgebracht oder in Lager verschleppt.

Robert konnte und wollte es einfach nicht glauben, daß die Sonderformationen der allgemeinen SS und SA, daß die Stadt- und Kreishauptleute, die Gruppen- und Ortsgruppenführer in Ausführung eines Terror- und Ausrottungsbefehls handelten. Er konnte nicht glauben, daß die nationalsozialistische Regierung so schwerwiegende, nie wiedergutzumachende Fehler begehen konnte. Immer noch war er ein Idealist in seiner politischen Gesinnung. Zu tief war die saubere, korrekte Denkungsweise des preußischen Offiziers in ihm verhaftet. Gleich nach Beendigung der Kampagne in seiner Zuckerfabrik fuhr Robert nach Berlin. Er wollte etwas unternehmen. Er wollte die zuständigen Herren in den dortigen Ministerien wachrütteln, wollte ihnen klarmachen, was hinter ihrem Rücken geschah. Es war seine Pflicht als guter Nationalsozialist, noch mehr Fehler zu verhüten.

Robert kannte noch viele Offiziere aus dem Ersten Weltkrieg. Mit einigen hatte er um Oberschlesien gekämpft. Von ihnen waren manche in einflußreichen Stellungen der Wehrmacht oder SS. Sie würden wie er denken. Sie würden die Ausschreitungen in den polnisch besetzten Gebieten ebenso verurteilen wie er. Sie würden in der Lage sein, weitere Vorkommnisse zu verhindern.

Doch Robert irrte sich. Seine alten Kameraden bei der Wehrmacht verurteilten zwar ebenso wie er, was er ihnen von den Ausschreitungen gegenüber polnischer Zivilbevölkerung berichtete, verwiesen aber immer wieder auf ihre Machtlosigkeit gegenüber der SS. Robert empfand das als einen gewissen Mangel an persönlicher Einsatzbereitschaft. Es gab da etwas, so schien ihm, das seine Kameraden verändert hatte. Sie waren nicht mehr die Draufgänger von damals. Oder hatte er vielleicht nur mit den falschen Leuten gesprochen? Warum wirkten sie so bedrückt, steckten voller Warnungen für ihn? »Sieh dich vor! Halt dich da raus!« Warum konnte man nicht mehr frei und verständlich miteinander reden?

Robert sollte es sehr bald erkennen, als er sich der SS zuwandte. Das waren keine alten Kameraden mehr. Schon nach seinen ersten Worten zeigten sie sich reserviert, fremd und ablehnend. Nichts war mehr da von dem bindenden Glied des gemeinsamen Schützengrabens. Man stand in zwei feindlichen Lagern. Man sprach eine andere Sprache. Was sollte die Überheblichkeit? Warum nahm man seine Worte nicht ernst, warum speiste man ihn mit Phrasen ab? Er war gekommen, damit Fehler, die in seiner Heimat von der SS begangen wurden, wiedergutgemacht würden; Fehler, unter denen eines Tages nicht nur er und seine Familie, sondern ganz Deutschland zu leiden haben würde.

»Du siehst die Dinge falsch«, sagte man ihm immer wieder. »Wir Deutschen haben eine Aufgabe: die Wahrung der germanischen Rasse. Es geht um den Volkstumskampf. Die Polen haben ebenso wie die Juden in unserem Land nichts zu suchen. Es ist unsere Pflicht, sie auch für die Zukunft aus unseren neuen Ostgebieten zu vertreiben. Welche Methoden wir dabei anwenden, spielt keine Rolle. Mag man sie nun umbringen oder als Sklaven ins Generalgouvernement deportieren.«

Robert war jedesmal, wenn er solche oder ähnliche Reden hörte, wie vor den Kopf geschlagen. Er war unfähig, noch etwas zu sagen, und man verbot es ihm auch auf eine höfliche, doch unmißverständliche Art und Weise. Ihm fiel ein Satz aus Goethes Iphigenie auf Tauris ein, da sprach Pylades zu Orest: »Ein Mann, der beste selbst, gewöhnet seinen Geist an Grausamkeit und macht sich auch zuletzt aus dem, was er verabscheut, ein Gesetz; wird aus Gewohnheit hart, ja fast unkenntlich.«

Zutiefst deprimiert fuhr Robert in die Heimat zurück. Welche Abgründe hatten sich vor ihm aufgetan! Mit Schrecken wurden ihm die Konsequenzen seiner nationalsozialistischen Weltanschauung bewußt. Sein ganzer Idealismus war dahin, seine Lust am Leben verflogen. Wozu das alles? Wozu das Mühen und Eifern, das Bangen und Hoffen, der Haß und die Qual? War denn das Leben ein Irrenhaus?

Robert überlegte, ob er Deutschland für immer verlassen sollte. Er konnte mit Swenna nach Java gehen. Dort war ihre Familie. Swenna spielte schon länger mit diesem Gedanken. Er wußte, wie sehr sie dem scheinbaren Frieden in Europa mißtraute, und hatte sie nicht recht? Hatte man ihm nicht hier und da unter dem Siegel der Verschwiegenheit gesagt, daß nach Weisung Adolf Hitlers der Feldzug im Westen längst vor dem Einbruch des vergangenen Winters hätte stattfinden sollen? Nur aus Wettergründen war er immer wieder verschoben worden. Vielleicht würde es bald zu spät sein, Deutschland zu verlassen.

Zu Hause war Swenna bereits beim Packen. Sie sagte, ihr Bruder habe seinen Besuch in Holland abgebrochen und erwarte sie in Genua. Eigenwillig wie immer war sie gewillt, auch diesen entscheidenden Schritt ihres weiteren Lebens ohne Absprache mit ihrem Mann zu tun. Robert hatte keine Lust, sie zurückzuhalten. Doch zu seiner Überraschung sagte Swenna: »Komm mit, Robert. Ich habe in Java Vermögen. Meine Familie ist groß. Du weißt, sie hilft dir. Es wird nicht schwer sein, dir wieder eine neue Existenz aufzubauen. Ich habe mich nie in Europa heimisch gefühlt. Ich gehöre auf die Inseln und du auch! Komm mit, Robert. Vielleicht können wir unsere Ehe dort noch einmal von vorn beginnen.«

Robert war erstaunt, so hatte er Swenna nie erlebt. So bittend für ihn. Er hätte nicht gedacht, daß sie ihn je hätte mitnehmen wollen. Vielleicht brächten sie es auf diese Art und Weise doch noch zu einer guten Ehe. Vielleicht würde es wirklich das beste sein, Deutschland den Rücken zu kehren. – Doch bevor Robert diese schwerwiegende Entscheidung fällte, wollte er eine Nacht darüber schlafen.

Es war eine lange, schlaflose Nacht, eine Nacht mit Swenna – eine Liebesnacht, wie er sie nur in den ersten Tagen seiner Ehe erlebt hatte; doch der Morgen beleuchtete alles ganz anders: Er konnte nicht einfach davonlaufen. Mochte es gut sein, daß Swenna der Unsicherheit Europas entfloh. Er würde bleiben. Hier war seine Heimat, hier war seine Fabrik, eine gute, eine große Fabrik. Und hier war Anna. Sie war der entscheidende Grund für sein Bleiben. Er fühlte sich so schuldbeladen ihr und seinem toten Bruder gegenüber, daß er es einfach nicht fertigbringen konnte, sie allein zu lassen. Vielleicht spielte bei seinem Entschluß auch die Sorge um das Wohl seiner fleißigen und treuen polnischen Arbeiter mit; doch wie er es auch drehen und wenden mochte, den Ausschlag gab Anna.

So fuhr Swenna mit Bedauern und seit langem zum ersten Mal wieder mit einem herzlichen Abschied von ihrem Mann nach Italien, um sich dort nach Alexandria und weiter auf einem Frachtschiff nach Java einzuschiffen. Cora begleitete sie auch auf dieser großen Reise.

Es war Mai geworden. Auf dem sanft welligen Wiesengrund am Hirschsprung lag die Wärme der ersten Frühlingssonne. Die junge Saat leuchtete grün, und die ersten Blumen schmückten die Wiesen und die sauber angelegten Beete im Park von Senjin. Auch die Menschen bekamen frohe Gesichter. Es tat gut, wieder in den Himmel zu schauen und unter ihm das Wachsen der Natur zu beobachten. Es tat gut, sich erwärmen zu lassen.

Acht Monate waren vergangen seit Gottfrieds Tod. All die Zeit hatte Robert Senjin schweren Herzens gemieden. Anna hatte es so gewollt. Sie hatte allein sein wollen mit Katherina, dem Gut und ihren Erinnerungen. Acht Monate, wie lang und wie kurz waren sie Anna erschienen! Sie hatten ihr nicht helfen können, ihr Leid zu überwinden, aber sie hatten geholfen, es zu ertragen. Anna war viel zu vernünftig und zu lebensbejahend, um sich in ihren Schmerz zu vergraben. Es lag ihr nicht, sich selbst zu bedauern; dazu war sie nicht egoistisch genug. Sie weinte nicht um ihr Leid, sondern um Gottfrieds Unglück, um seine schweren, harten Jahre, um sein kleines Glück.

Anna war viel zu klug, um nicht zu erkennen, was ihr geblieben war. Diese Gaben waren nicht selbstverständlich, sie waren eine Gnade. Diese Erkenntnis lehrte sie, bescheiden und demütig zu sein. So fand sie nach und nach wieder einen inneren Halt und begann, ihre Augen und ihr Herz wieder ihrer Umwelt gegenüber zu öffnen. Sie fand sich hinein in das, was das Leben ihr zugedacht hatte. Dazu gehörte auch Robert. Sie gewöhnte sich daran, daß er sie wieder in Senjin besuchte, daß er um sie war, daß er mit ihr und Katherina über die Felder ritt oder von den neuesten Geschehnissen in seiner Fabrik und der Außenwelt berichtete. Durch ihre Fragen, ihr Erstaunen wurde Robert erst richtig klar, wie taub und blind Anna gegenüber allen Geschehnissen in ihrer Abgeschiedenheit und durch ihren Schmerz bislang gelebt hatte. Er wollte sie nicht beunruhigen mit Berichten über die gewaltsame Art, mit der die Deutschen Polen unterjochten, mit den beschämenden Gesprächen, die er in Berlin geführt hatte. Er wollte ihr nicht das eben zurückgewonnene Gefühl der Ruhe und Sicherheit nehmen, in dem sie sich seit der deutschen Besatzung zu befinden glaubte. Anna sollte erst einmal zur Ruhe kommen. Sie sollte wieder lachen, sich freuen können. Vielleicht, so tröstete Robert sich selbst, waren das, was den Polen und Juden hier an Leid zugefügt wurde, nur vereinzelte Auswüchse, vielleicht war man von seiten der Regierung längst dabei, dem Ganzen Einhalt zu gebieten.

Robert steigerte sich in diese Hoffnung hinein, denn tatsächlich hatten die willkürlichen Ausschreitungen ein Ende gefunden. Der Verwaltungsapparat hatte sich eingespielt. Es gab deutsche Behörden mit Beamten aus dem Reich. Es gab Bestimmungen und Verordnungen. Es gab Maßnahmen zur Versorgung der Bevölkerung, wieder geöffnete Schulen, Filmvorführungen und Theaterveranstaltungen. Es gab fast schon wieder ein friedliches Leben – bis Sascha aus Lodz kam, das jetzt Lietzmannstadt hieß.

Seine kleine Praxis, die er sich noch vor dem Krieg dort eingerichtet hatte, war ihm fortgenommen worden. »Nicht, weil ich Pole bin«, sagte er, »das wäre zwar auch ein Grund gewesen, sondern weil meine Praxis in einem Gebiet liegt, das man zur Einrichtung eines Judenbezirkes bestimmt hat. Dort hinein pferchte man auf engsten Raum Tausende von Juden. Wie Tiere müssen sie dort unter den unwürdigsten Bedingungen leben, ohne ausreichende hygienische und medizinische Versorgung und ohne genügend Nahrungsmittel. Sämtliche Polen und die wenigen Volksdeutschen, die bislang in diesem Gebiet wohnten, mußten es innerhalb kürzester Zeit räumen, wobei natürlich nur für die Volksdeutschen eine Entschädigung und eine neue Wohnung in anderen Stadtteilen zur Verfügung gestellt wurden, aus denen zwangsweise wiederum Polen hinausgeworfen wurden. So bin ich also hier, obdachlos und arbeitslos, aber immerhin noch einer von den Glücklichen unter meinen Landsleuten, die einer Deportation ins Generalgouvernement entgangen sind.«

Anna hatte ihm mit wachsender Unruhe und Zorn zugehört. Robert beobachtete sie. Er spürte, was in ihr vorging. Sie liebte Sascha wie ihren eigenen Sohn. Er war ein Borrodin und ein Pole wie sie. In allem, was man ihm antat, fühlte sie sich persönlich auch angegriffen.

»Das kann doch nicht wahr sein«, sagte sie ungläubig, »man kann doch nicht einfach deine Praxis und andere Wohnungen beschlagnahmen. Was soll überhaupt der Unsinn, die Juden in einem Stadtteil zusammenzupferchen, wie du sagst. Wozu soll das gut sein? Ich verstehe das nicht.«

»Verstehen tue ich das auch nicht«, sagte Sascha, »und gut sein kann es gewiß nicht, wenn man Menschen wie Gefangene hält.«

»Wie Gefangene«, wiederholte Anna. Zwar wußte sie wohl, daß in Deutschland ein starker Antisemitismus herrschte. Wo gab es ihn nicht? Bislang war ihr das immer ziemlich gleichgültig gewesen. Wenn sie ehrlich war, liebte sie die Juden auch nicht sonderlich. Sie waren ihr fremd. Sie lebten anders als die Menschen, die sie umgaben. Aber wie immer man sie auch betrachten mochte, mit Sympathie oder Antipathie, niemand hatte das Recht, über ihr Leben zu bestimmen und sie einzusperren. Anna war ehrlich empört.

Robert, dem während der ganzen Zeit nichts von ihrem Mienenspiel entgangen war, konnte förmlich ihre Gedanken lesen. Er merkte, daß es bereits zu spät war, Anna noch in ihrem Glauben zu belassen, daß die Welt, die deutsche Welt, noch in Ordnung sei. Darum erzählte er ihr von seinen Erlebnissen und Eindrücken seit der deutschen Machtergreifung in Polen. Jetzt endlich hielt er den Zeitpunkt für gekommen, Anna den Tod ihres guten Freundes Professor Melanowski, der gleich in den

242

ersten Wochen zusammen mit anderen Intellektuellen von der SS ermordet worden war, mitzuteilen und auch, daß man Frau Wehrling, die als Wanderlehrerin soviel für die deutschen Kinder getan hatte, ins Generalgouvernement deportiert haben sollte, nur weil sie Jüdin war. Es gab noch mehr Namen, die er kannte von denen, die ein ähnliches Schicksal erlitten hatten.

»Zwar ist der Willkür der ersten Monate inzwischen Einhalt geboten worden«, sagte Robert, »doch das weitere Schicksal aller Polen, Juden und womöglich auch der eigenen Familienangehörigen wird davon abhängen, wie ihre Überprüfung und Aussonderung nach völkischen und rassenpolitischen Gesichtspunkten ausfallen wird. Es bestehen feste Richtlinien, nach denen eine Differenzierung in vier Gruppen vorgenommen werden soll: In Gruppe eins und zwei kommen nur unzweifelhaft deutschstämmige Personen. Nur aus Gruppe eins, die sich im Volkstumskampf bewährt haben muß, darf in die Partei aufgenommen werden. Die Gruppe drei umfaßt Deutschstämmige, die politisch im Polentum aufgegangen sind, oder auch Polen, die mit einem Volksdeutschen verheiratet sind. Sie erhalten die Staatsangehörigkeit nur auf Widerruf. Als letzte bleibt die Gruppe vier: Das sind die nicht einzudeutschenden, fremden Volkszugehörigen.«

Robert berichtete auch von seinen deprimierenden Gesprächen in Berlin. Endlich konnte er sich Luft machen, konnte den Irrtum seiner Weltanschauung frei bekennen, aber ebenso wie seine ehemaligen Wehrmachtskameraden in Berlin warnte auch er, in Zukunft vorsichtig zu sein in allen Äußerungen und Handlungen. »Unsere Vorstellungen von Freiheit und Gerechtigkeit gelten nicht mehr. Ich habe Furcht vor der Zukunft. Ich mache mir Sorgen um Deutschland!«

Wie sehr Roberts Sorgen berechtigt waren, wurde auch noch in anderer Hinsicht deutlich: Der seit dem Polenfeldzug ruhende Krieg setzte sich durch die Besetzung Norwegens und Dänemarks fort, und am 10. Mai 1940 befahl Hitler seinen Generälen den bislang neunundzwanzigmal verschobenen Angriff im Westen.

Am 14. Mai kapitulierten die Niederlande, am 28. Mai Belgien, sechzehn Tage später wurde Paris kampflos besetzt, und am 22. Juni kam es zum Abschluß eines Waffenstillstandes. Wieder hatte Deutschland gesiegt! Wieder war es ein Blitzkrieg gewesen, der die Massen begeisterte, aber die Nachdenklichen in Atem hielt, denn der Krieg schwelte weiter. Aus den Plänen einer Landung in England wurde eine Luftschlacht um England. Italien, das seit dem 10. Juni als Deutschlands Verbündeter in den Krieg eingetreten war, kämpfte in Afrika um die Eroberung von Britisch Somaliland. Auch auf dem Balkan breitete sich der Krieg aus.

Da die Wirtschaftsverbindungen nach Südeuropa für Deutschland lebenswichtig waren, mußten militärische Kräfte zwangsweise dort festgelegt werden. Unter ihnen befand sich auch Annas Sohn Michael in der Panzergruppe von Kleist. Er war ein ebenso begeisterter Soldat, wie er ein Landwirt war, und er war ein unkomplizierter Draufgänger, elegant und stattlich in seiner schwarzen Panzeruniform. Ein Beispiel für den unbesiegbaren deutschen Offizier, wie man ihn auf Abbildungen und in der Wochenschau gern zeigte. Er war der Idealtyp eines blonden, blauäugigen Germanen nach den Vorstellungen des Nationalsozialismus. Vielleicht war das mit ein Grund, warum man ihn gern bevorzugte, warum er so schnell befördert wurde.

Anna hätte sehr stolz auf ihren Sohn sein müssen, doch je öfter sie ihn bei einem kurzen Urlaub erlebte, desto mehr bedrückte sie die Erkenntnis, daß Michael in seinem Wesen keineswegs seinen sympathischen äußerlichen Eindruck bestätigte. Er war selbstherrlich und überheblich geworden, war verbohrt in die Ideologien des Nationalsozialismus und wurde zornig, wenn man ihn daran erinnerte, daß er ebensoviel polnisches wie deutsches Blut in den Adern habe. Für ihn war es recht, fremde Länder zu unterjochen, die Juden auszurotten und ganze Völker zu Sklaven zu machen. Er hatte den Nationalsozialismus zu seiner Religion gemacht und Hitler zu seinem Gott. Er lachte und spottete, wenn seine Mutter ihn an die Gebote erinnerte. Du sollst nicht töten. Du sollst nicht andere Götter haben neben mir. Es war zu spät. Zu lange Jahre der Trennung, zu starke fremde Einflüsse hatten das Gedankengut der Welt, aus der Michael kam, übertönt. Nichts von dem, was man ihm in Senjin in Gesprächen erneut versuchte nahezubringen, erreichte ihn. Er blieb kalt.

Nur zwischen Sascha und Michael schien noch eine echte, warme Verbindung zu existieren, auch wenn Michael sich bemühte, es zu leugnen. Es blieb auffällig, daß er sich Sorgen um das Schicksal seines Spielgefährten und Nennbruders machte. Nicht genug gute Ratschläge konnte er Sascha geben, auch wenn er es unter dem Mantel der Grobheiten tat. Am meisten erregte ihn die Tatsache, daß Sascha nicht bereit war, sich um die deutsche Staatsbürgerschaft zu bemühen, sondern noch stolz darauf war, ein Pole zu sein! »Ich verbiete dir, mich Bruder zu nennen«, konnte Michael schreien. »Ich werde dir nicht helfen, wenn du in Schwierigkeiten gerätst.« Aber sein Zorn klang mehr wie eine angstvolle Bitte. Für Anna blieb diese schon in der Jugend versteckte Liebe Michaels zu Sascha die einzige Hoffnung darauf, daß ihr Sohn eines Tages, vielleicht aus eigenem Erleben heraus, wieder zu dem Menschen werden würde, der er seiner elterlichen Erziehung und Tradition nach hätte sein müssen.

Katherina dagegen war noch ganz das Kind ihrer Eltern. Noch überwogen in ihrem Wesen das Beispiel und die Erziehung, die die Familie ihr gab. Anna hatte viel Freude an ihr.

Katherina war jetzt vierzehn Jahre alt, gutherzig und lebensfroh, begierig und dankbar für jede geistige und seelische Nahrung. Dazu ein wohlproportioniertes, ansehnliches junges Mädchen. Sie hatte den Charme und die Wärme von ihrer Mutter geerbt. Nur die Haare waren flachsblond wie die der Herrlitz' mit einigen vorwitzigen Locken in der Stirn und zwei dicken kurzen Zöpfen an beiden Seiten. Noch war sie nicht eitel genug, um sich an den verschiedenfarbigen Gummibändern zu stören, mit denen sie der Einfachheit halber die Zöpfe zusammenhielt. Auch die Auswahl ihrer Kleidungsstücke war schlicht und bescheiden, aber gerade das war es, was zu Katherina paßte. Immer sah sie adrett und lieb aus. Ganz besonders reizend stand ihr die BDM-Uniform, deren schwarzer Schlips mit dem braunen Lederknoten seit kurzem durch die rot-weiße Kordel der Schaftführerin geschmückt war.

Wenn Anna auch den nationalsozialistischen Einrichtungen skeptisch oder negativ gegenüberstand, so fand sie doch, daß die Art und Weise, wie man die Jugend zur Kameradschaft, zu frohem Spiel und Sport zusammenfaßte, eine gute Sache sei. Katherina hatte nie so viele Freundinnen gehabt wie jetzt. Sie fühlte sich in ihrem Posener Schulinternat viel ausgefüllter und glücklicher als früher. Es gab keine langweilige freie Zeit mehr. Man machte Wanderungen und Schnitzeljagden. Es gab sportliche Wettkämpfe. Die Kinder halfen bei Sammelaktionen für das Winterhilfswerk, das Rote Kreuz oder andere Zwecke. Es machte ihnen Spaß. Und zumindest Katherina wurde nicht zu stark von den Theorien des Nationalsozialismus beeinflußt. Für sie gab es zu starke Gegenpole. Zunächst einmal die Tatsache, daß sie sich sehr wohl darüber im klaren war, daß sie nicht nur aus einer deutschen, sondern auch aus einer polnischen Familie stammte. Daraus zog sie die Schlußfolgerung, daß es falsch sein mußte, daß die Deutschen als rassisch wertvoll und die Polen als minderwertig angesehen wurden. War es denn denkbar, irgend etwas Negatives an ihrer Mutter, ihrem Großvater oder gar Sascha zu finden, den sie mit ihrem schwärmerischen Jungmädchenherzen ganz besonders heiß und innig liebte? Gerade Sascha bewunderte sie, weil er den Mut hatte, sich bewußt als Pole zu bekennen, und weil er – auf jeden Vorteil unter seinen Landsleuten verzichtend – Samariterdienste versah. Gerade Sascha war der stärkste Gegenpol. Sie bewunderte seine starke Persönlichkeit, bewunderte, wie er ohne Bitterkeit jede Diskriminierung ertrug.

Katherina konnte nie recht an den Schlangen von Polen und Juden vorbeisehen, die warten mußten, weil sie erst eintreten durften, wenn kein Deutscher mehr im Laden war, und meistens war ein Deutscher im Laden. Immer sah Katherina im Geiste auch Sascha in so einer Schlange stehen oder sich in den übervollen letzten Wagen einer Straßenbahn drängeln, weil nur dieser von Polen und Juden benutzt werden durfte. Manchmal stellte sie sich vor, wie bedrückend es sein würde, wenn in den besetzten Ostgebieten ebenfalls alle Polen wie die, die im Altreich waren, ein gelbes P auf dem Rücken tragen müßten. Es war schon traurig genug, die armen Juden durch eine weiße Armbinde und den Davidstern gebrandmarkt zu sehen.

Katherina schämte sich in solchen Augenblicken, eine Deutsche zu sein, aber dann dachte sie auch wieder an ihren Vater und Onkel Robert. Waren das nicht die besten, edelsten Menschen, die sie sich denken konnte? Sie waren Deutsche. Sie hätten nie einem anderen Menschen Leid zufügen können. Sie würden solche Handlungen niemals billigen. Onkel Robert hatte einmal zu ihr gesagt: »Es gibt keine Unterschiede zwischen den Menschen. Alle sind in gleichem Maße gut und böse, alle sind fähig, zu lieben und zu hassen. Öffne deine Augen und sieh! Benutze deinen Verstand und denke, dann wird auch dein Herz dir sagen, wie du handeln sollst!«

Gerade diese Worte waren es, für die sie ihren Onkel liebte. Dadurch war sie glücklich, eine Deutsche zu sein.

So schritt Katherina mit ihrem deutsch-polnischen Herzen sicher und behutsam hinein in diese zwiespältige Welt.

Der Sommer des Jahres 1941 hatte eben begonnen, da ließ Adolf Hitler trotz des Nichtangriffspaktes mit Rußland seine Truppen die Grenze im Osten überschreiten. Es war der 22. Juni, genau der Tag, an dem vor einhundertneunundzwanzig Jahren Napoleon seinen Krieg mit Rußland begonnen hatte.

Diesmal hörte man kaum jubelndes Hurrageschrei. Diesmal packten selbst die so leicht zu beeinflussenden Massen ahnungsvolle Ängste. Würde sich das Elend wiederholen? Würden auch ihre Söhne, ihre Männer tot, verwundet oder zerbrochen aus diesem Land heimkehren? Jeder, der sich mit der Geschichte beschäftigt hatte, wußte, wie sehr dieser Schritt Hitlers den Bismarckschen Grundsätzen entgegenstand und wie sehr er im Widerspruch zu den besten Traditionen preußischer Ostpolitik stand.

Für Senjin brachte der Beginn des Rußlandfeldzuges zunächst kaum Veränderungen mit sich. Es war Mittsommer, die arbeitsreichste Zeit auf dem Land. Man hatte nicht viel Muße, den ständig rollenden Truppentransporten auf den Eisenbahnschienen oder den Hauptverbindungsstraßen Beachtung zu schenken. Auch den vielen aus dem Radio tönenden Sondermeldungen konnte man nicht immer seine Aufmerksamkeit widmen. Der Tag war ausgefüllt mit Pflichten. Man registrierte nur, daß die Front sich immer weiter nach Osten verschob. Um so erleichterter und beruhigter konnte man seiner Arbeit nachgehen. Im Grunde fühlte man sich machtlos einer Entwicklung gegenüber, die man nicht beeinflussen konnte.

Ein erster Feldpostbrief kam von Michael aus Dnjepropetrowsk, von wo er schrieb, daß er gesund sei, die Kesselschlacht von Kiew mitgemacht hätte, ausgezeichnet worden und siegesgewiß sei. Es war ja auch ein großer Erfolg, wie die Rote Armee auf der ganzen Front zurückgeworfen wurde. Nur beruhigen konnte es Annas Angst um Michael nicht. Sie dachte an Gottfried und an das, was ein Krieg aus einem Menschen machen konnte.

Katherinas Sommerferien waren längst vorüber. Der Krieg hatte ihr persönliches Glück kaum berührt. Sie lebte mit der Unbeschwertheit der Jugend, die sich an allem oder nichts erfreuen konnte. Sie war erfüllt von ihrem Leben und schwelgte in den Träumen, die sie sich machte. Sie stand an der Schwelle zum Erwachsenwerden, war romantisch und immer verliebt wie die meisten jungen Mädchen.

Anna erinnerte sich zurück, wie sie in diesem Alter gewesen war, wie sie sich zum ersten Mal verliebt hatte in Robert, damals, als sie noch ein Kind war. Damals? Liebte sie ihn nicht noch immer? Sie war jetzt eine Frau über fünfzig. Hatte sie überhaupt noch ein Recht auf Liebe? Durfte sie noch träumen trotz all dem schmerzlichen Erleben, das auf ihr lastete?

Sosehr sich Anna auch zur Vernunft ermahnte, sie konnte sich nicht lösen von dem Gefühl für Robert. Ja, sie liebte ihn noch immer. So gut sie es in den Jahren nach Gottfrieds Tod auch gelernt hatte, mit sich und ihren Leuten resolut und sicher umzugehen, so schlecht konnte sie ihre Schwäche und Unsicherheit Robert gegenüber verbergen. Sie fand das besonders beschämend, da dazu eigentlich nicht die geringste Veranlassung bestand, denn Robert blieb immer korrekt und zurückhaltend ihr gegenüber. Nie wieder hatte er den geringsten Versuch einer Annäherung unternommen.

Anfänglich war sie ihm dankbar dafür gewesen, denn sie hatte es so gewollt, doch nach und nach quälte sie seine kameradschaftliche Korrektheit. Sie hungerte nach Wärme, nach Zärtlichkeit, nach Erfüllung ihrer nicht gelebten Träume. Sie hatte noch immer eine romantische Seele.

Doch anstatt daß Robert seinen innersten Wünschen nachgab, Anna einfach in die Arme zu nehmen, sprach er von Swenna, von ihren guten Seiten, von ihren Angehörigen, die überall im Fernen Osten verstreut lebten. Viele von ihnen hatte er damals kennengelernt, als er noch Kaufmann in China gewesen war. Es waren Erinnerungen, die jetzt wieder auftauchten, jetzt, wo auch diese Welt nicht vom Krieg verschont wurde, wo die Auseinandersetzung Japans mit China immer größere

Ausmaße annahm und nun auch seit dem japanischen
See- und Luftangriff auf Pearl Habour Amerika und
Großbritannien sich im Krieg mit Japan befanden.

Robert machte sich Sorgen. Er dachte auch an Cora,
die jahrelang ein Teil der Familie gewesen war und die
sie im Grunde alle recht gut hatten leiden können, und
an alte Freunde, die noch dort lebten. Was würde mit
ihnen geschehen? Was würden sie alle noch zu erwarten haben? Und immer wieder sprach er von Swenna,
die dem Krieg hatte entfliehen wollen, der sie aber nun
dort viel härter erwischte. Er sprach nicht davon, daß
er Swenna nie richtig geliebt hatte, sondern nur davon,
daß sie seine Frau war, daß sie ohne seinen Schutz war
und daß er ihr nicht helfen konnte. Es quälte ihn, sie
nicht von ihrer Reise zurückgehalten zu haben; auch
bildete er sich ein, ihre Ehe wäre vielleicht doch noch
gut geworden, wenn er sich mehr um Swenna bemüht
hätte. Er fühlte sich schuldig, weil er glaubte, etwas versäumt zu haben. Deshalb sprach er soviel von Swenna,
dachte soviel an sie.

Obwohl Anna wußte, daß Roberts Sorge um seine
Frau weniger aus Liebe als aus einem ganz natürlichen
Verantwortungsgefühl heraus kam, konnte sie sich
nicht ihrer Eifersucht erwehren. Immer noch liebte sie
Robert, aber anstatt es ihm zu sagen, ihm mit ihrer
Liebe entgegenzukommen, verschloß sie sich und wirk-
te kühl und abweisend.

Wie sehr sie Robert damit täuschte und ihn glauben
machte, daß von ihrer ehemaligen Liebe zu ihm nur
noch freundschaftliche, schwägerliche Zuneigung
zurückgeblieben sei, wurde ihr nicht bewußt. Für beide
war es ein ungewollt quälender Zustand. Der einzige,
dem Annas Gefühle für Robert nicht ganz geheim blieben, war Sascha. Außer einer angeborenen Feinfühlig-

keit für die Empfindungen anderer, hatte er es als Arzt im Umgang mit vielen Menschen gelernt, mehr als nur den äußeren Schein zu erkennen. Er liebte seine Stiefmutter sehr und bewunderte sie. All das Leid, das sie durchleben mußte, hatte ihrem liebevollen Wesen und ihrer Fraulichkeit nichts anhaben können. Selbst die dauernde schwere Arbeit, die seit der Leitung des Gutes auf ihr lastete, hatte sie nicht hart gemacht. Nur in Gegenwart von Robert schien sie verkrampft.

Sascha beschloß, etwas dagegen zu unternehmen und bei der nächstbesten Gelegenheit mit seinem Onkel Robert zu sprechen.

Sascha war jetzt oft in Senjin. Es gab dafür verschiedene Gründe: Einmal war er durch die veränderten Machtverhältnisse aus seiner beruflichen Laufbahn gerissen, zum anderen bot die Familie ihm als Polen einen gewissen Schutz. In Senjin konnte er sich wenigstens bei der ländlichen Bevölkerung und den Tieren durch seinen Beruf nützlich machen.

Daß er eines Tages mit der polnischen Widerstandsbewegung Kontakt bekam, ergab sich weniger aus politischen oder militärischen Interessen, sondern einzig und allein aus dem Wunsch, zu helfen und sich auf die Seite der Schwächeren zu stellen, die der Hilfe am meisten bedurften.

Sascha kümmerte sich kaum um politische Ideen. Ihn interessierten nicht die Organisationspläne der polnischen Exilregierung und der Patrioten innerhalb Polens. Er war Arzt. Ihn interessierten die Menschen, ihre Leiden, nicht ihre Arbeit in der geheimen Regierung, in der Verwaltung, der Armee, der Presse, der Gerichte und Schulen, was aber nicht bedeutete, daß er als Pole nicht stolz war, wenn ehemalige polnische Berufsoffiziere, die der Gefangenschaft entgangen waren, dafür sorgten, daß Polen weiterleben konnte, wenn auch nur im Untergrund. Für Sascha war es ganz selbstverständlich, ihnen seine ärztliche Hilfe nicht zu verweigern. Ebenso selbstverständlich hatte er auch begonnen, mit anderen qualifizierten Ärzten und Universitätsprofessoren Studenten und ärztliches Hilfspersonal auszubilden. Auch geheime Prüfungen wurden abgelegt. Es gab sogar eine Art Bezahlung in Form von Bons, die nach der Befreiung des Landes in bar eingelöst werden sollten.

Ab und zu brachte Sascha auch einen gefährdeten Patrioten nach Senjin, damit er dort für einige Zeit als Arbeiter untertauchen konnte. Sascha wußte nicht, ob Anna ahnte, wer diese Leute waren. Sie hatte nie Fragen gestellt und die Männer immer aufgenommen, ihn dabei aber oft eigenartig angesehen.

Es gab allerdings noch einen Grund, warum Sascha so oft er konnte nach Senjin kam: Katherina. Schon früher, als sie ein ganz kleines Mädchen gewesen war, hatte sein Herz mit besonderer Liebe an ihr gehangen. Und auch Katherina hatte von Anfang an eine ebenso starke Zuneigung zu ihm empfunden.

Zwar bemühte sich Sascha, in ihr immer nur seine kleine Nennschwester zu sehen, aber das wurde mit der Zeit immer schwieriger, denn Katherina wurde zusehends hübscher und weiblicher. Daß in ihrem schwärmerischen Jungmädchenherzen schon seit langem nichts anderes Platz hatte als er allein, hätte Sascha sich nie träumen lassen. Er war doch doppelt so alt wie sie und dazu vollkommen unerfahren im Umgang mit liebenden Frauen. So bestürzte ihn auch die Tatsache, daß Katherina eines Tages in einem Gespräch völlig unerwartet davonlief. Er konnte sich nicht erklären, was ihre Gemütsbewegung hervorgerufen haben mochte, trotzdem fühlte er sich schuldig. Er wollte ihren Kummer erfahren, wollte sie trösten. Darum lief er ihr nach. So kam es, daß Katherina kurz darauf an Saschas Hals hing; daß sie ihn küßte und voller Leidenschaft umarmte wie eine Frau, die liebt und geliebt werden will. In diesem Augenblick war sie kein Kind mehr, trotz ihrer sechzehn Jahre.

Für Sascha war dieses Geständnis so überwältigend, so unerwartet, daß er zunächst alles geschehen ließ. Wie eine Offenbarung fühlte und genoß er die Hingabe und das Drängen ihres Körpers. Er atmete ihre Leidenschaft und fühlte sich ebenso berauscht von der begehrlichen Wildheit wie von der Zärtlichkeit ihrer Liebe.

Katherina fühlte sich in diesem Augenblick von einem Druck befreit, wie das Wasser eines Stausees, wenn sich die Schleusen öffnen. Sie war bereit, mit aller Hingabe, derer sie fähig war, sich zu verströmen.

Sascha fühlte anders. Nach den ersten kurzen Augenblicken der Beglückung mahnten ihn die Vernunft und sein Verantwortungsbewußtsein. Sie warnten ihn, seinen Gefühlen freien Lauf zu lassen, und machten ihm die grausamen Konsequenzen bewußt.

Ich werde ihr weh tun müssen, dachte er. Ich werde leugnen müssen, wie sehr ich sie liebe. Ich bin zu alt für sie, viel zu alt, und was kann ich ihr geben? Noch nicht einmal Sicherheit, noch nicht einmal Schutz.

Sascha war noch nie egoistisch gewesen, und darum dachte er auch jetzt nicht an sich, an die Wünsche, die ihn beherrschten. Er hatte Katherina lieb, und er fühlte sich für sie verantwortlich.

»Wirst du mich bald heiraten?« fragte Katherina so spontan, daß Sascha trotz seines inneren Zwiespalts unwillkürlich lächeln mußte. Welche kindliche Selbstverständlichkeit lag in dieser Frage! Er mußte daran denken, wie oft ihn Katherina früher, als sie noch ein ganz kleines Mädchen war und auf seinem Schoß spielte, gefragt hatte, ob er sie später heiraten würde. »Aber natürlich«, hatte er dann immer geantwortet. »Du wirst einmal meine Frau«, und alle, die es mit anhörten, hatten gelacht und das gleiche gesagt. Es war ein Spiel gewesen, doch vielleicht war schon damals ein klein wenig Ernst beigemischt. Aber jetzt, was sollte er ihr jetzt antworten? Jetzt war es kein Spiel mehr, in dem er einfach ja sagen konnte.

Anna enthob ihn einer Antwort. Sie hatte die letzten Worte ihrer Tochter mit angehört. Schon seit langem hatte sie bemerkt und befürchtet, daß zwischen ihren beiden Kindern etwas heranwuchs, was man nicht mehr als geschwisterliche Liebe bezeichnen konnte. Sie stand dieser Tatsache mit zwiespältigen Gefühlen gegenüber. Einerseits hätte sie sich keine glücklichere Verbindung denken können als die zwischen Katherina und Sascha. Sie waren keine wirklichen Geschwister und würden wunderbar zueinander passen. Andererseits gab es den Altersunterschied von fast achtzehn Jahren. Aber das größte Problem war, daß selbst bei ihrer Einwilligung eine Heirat ihrer deutschen Tochter mit einem Polen unklug und nach den Gesetzen und Bestimmungen undurchführbar sein würde. So blieb Katherinas Frage vorerst unbeantwortet. Das Mädchen war ja noch so jung. Es war noch viel zu früh, ans Heiraten zu denken.

»Erst muß der Krieg zu Ende sein«, sagte Anna, »dann wollen wir wieder über euch sprechen. Noch ist es zu früh, noch liegt unser aller Schicksal im ungewissen.«

Gegen Ende des Herbstes setzten Nebel, Feuchtigkeit und die erste Kälte ein. Doch nicht allein das Wetter und die immer schwerer werdenden Lebensbedingungen in den Städten – besonders im Altreich – drückten auf die Stimmung der Menschen. Es waren vor allem die Nachrichten über die deutschen Truppenbewegungen an der Ostfront. Nur noch selten klangen aus dem Radio die Fanfaren der Sondermeldungen. Es gab keine siegesfrohen Nachrichten mehr. Man sprach vom Zurückweichen, vom Frost, von Nachschubstörungen, von ständigen Angriffen der Russen, von unüberwindbaren Schwierigkeiten. Immer größer wurde die Zahl der Verwundeten, der Vermißten und der Toten.

Seit Wochen wartete Anna auf einen Feldpostbrief ihres Sohnes. Noch waren ihre Briefe an Michael nicht zurückgekommen, noch konnte sie hoffen, hilflos hoffen und warten, denn über allem kreiste der Name Stalingrad.

In Annas Angst um Michael mischte sich ein weiterer Kummer: Robert war in die Ukraine dienstverpflichtet worden. Zwar bestand kein Grund zu ernsthafter Sorge, denn die Ukraine war nicht aus der Welt und von der Front weit entfernt – es war der Gedanke an die Trennung, der sie bedrückte. Auf einmal gab es für Anna niemanden mehr, der bei ihr die Wochenenden verbrachte, der bei ihr seinen Kummer ablud, für den sie sorgen konnte, der sie brauchte wie sie ihn und ohne den sie glaubte, nicht zurechtzukommen.

Robert wußte sehr wohl, wem er seine Dienstverpflichtung zu verdanken hatte. Es war einer der leitenden Angestellten seiner Fabrik. Ein jüngerer Mann, der längst an die Front gehört hätte. Aus Feigheit und möglicherweise auch aus Überzeugung hatte er sich zu einem Parteigünstling emporgearbeitet, der es verstand, bei seinen Gesinnungsgenossen den Eindruck der Unentbehrlichkeit zu erwecken. Er war genau der angeberische Drückebergertyp, dem Roberts ganzes Wesen entgegenstand. Dazu kamen sein Mangel an Fachkenntnissen und seine Einstellung den Arbeitern gegenüber, von denen der größte Teil aus Polen und ein kleinerer aus Kriegsgefangenen bestand. Er zerstörte mit seiner Arroganz und seiner Mitleidlosigkeit für Menschen, die ihm ausgeliefert waren, jeden guten Willen, jede Arbeitslust.

Robert hatte vergeblich versucht, sich diesen Fabrikschädling vom Hals zu halten. Aber das Parteibuch des anderen wog schwerer. Seine Beziehungen waren größer. Man hörte höheren Ortes auf ihn und glaubte seinem Vorschlag, Robert in die Ukraine zu schicken, da einzig und allein er der geeignete Mann sein würde, die dort in Unordnung geratenen und für die Volksversorgung so wichtigen Zuckerfabriken wieder einfahren zu können. Gegen diese »ehrenvolle« Aufgabe gab es keine Weigerung. Eine Dienstverpflichtung war so gut wie ein Einberufungsbefehl. Robert blieb nichts weiter übrig, als seine Sachen zu packen. Aber innerlich kochte er vor Wut. Er war einer Intrige zum Opfer gefallen. Der andere hatte ihn auf eine raffinierte Art und Weise aus seiner eigenen Fabrik »fortgelobt«. Dadurch hatte dieser gleichzeitig seine Heimatposition gefestigt und sich freie Bahn für seine zukünftigen Handlungen und Geschäfte geschaffen.

Viel zu schnell mußten Anna und Robert Abschied nehmen. Sie waren darauf nicht vorbereitet. Gefangen in ihren Sorgen und Nöten fanden sie nicht die rechten Worte, kamen nicht dazu, sich das zu sagen, was sie sich so gern sagen wollten. Auf einmal war es zu spät dazu ...

Anna lief neben dem Zug her, immer schneller und schneller, bis sie sich der Vergeblichkeit ihres Tuns bewußt wurde. Sie winkte noch, und auch Robert schwenkte noch sein Taschentuch – dann war der Zug Annas Blicken entschwunden. Sie blieb noch eine Weile am Ende des Bahnsteiges stehen, fühlte sich leer und einsam. Sie trocknete die Tränen. Es war so albern, jetzt noch zu weinen, jetzt war es doch vorbei. Der Abschied war überstanden. »Du darfst nicht so egoistisch deinen Gefühlen freien Lauf lassen«, sagte sie zu sich selbst. »Robert wird wiederkommen, vielleicht schon bald. Es gibt Schlimmeres, viel Schlimmeres. Wir haben Krieg, und es gibt die Ungewißheit um Michael.«

Anna drehte sich mit einem Seufzer um. Sie steckte das Taschentuch fort und ging aufrecht und ernst mit schnellem Schritt den langen, leeren Bahnstein zurück.

Anna hatte sich entschlossen, das Weihnachtsfest nicht wie sonst in Senjin zu verbringen. Es gab dafür eine Menge Gründe: Robert war fort, und ihr alter Vater, der sonst von Koyja herüberkam, schien diesmal die Christtage nicht ungern im Kreise der kinderreichen Familie seines baltischen Gutsverwalters verbringen zu wollen. Zu guter Letzt hatte Katherina ihr mit List und Tücke die Erlaubnis abgerungen, mit einer Jugendgruppe während der Weihnachtsferien in Oberwiesenthal im Erzgebirge Skilaufen zu dürfen. So verfiel Anna auf den Gedanken, ihre Schwiegertochter, Michaels Frau, in Ostpreußen zu besuchen. Es war ein Wunsch, den sie sich bislang nie hatte erfüllen können. Sie kannte Gerda kaum und hatte auch die Enkel nur selten gesehen. Sie sehnte sich nach ihnen und wollte mehr Kontakt mit ihnen bekommen. Aber nicht nur aus natürlicher schwiegermütterlicher Anhänglichkeit wollte sie nach Ostpreußen reisen, sondern auch aus einem Pflichtgefühl ihrem Sohn gegenüber, dessen

Schicksal jetzt im Dunkeln Stalingrads lag. Sie wollte statt seiner seinen Lieben Herzlichkeit und Fürsorge zeigen. Sie wollte ihren Enkelkindern und vor allem ihrer Schwiegertochter in dieser zermürbenden Zeit der Ungewißheit, des Schweigens und der Angst um Michael beistehen und Trost bringen. Aber das war sehr viel schwerer, als Anna es sich vorgestellt hatte.

Es war überhaupt alles ein wenig anders. Schon der Empfang war recht kühl. Das erste, was Anna in der Diele entgegensah, war ein mannsgroßes Führerbild. Anna erschrak. Es dämpfte ihre frohe Erwartung gewaltig. Auch das ständige »Heil Hitler« innerhalb der Familie schien ihr reichlich übertrieben. Sie fühlte sich deplaziert. Diese Menschen sollten zu ihr gehören, sollten ihre Familie sein? Diese Kinder, die fast ständig in der Uniform der Hitlerjugend herumliefen, die keine Gebete sprachen und sie auslachten, weil sie am Heiligen Abend in die Kirche gehen wollte? Anna erinnerte sich voll Wehmut, daß auch Michael in dieser Hinsicht anders dachte als sie. Wie würde er jetzt denken? Klang nicht in seinen letzten Briefen aus Stalingrad etwas von einer Wandlung durch? Hatte er nicht schon zurückgefunden zum Gebet, zu sich selbst? Aber seine Frau und die Kinder, sie standen noch mittendrin in dem Irrgarten, den der Nationalsozialismus ihnen geschaffen hatte.

Anna fiel es schwer, ihre Enttäuschung zu verbergen. Sie hätte nicht kommen sollen. Es schmerzte sie, täglich zu spüren, wie weit ihre und ihrer Schwiegertochter Gedankengänge auseinandergingen. Gerda schien in keiner Weise der Zuneigung, des Trostes und der Liebe ihrer Schwiegermutter zu bedürfen. Sie schien noch nicht einmal unter Angst um das Schicksal ihres Mannes zu leiden. Sie behauptete sogar, daß sie sich schämen würde, wenn ihr Mann nicht bereit sein würde, sein Blut für den Führer zu opfern. Sie redete die üblichen Phrasen: »Nicht der einzelne ist wichtig, sondern der Führer und seine Idee.« Gerda ging sogar so weit, daß sie behauptete, sie sei stolz, ihren Mann als Helden in Stalingrad zu wissen.

Anna war fassungslos.

»Aber du liebst doch Michael, er ist doch dein Mann, der Vater deiner Kinder«, sagte sie. »Du weißt, er könnte verwundet werden, in Gefangenschaft geraten oder sogar fallen. Das wäre doch schrecklich.«

»Natürlich wäre das schrecklich«, antwortete Gerda, »aber wenn der Sieg, die große Sache es erfordert, dann müssen solche Opfer gebracht werden.«

»Auch wenn dein Mann dieses Opfer ist?« fragte Anna ratlos.

»Auch dann«, sagte Gerda. »Aber das kannst du natürlich nicht verstehen, denn du bist keine echte Deutsche, du bist eine Polin!« Die letzten Worte schleuderte sie ihrer Schwiegermutter mit so viel Verachtung entgegen, daß Anna zutiefst getroffen ihre Sachen packte und am nächsten Morgen nach Senjin zurückfuhr. Sie fühlte sich sehr einsam und sehr traurig. Sie hatte soviel geben wollen und soviel erhofft, aber sie hatte nur verloren.

Vier Wochen später, am 2. Februar 1943, war die Schlacht um Stalingrad zu Ende. Es gab keinen Sieg mehr und keine Hoffnung. Vorbei war alles! Mit der Gewißheit, keine Nachricht mehr von Michael erhalten zu können, und mit der Ungewißheit über sein Schicksal versuchte Anna, auf ihre Weise fertig zu werden. Sie beschloß, die Grausamkeit des Krieges, soweit es in ihrer Macht stand, wenigstens für einige Menschen zu lindern. Darum stellte sie das Herrenhaus mit seinem Park und allem, was das Gut Senjin zu bieten hatte, als Erholungsstätte für verwundete Soldaten zur Verfügung. Sie selbst zog in das schon seit langem fast leerstehende, nur für Bürozwecke benutzte Verwalterhaus. Alles, was sie ihrem Sohn Michael jetzt nicht geben konnte, wollte sie wenigstens anderen leidenden Soldaten geben. Es erleichterte ihr bedrücktes Herz, schenkte ihr Freude und erfüllte ihr Leben in den folgenden, immer bedrohlicher werdenden Kriegsmonaten.

Nicht weniger ausgefüllt als Annas Leben war das von Robert in der Ukraine. Die beiden Zuckerfabriken, für deren Funktionstüchtigkeit er von nun an verantwortlich sein sollte, lagen einige Kilometer auseinander, waren technisch wenig modern, aber beträchtlich größer als seine eigene. Der erste Eindruck war wenig erfreulich: Überall waren Demolierungen und ein heilloses Durcheinander. Doch dieser Eindruck täuschte: Robert erkannte sehr bald, daß die technischen Schäden mehr den Anschein der Schädigung als eine wirkliche Zerstörung aufwiesen. Ganz offensichtlich war das das Werk organisierter Sabotage. Ein Problem, mit dem nach allem, was Robert bislang gehört hatte, immer mehr und mehr zu rechnen war. Es wunderte ihn nicht, daß die intoleranten Unterdrückungsmaßnahmen – besonders einzelner Partei- und SS-Leute – die leidende Bevölkerung zu Gegenwehr trieb. Diese Gegenwehr hatte Repressalien zur Folge, und die Repressalien steigerten wiederum den Haß. Es war eine ganz verfahrene Angelegenheit.

Robert fühlte sich wenig wohl bei dem Gedanken, daß man ihn mitten hineingeschickt hatte in so eine verfahrene Angelegenheit, mitten hinein in ein Partisanengebiet. Es war auch keineswegs beruhigend, zu wissen, daß er der einzige Deutsche im Umkreis von vielen Kilometern war. Sein Vorgänger war ermordet worden, gewiß nicht ganz grundlos, das hatte Robert längst in Erfahrung bringen können. Wenn er selbst nicht ein ähnliches Schicksal erleiden wollte, dann würde es nötig sein, den bislang so schlecht behandelten Arbeitern mit handfesten Tatsachen zu beweisen, daß er bereit wäre, für ihr Wohlergehen zu sorgen, wenn die Fabriken leistungsfähig arbeiteten. Jede Leistung, jede Hilfsbereitschaft, jedes Vertrauen hatte seinen Preis.

Robert war bereit zu zahlen. Natürlich waren seinen guten Absichten Grenzen gesetzt. Es gab Bestimmungen und Verordnungen über das, was zulässig und verboten war, und es gab Wirtschaftsinspektionen, doch damit hatte er vorerst von seiner vorgesetzten Dienststelle, dem Generalkommissariat für die Ukraine, kaum zu rechnen. Somit hatte er freie Hand zum Handeln. Es war ein großer Vorteil für ihn, daß er sich sprachlich verhältnismäßig gut verständigen konnte. Jetzt zahlte es sich aus, daß er mit Anna aus reiner Freude an der Sache bei einem in Senjin beschäftigten Kriegsgefangenen Russisch gelernt hatte, denn es ermöglichte ihm, Kontakt zu seinen ukrainischen Arbeitern zu finden und in mühsamer Kleinarbeit die ersten Fäden des Vertrauens zu spinnen. Der realistische Schritt auf diesem Weg war seine sofortige Anordnung der Inbetriebnahme der Werksküche, aus der alle eine reichliche, warme Mahlzeit bekommen sollten. Das war verhältnismäßig einfach, denn zu jeder Fabrik gehörte eine große Landwirtschaft, aus der die für die Mahlzeiten erforderlichen Lebensmittel genommen werden konnten. Außerdem sicherte Robert mit Anlaufen der Fabrik jedem Arbeiter wöchentlich ein reichliches Maß an Zucker sowie Melasse für das Vieh der Bauern.

Daß diese Melasse weniger für das Vieh als zur Herstellung von Branntwein benutzt wurde, wußte Robert natürlich. Er hatte es als wichtigen Faktor mit einkalkuliert, der die Sympathie für ihn erheblich steigern würde.

Es dauerte keine acht Wochen und die Fabriken wurden ohne wesentliche Störungen eingefahren. Ein stillschweigendes Übereinkommen hatte stattgefunden: gute Versorgung der Arbeiter, dafür keine Sabotage. Für Robert war es ein Erfolg, aber keine Garantie auf Beständigkeit. Ein unheimliches Gefühl blieb. Ihm war, als hätte er mit einem Gespenst einen Vertrag geschlossen, denn außerhalb der Zuckerfabriken geisterten die Partisanen in erhöhtem Maße weiter. Es gab kaum eine wirkungsvolle Weise, sie zu bekämpfen. Sie führten einen regellosen Kampf, der nichts mit der herkömmlichen offenen Feldschlacht zu tun hatte. Mit List und Wendigkeit führten sie – mit unsichtbaren Waffen – einen Kampf zwischen Sumpf und Wäldern, zwischen Dämmerung und Nacht. Sie besaßen ein bemerkenswertes Nachrichtennetz. Schüchtern wirkende Mädchen, harmlos aussehende Bauern und kleine Kinder waren ihre Kuriere.

Für die Deutschen in der Ukraine wurde es immer gefährlicher, ohne Waffen und allein längere Wege zurückzulegen. Im Interesse ihrer eigenen Sicherheit wurden nächtliche Autofahrten über Land verboten. Robert konnte sich bei seinen Fahrten von einer Fabrik zur anderen nicht immer danach richten. So kam er wieder einmal auf halbem Wege in die Dunkelheit. Gleich hinter dem Dörfchen Dnjepokoje, das an einer sandigen Landstraße lag und aus nur wenigen einstöckigen Holzhäusern bestand, führte der Weg entlang der Bahnlinie in Richtung Schitomir. Es war nicht die Hauptverbindungsstrecke über Kiew, doch sie wurde jetzt häufig für den Nachschub zur Front benutzt.

Roberts Beifahrer, sein bester ukrainischer Ingenieur, wurde unruhig.

»Ich glaube, wir sollten die schlechtere und kürzere Strecke nehmen und gleich dort drüben in den Wald abbiegen.« Kaum hatte er das gesagt, sahen sie in einiger Entfernung etwas blitzen, und schon erfolgte eine Detonation. Die Männer im Auto zuckten zusammen.

»Das war die Brücke«, sagte Dmitrij Alexej Nikoloff. Noch zweimal blitzte es, und wieder folgten kräftige Detonationen.

Robert hatte aus einer gewissen Schockreaktion heraus sofort das Licht ausgeschaltet und den Wagen zum Halten gebracht. Er mußte ihn abgewürgt haben, denn es dauerte eine ganze Weile, bis er ihn wieder zum Anspringen brachte. Es waren ein paar nervenaufreibende Minuten, denn ganz offensichtlich waren Partisanen in der Nähe, und es war anzunehmen, daß ihnen in der Stille nach der Detonation das laute Motorengeräusch des Autos nicht entgangen war.

Robert gab Gas. Es waren nur noch achtzehn Kilometer, die die beiden Männer durch den Waldweg von der Fabrik trennten. Doch kaum hatte das Dunkel der Laubbäume sie aufgenommen, wurden sie auch schon durch Schüsse und durch eine Barrikade im engen Waldweg zum Halten gezwungen. Sofort waren sie umringt. Die Türen wurden aufgerissen und Robert und sein Begleiter unsanft herausgezerrt. Man stieß und schubste sie in verschiedene Richtungen. Jeglicher Widerstand war sinnlos, ja sogar gefährlich bei der Überzahl bewaffneter Leute. Robert blickte sich um, während ihn die Männer mit den Kolben ihrer Gewehre vorwärts trieben, und sah, daß das Auto durchwühlt

wurde. Dann blendete der helle Schein einer Taschenlampe seine Augen. Zwei Männer hielten je einen Arm
von ihm mit einem harten Griff hinter seinem Rücken
fest. Robert glaubte sich auf dem Weg zur Hinrichtung.
Gleich werden sie schießen, dachte er. Warum schießen sie nicht? In seinem Rücken spürte er jetzt den harten Stamm eines Baumes, an den er gebunden wurde,
doch er bemerkte nicht, daß eine Unruhe unter den
Partisanen entstanden war.

Plötzlich erlosch das Licht der Taschenlampe, und er
wurde wieder losgebunden. Seine Arme schmerzten,
und er spürte seine Knie weich werden. Er lehnte sich
an den Stamm des Baumes, um nicht zusammenzu-
sacken. Es war die Angst. Es war ihm ganz klar, er
hatte Angst. Aber nur einen Augenblick erlaubte er
sich diese Schwäche.

Inzwischen hatten sich seine Augen wieder an die
Dunkelheit gewöhnt. Ein kleiner Mann mit einer Kosa-
kenmütze und dem üblichen weiten Hemd, wie es der
russische Bauer über den in Stiefeln steckenden Hosen
trägt, war vor ihn hingetreten.

»Wir bedauern, Sie erschreckt zu haben, Pan Robert«,
sagte er. »Bitte vergessen Sie den Vorfall. Sie können
weiterfahren.« Dabei wies er mit der Hand in Richtung
des Autos. Robert versuchte, das Gesicht des Partisa-
nenführers zu erkennen. Er hatte kleine, stechende, in-
telligente Augen. Wieso nennt er mich Pan Robert?
dachte er. Warum läßt er mich laufen? Ich habe diesen
Mann noch nie in meinem Leben gesehen. Was weiß er
von mir? Auch die anderen Partisanen erschienen ihm –
soweit er sie in der Dunkelheit erkennen konnte – vollkommen fremd, ganz offensichtlich aber schien er für
sie kein Unbekannter zu sein. Vermutlich hatte sich sein
ukrainischer Ingenieur für ihn eingesetzt. Wie gut, daß

er ihn mitgenommen hatte! Und trotzdem wußte Robert, daß man ihn auch ohne Erklärung seines Ingenieurs sehr genau kannte. Es war immer wieder erstaunlich, wie gut die Partisanen selbst über die unwichtigen Dinge informiert waren. Ein unheimliches Gefühl! Robert hatte nur den einen Wunsch, so schnell wie möglich zu verschwinden.

Sein Ingenieur Dmitrij Alexej Nikoloff saß schon im Wagen. Das Auto sprang sofort an. Ein leichtes Kopfnicken, ein letzter Blick auf die zurückbleibenden Partisanen. Fort war der Spuk. Nur der schmale Weg durch das Laub des Waldes, durch Stille und Dunkelheit war um sie. Robert mußte langsam fahren. Er hielt es für richtiger, das Licht nicht wieder einzuschalten. Dmitrij Alexej Nikoloff reichte ihm eine Papyrossi.

»Kannten Sie die Männer?« fragte Robert, obwohl er wußte, daß es eine törichte Frage war, auf die er kaum eine ehrliche Antwort erwarten konnte. Darum sprach er gleich weiter. »Haben Sie den Männern gesagt, wer ich bin?«

»Nein«, antwortete Dmitrij Alexej Nikoloff jetzt, »die Leute wußten es, noch bevor sie mit mir sprachen. Pan Robert ist bekannt, er ist ein guter Herr und geachtet.«

Robert warf einen kurzen, skeptischen Blick auf seinen Ingenieur. Möglich, dachte er. Vielleicht ist es wirklich so, wie er sagt. Auf jeden Fall sieht man ihm an, daß er auch nicht ganz ohne Schrecken davongekommen ist.

Robert hielt es für das Vernünftigste, nicht weiter über diesen Vorfall zu sprechen, aber schon am nächsten Tag wurde er wieder an die nächtliche Begebenheit erinnert, als er feststellte, daß sich seine Aktentasche nicht mehr im Auto befand. Er erwähnte dies nur kurz gegenüber seinem Ingenieur. Am anderen Morgen lag seine Aktenmappe auf seinem Schreibtisch. Also steckt Dmitrij Alexej Nikoloff doch mit den Partisanen unter einer Decke, dachte er. Robert lächelte seinem Ingenieur zu, dem man eine gewisse Zufriedenheit wegen der gelungenen Überraschung nicht absprechen konnte. In der Tasche fehlte nichts außer einem Rechenschieber. Wieder erwähnte es Robert seinem Ingenieur gegenüber. Keine vierundzwanzig Stunden später lag auch sein Rechenschieber auf seinem Schreibtisch.

Dieser kleine, ebenso unheimlich wie glücklich verlaufene Zwischenfall ereignete sich wenige Monate, bevor von deutscher Seite mit der Räumung von Kiew begonnen wurde und Robert den Befehl zum Verlassen der Ukraine erhielt. Wäre ein erfreulicherer Grund und nicht das Nahen der Front der Anlaß gewesen, wäre der Abschied von den ihm vertraut und lieb gewordenen Menschen und den Fabriken, die nun der Zerstörung preisgegeben wurden, leichter gewesen und die Freude, westwärts zu fahren, größer. Doch je weiter Robert sich aus der Ukraine entfernte und auf ehemaliges polnisches Gebiet gelangte, desto mehr verschwanden seine sorgenvollen Gedanken um die Zukunft, um das Ende des Krieges, aus seinem Denken. Die Anspannung der letzten Tage und Wochen, die trotz scheinbarer Ruhe und Ordnung ständig kampfbereite Atmosphäre um ihn herum löste sich und wich ganz allmählich einem beseligenden Gefühl von Hochstimmung.

Sein Zug hatte längst die freundlichen ukrainischen Dörfer verlassen und durchfuhr jetzt die ärmlichen Ansiedlungen Ostpolens, bis sich fast überraschend eine Veränderung zeigte: Dort, wo die ehemals preußische Verwaltung begann, waren die Ortschaften größer und geschlossener. Die Häuser waren weiß getüncht. Ihre

Dächer waren mit roten Ziegeln und nicht mehr dürftig mit Pappe gedeckt. Liebevoll angelegte, kleine Bauerngärten umgaben sie. Obwohl die Landschaft sich wenig verändert hatte, glaubte Robert, in den sanft wechselnden Übergängen von Höhen und Tiefen einen größeren Reiz zu sehen. Oder war es nur das Bewußtsein der Heimaterde oder die Sauberkeit und Gepflegtheit der weiten Ebene, der sich lieblich windenden Wasserläufe in der fast romantisch anmutenden Ebene? War es die Spur des deutschen Wesens, die hier zu finden war? Alles, was das Auge sah, verströmte Frieden.

Welch ein Glück, dachte Robert, wieder in der Heimat zu sein! Er freute sich auf Senjin, auf seine Fabrik. Und er freute sich auf Anna.

Das Wiedersehen von Robert und Anna verlief nicht ganz so freudig, wie Robert es sich ausgemalt hatte. Anna war noch enttäuscht, daß er ihren sommerlichen Besuch in der Ukraine abgelehnt und ihre letzten Briefe nicht beantwortet hatte. Sie fürchtete, daß eine Frau der Grund für dieses Verhalten sein könnte, und war eifersüchtig. Sie ärgerte sich über sich selbst. Wie sehr hatte sie ihn herbeigesehnt, wie sehr sich auf das Wiedersehen gefreut! Was war nur los mit ihr? Warum begrüßte sie ihn so kühl? Warum konnte sie ihre dumme Eifersucht nicht verdrängen, jetzt, wo er doch zu ihr gekommen war?

Anna ahnte natürlich nicht, mit welchen Problemen Robert in den letzten Monaten hatte fertig werden müssen und welchen Gefahren er ausgesetzt gewesen war. Sie wußte nichts von dem Unwesen, das die Partisanen trieben. Sie lebte trotz des Krieges ihr ländliches Dasein wie in Friedenszeiten, so daß der Gedanke an eine Gefahr gar nicht in ihr aufkam. In Senjin war man fröhlich. Die verwundeten Soldaten und Offiziere genossen die Tage, die sie bis zu ihrer Genesung auf dem Gut verbringen durften. Es wurden Jagden und Feste veranstaltet, es wurde musiziert und getanzt. Man zog einen Schleier vor die Realitäten.

Erst Roberts Anwesenheit, seine Sorgen um die Zukunft, seine Gedanken, die er sich um die Familie, um Senjin und seine Fabrik machte, führten Anna vor Augen, wie die Wirklichkeit aussah.

»Wir wollen uns liebhaben«, hatte er zu ihr gesagt. »Wir wollen füreinander dasein, solange es noch nicht zu spät ist. Wir haben so viele falsche Schritte in unserem Leben gemacht, laß uns endlich zueinanderfinden!«

Doch noch während ihre Liebe, ihre Wünsche und Hoffnungen sie eben zu umfangen begannen, wurde ihr kurzes Glück schon wieder zerstört. Robert erhielt einen Einberufungsbefehl zum Lehrregiment Brandenburg. Die Nachricht traf ihn völlig unerwartet. Zunächst glaubte er an einen Irrtum, zumal er ja nicht mehr der Jüngste war und auch nicht die geringste Verbindung zum Lehrregiment Brandenburg hatte. Ein Telefonanruf in Berlin bestätigte ihm jedoch die Richtigkeit der Einberufung.

Wieder blieben für Anna und Robert nur wenige Stunden des Abschieds. Wieder für Anna die bangen Fragen: Wird er gesund bleiben? Werde ich ihn wiedersehen? Sie wollte nicht daran denken, was Robert für die kommenden Monate prophezeit hatte. Seiner Ansicht nach war der Krieg bereits verloren, doch würde das Ende wirklich so schrecklich sein, wie er glaubte? Anna konnte sich nicht vorstellen, wie das Leben sich für sie ernsthaft verändern sollte. Selbst wenn durch einen verlorenen Krieg für die Familien

Herrlitz und Borrodin erneut ein Nationalitätenwechsel eintreten würde, so wäre es schließlich nicht der erste, den die Familien überstehen würden. Sie glaubte nicht, daß man ihr Senjin fortnehmen könnte. Letzten Endes war sie polnischer Abstammung und konnte dokumentarisch beweisen, daß Senjin schon im Jahr 1667 rechtmäßig an den Schäfer August Jakob Herrlitz verkauft worden war. Und außerdem gab es noch Koyja, den Besitz eines alten polnischen Adelsgeschlechtes, und ihren Vater sowie Sascha, der vielleicht einmal Katherina heiraten würde und der nie etwas anderes als ein Pole gewesen war. Nein, Anna konnte es sich nicht vorstellen, daß ihr Leben sich einmal ernstlich verändern könnte.

Sie war aus dem Bahnhofsgebäude getreten. Draußen schien die Sonne. Es war ein so schöner Sommertag, daß ihre gedankenschweren Überlegungen verflogen. Das Bild vor ihren Augen war so friedlich. Die Menschen in ihrer leichten, bunten Frühlingskleidung wirkten so freundlich und beschwingt, daß es einfach nicht möglich erschien, daß sich dies einmal ändern könnte. Blumenfrauen hatten große Körbe mit Frühlingsblumen zu ihren Füßen stehen. Autos mit heruntergeklapptem Verdeck, offene Kutschen und Radfahrer belebten das Bild der Straße. Über allem lag ein süßer, schwerer Duft von Blüten.

Anna war nicht mehr traurig. Sie wollte es auch nicht sein. Sicher würde sie Robert bald wiedersehen. Sie würde nach Berlin fahren und ihn besuchen. Er war doch selbst davon überzeugt gewesen, daß er unmöglich zu einem Fronteinsatz kommen könne. Dazu war er zu alt. Anna beruhigte sich mit diesem Gedanken und wurde fast fröhlich auf ihrer Wanderung durch die Posener Altstadt, die sie so liebte.

Robert war gleich nach seiner Ankunft in Berlin laut Einberufungsbefehl in die Bendlerstraße zum Oberkommando der Wehrmacht, Abwehr zwei, Lehrregiment Brandenburg gefahren. Während der Gespräche, Befragungen und ersten Informationen des Oberst Lahusen wurde ihm klar, daß man ihn aufgrund seiner Sprachkenntnisse und Auslandserfahrungen zum Zweck der Spionage und Abwehr ausbilden und einsetzen wollte. Wo dieser Einsatz erfolgen sollte, blieb noch offen. Vorgesehen waren die Niederlande, Frankreich, Gibraltar, Portugal oder Irland. So wurde aus Robert Herrlitz ein Soldat in Zivil mit fremden Namen, fremden Pässen und Deckadressen, ein »Partisan für Deutschland«, wie er sich selbst spöttisch nannte. Doch seine Selbstverspottung war im Grunde nur Verzweiflung über seine Tätigkeit, die man ihm, einem aufrechten, alten preußischen Gardeoffizier, abverlangte. Es war die Ohnmacht gegen einen Befehl, den er auszuführen hatte, die Verzweiflung über die Sinnlosigkeit, einen längst verlorenen Krieg noch länger auszudehnen. Zu alledem kam die Sorge um Anna, Katherina, Sascha, den alten Herrn von Borrodin, um gute Freunde, um die Heimat. Denn immer schneller wälzte sich die russische Front heran. Die ehemals polnisch-russische Grenze war längst überschritten. Was würde aus seinen Liebsten werden? Keinen Rat, keinen Schutz, keine Hilfe konnte er ihnen zukommen lassen.

Am 6. Juni um halb vier Uhr sprangen die ersten alliierten Fallschirmspringer in der Normandie ab, drei Stunden später landete Montgomerys einundzwanzigste Heeresgruppe und die Zweite Britische Armee an der Viremündung. Mit einem gewaltigen Lufteinsatz und unter dem Schutz starker Seestreitkräfte besetzte die Erste Amerikanische Armee die Halbinsel Cotentin.

Die verstreuten deutschen Reserven konnten nur einzeln zum Angriff kommen; dadurch gelang es ihnen nicht, den Gegner zurückzudrängen. In dieser Zeit erfolgte Roberts erster Einsatz.

Von nun an erhielt Anna keine Nachricht, kein Lebenszeichen mehr von ihm. Zwar hatte Robert sie darauf hingewiesen und Andeutungen gemacht, einen besonderen Auftrag zu haben, der ihm einen Briefwechsel vorübergehend unmöglich machen würde, aber Anna konnte das kaum mehr beruhigen. Woche für Woche quälte es sie stärker, über sein Schicksal im ungewissen zu bleiben. Dazu kursierten immer verwirrendere und unterschiedlichere Nachrichten und Ansichten über den Ausgang des Krieges.

Am 20. Juli hatte man ein Attentat auf Hitler verübt. Es war mißlungen. Niemand wagte sich zu äußern, aber man sah die Enttäuschung auf den meisten Gesichtern der Menschen. Hunderte der besten deutschen Männer wurden aufgrund des Attentats zum Tode verurteilt. Die Propaganda von der Glorie des Führers, von einer baldigen Wende des Krieges heulte um so kräftiger. Konnte man den Wehrmachtsberichten immer Glauben schenken? War der Feind vielleicht schon weiter vorgedrungen, als man ahnte?

Anfang August brachte ein verwundeter junger Offizier die Nachricht mit, daß die Rote Armee fast den San und die Weichsel erreicht hätte und daß ein Aufstand der polnischen Untergrundbewegung in Warschau ausgebrochen sei. Das waren alarmierende Nachrichten.

Anna wußte, daß Sascha in Warschau war, und sie wußte, auf welcher Seite er stand, auch wenn ihn keine großen politischen Ambitionen trieben. Er war Pole. Er hatte nie ein Hehl daraus gemacht. Anna hatte Saschas

Haltung, seinen Stolz, Pole zu sein, immer bewundert, und sie konnte auch nicht umhin, jetzt den Mut und den Freiheitswillen ihrer Landsleute in Warschau zu bewundern. Aber durfte sie das, sie, die Witwe eines preußischen Offiziers? Hatte sie nicht auch Gründe, ihre Landsleute zu hassen, weil sie ihren Mann bestialisch ermordet hatten? Anna wußte nicht mehr, wohin sie gehörte. Für wen sollte sie bangen, für wen sollte sie hoffen?

Am 2. Oktober 1944, zweiundsechzig Tage nachdem der Aufstand der polnischen Untergrundbewegung begonnen hatte, endete er mit einer Kapitulation. Sascha wurde mit einer großen Zahl von Landsleuten als Gefangener zur Arbeit in das deutsche Altreich abtransportiert. Erst viel später erfuhr Anna davon. Wenn sie auch nicht wußte, wo Sascha sich befand und wie es ihm ging, so dankte sie doch dem Herrgott, daß sein Leben offenbar gerettet schien. In ihrer Sorge und Angst um das Schicksal ihrer Lieben, um den in Stalingrad vermißten Sohn Michael, um Robert und nun auch um Sascha, blieb das Gebet für Anna der einzige Trost und die einzige Hoffnung in ihrer Hilflosigkeit, obwohl sie weit davon entfernt war, zu glauben, daß Gott dazu da sei, ihre Bitten zu erfüllen.

Auch Sascha, der eine ähnliche, von kirchlichen Dogmen gelöste, aber ebenso tiefe Frömmigkeit wie Anna besaß, faltete jetzt öfter die Hände als früher. Es war nicht so sehr das schwer zu ertragende eigene Los, das ihn nach einem Halt suchen ließ, sondern die bange Ahnung von dem Schicksal seiner Heimat, seiner Familie, seiner Freunde. Das Scheitern des Warschauer Aufstandes ließ befürchten, daß nicht die westlich orientierte Exilregierung einmal Polen regieren würde, sondern eine östliche. Für ihn war das gleichbedeutend mit dem Verlust der Hoffnung auf Freiheit für Polen. Die Tatsache, daß die Rote Armee nach der Einnahme von Warschaus Vorstadt Praha am anderen Weichselufer stehenblieb und die ganze Stadt bedenkenlos verbluten ließ, bestätigte Sascha, daß Rußland nie Polens Freund gewesen war und nie Polens Freund sein würde. Er war voll Bitterkeit und Enttäuschung. Vielleicht, so dachte er, würde einmal eine Zeit kommen, in der er nicht mehr stolz darauf sein würde, sich Pole zu nennen.

Fast die gleichen Gedanken wie Sascha bewegten auch Herrn von Borrodin. Auch er glaubte nach dem mißlungenen Warschauer Aufstand nicht mehr an eine glückliche, freie Zukunft für Polen.

»Wir werden umdenken müssen«, sagte er zu seiner Tochter. »Am Ende dieses Krieges wird es keinen Platz mehr für Eigenständigkeiten, für Traditionen und Nationalgefühle kleiner Staaten geben. Nur noch Kontinente, Rassen oder Ideologien werden sich künftig gegenüberstehen. Wir werden nicht mehr viel Zeit haben, uns zu entscheiden, wohin wir gehören wollen, und darum bitte ich dich, Anna, verlasse mit Katherina die Heimat. Ich bin überzeugt davon, daß Rußland, daß der Kommunismus uns hier eines Tages alle beherrschen wird und daß es dadurch für alle, die ihm nicht entfliehen können, nie wieder ein lebenswertes Leben geben kann.«

Für Anna war diese Sprache ihres Vaters neu. Was hatte ihn so mutlos gemacht? Ihr erschienen seine Gedankengänge zu überstürzt, zu theoretisch. Sie konnte sich nicht vorstellen, wie ein nicht lebenswertes Leben aussehen würde. Sie konnte sich vor allem nicht vorstellen, daß es sie selbst betreffen könnte. Sie war enttäuscht, daß ihr Vater ihr zumuten wollte, sich auf eine Flucht vorzubereiten. Es machte sie unsicher und verwirrt. Wie konnte er nur soviel Feigheit von ihr erwarten? Er selbst hatte sie doch dazu erzogen, dem heimatlichen Grund und Boden, der Familientradition Treue zu bewahren. Er mußte doch wissen, daß sie nicht das Recht hatte, einfach davonzulaufen. Sie hatte ein Erbe zu verwalten, das Erbe der Herrlitz'. Was sollte sie ihrem in Stalingrad vermißten Sohn Michael sagen, wenn er sie eines Tages danach fragen würde? Was sollte sie ihrer Tochter sagen? Anna verstand die Angst und Sorge ihres Vaters nicht. Immer wieder bedachte und erwog sie seine Argumente und Ratschläge. Wie würde Gottfried handeln, fragte sie sich und hatte Angst, noch einmal aus Schwäche einen falschen Schritt zu tun.

Du darfst dich jetzt nicht von Gefühlen leiten lassen, ermahnte sie sich. Du darfst dir auch nicht einreden, durch dein Bleiben in der Heimat einst begangene Fehltritte sühnen zu können. Du weißt genau, daß du dein Gewissen immer mit dir herumschleppen wirst. Wie willst du es später verantworten, nicht an die Sicherheit Katherinas gedacht zu haben? Vielleicht hat Vater doch recht. Vielleicht gehört sogar mehr Mut als Feigheit dazu, die Heimat zu verlassen. Vielleicht wäre es wirklich das Klügste, das Kriegsende und die weitere Entwicklung in der Heimat in der Fremde abzuwarten.

Der Winter war angebrochen. Während der Nacht hatte er seine erste weiße Schneedecke über die braune Erde gebreitet. Die steinernen Eckpfeiler des großen Hoftores hatten hohe, weiße Schneehauben bekommen. Gleichmäßig weiß bepudert waren die Zweige der Bäume. Verzaubert, friedlich und sauber schlief die Landschaft in den ersten Strahlen der Sonne. Der Himmel war strahlend blau.

Anna hatte Katherina in Krotoschin von der Bahn abgeholt. Ihre Schule in Posen war geschlossen worden und – wie viele andere Schulen – zur Einrichtung eines Lazaretts vorgesehen. Nur mit Mühe hatte Anna es erreicht, ihre Tochter nach Hause zu bekommen. Die meisten jungen Mädchen wurden dem Roten Kreuz oder der NSV zur Betreuung des immer stärker anwachsenden Flüchtlingsstroms aus den gefährdeten oder bereits überrollten östlichen Kampfgebieten beigegeben. Die Knaben mußten ebenfalls Hilfsdienste leisten oder wurden – soweit sie bereits sechzehn Jahre alt waren – mit den alten Männern zum Volkssturm abkommandiert. Fast ausschließlich waren die Frauen dadurch auf ihre eigene Arbeitskraft angewiesen. Wenn auch immer noch das Leben in Senjin seinen altgewohnten, friedlichen Eindruck machte, so war doch bereits auch hier unterschwellig die Unruhe ausgebrochen.

Die Zahl der anwesenden verwundeten Soldaten und Offiziere lichtete sich immer mehr, bis in den ersten Januartagen des Jahres 1945 die letzten Wehrmachtsangehörigen den Befehl erhielten, das Erholungsidyll Senjin endgültig zu räumen. Damit waren jedoch keineswegs Ruhe und Leere auf dem Gut eingekehrt. Im Gegenteil, jetzt wurden ganze Dorfgemeinschaften von Flüchtlingen über Senjin geleitet. Sie wurden versorgt mit warmen Mahlzeiten und mit einer Lagerstatt. Sie kamen und gingen ...

Vor lauter Fürsorge um andere traten Annas Gedanken an eine eigene Flucht in den Hintergrund. Auch wollte und konnte sie immer noch nicht an die ganz persönliche Gefährdung denken. Wie unmittelbar sie bevorstand, nachdem die Rote Armee am 12. Januar auf Drängen der Alliierten mit ihrem letzten Großangriff begonnen hatte, ahnten nur wenige. Selbst örtli-

276

che Parteistellen erkannten nicht die höchste Gefahr. Die Propaganda sprach erneut vom Gegenschlag, von den schon oft versprochenen Wunderwaffen.

Der Gauleiter und Reichsstatthalter von Posen, Greiser, wandte sich mit Aufrufen und Verboten, die Heimat zu verlassen, an die Männer und Frauen des Warthegaues: »Für euch kommt jetzt die Stunde der Bewährung. Niemand darf seinen Platz verlassen. Wehe dem, der nicht aushält bis zum Schluß.«

Ungeachtet aller Verbote versuchte ein großer Teil, vor allem der städtischen Bevölkerung, in den Westen zu fliehen, solange der Schienenweg noch offen war. Erst als ein Entkommen kaum noch möglich war und der Flüchtlingsstrom kaum noch gelenkt werden konnte, erhielt endlich – am 20. Januar 1945 – auch die Provinz Posen die Räumungserlaubnis. Anna wurde von ihrem Landratsamt unterrichtet. In Windeseile hatten eine panische Angst und Hast um sich gegriffen. Wie ein Kartenhaus stürzte auf einmal jede Hoffnung, von einer Flucht verschont zu bleiben, in sich zusammen. Jetzt war keine Zeit mehr für Überlegungen, ob man bleiben sollte oder nicht. Der Sog der flüchtenden, der hastenden, von Gerüchten und Ängsten getriebenen Menschen hatte auch Anna und Katherina erfaßt.

Doch immer noch hatte Anna kaum Gelegenheit, an sich zu denken. Gerade jetzt erwartete man von ihr besondere Hilfe für die vielen Frauen und Kinder, die zum Gut gehörten, für die ausgebombten Familien, die nach Senjin evakuiert und ohne Söhne und Männer waren. Sie waren hilflos. Für viele war Anna der »Brotherr«. Für alle fühlte sie sich verantwortlich. Ein jeder mußte genaue Anweisungen erhalten. Verpflegung, Vieh und das Nötigste an persönlichen Sachen mußten in kürzester Zeit zusammengestellt und verladen werden. Gespanne für all diejenigen, die keine eigenen Pferde besaßen, mußten herbeigeschafft werden. Die ganze Nacht hindurch dauerte die Hast.

Immer wieder hatte Anna versucht, eine telefonische Verbindung mit ihrem Vater in Koyja zu erhalten, aber die Leitungen waren überlastet, gestört, tot. Vielleicht war er schon auf der Flucht, so hoffte sie. Irgendwo in einem Lager in Süddeutschland war Sascha; dort mußten sie sich wiederfinden. Aber wo war Robert? Wer sollte ihm sagen, daß sie nicht mehr in Senjin war? Wie konnte sie ihn finden? Würden sie alle sich je wiedersehen? Quälende Angst saß ihr im Herzen.

Noch vor Tagesanbruch hatten sich viele Fuhrwerke mit Flüchtenden beim Gut eingefunden. Hier war ihr Sammelplatz, hier war der Kernpunkt ihres bisherigen Lebens, den sie alle jetzt verlassen mußten.

In langen Wagenkolonnen zogen und stapften Tier und Mensch die Landstraße von Senjin gen Westen. Die Wagenräder mahlten sich fast bis an die Achsen durch tiefen Neuschnee. Noch hüllten die Nebel der Frühdämmerung die Landschaft in ein undurchsichtiges Grau. Nur einige Meter der Straße und die Umrisse nahe stehender Bäume und Sträucher waren erkennbar. Ab und zu flatterten schlaftrunkene Vögel, die im Geäst Schutz vor Kälte und Schnee gesucht hatten, erschreckt vor der heranrollenden Wagenkolonne davon. Es war bitter kalt. Noch immer wehte ein eisiger Wind. Die Pferde dampften noch von der Wärme des Stalles. Sie waren unruhig, und für die ungeübten Hände der Frauen, die die Gespanne führen mußten, war es schwierig, sie mit Abstand in der Reihe zu halten. Die meisten Tiere hatten seit Tagen im Stall gestanden. Sie waren nervös, schnaubten, warfen die Köpfe oder bissen klirrend ins Zaumzeug.

Den ganzen Tag über zog der Treck durch eine bit-
terkalte Waschküche. Grau und undurchsichtig wie das
Schicksal der Heimatlosen blieb das Wetter. Menschen
und Tiere waren still geworden. Der Schnee dämpfte
fast alle Laute. Müdigkeit und ein unwirklicher Friede
hatten sich über die lange, graue Wagenkolonne aus-
gebreitet. Anna war ins Träumen geraten. Wieder ging
sie in Gedanken Abschied nehmend durch die Ställe,
durch das große Herrenhaus, ließ ihre Augen über
Möbel und Bilder schweifen, berührte und streichelte
Gegenstände, die ihr besonders lieb gewesen waren,
ließ die Erinnerung spielen. Sie sah ihren Einzug als
junge Frau in Senjin, sah ihr Leben an der Seite Gottfrieds, eines glücklichen, gesunden Mannes und eines
Krüppels, und dazwischen sah sie Robert, immer wieder Robert. Sie hörte das Lachen der Kinder, erlebte
noch einmal den Tod des Schwiegervaters. Auch Cora
und Swenna streiften das Bild ihrer Gedanken, und
vorüber zogen die Jahre, als noch die alte Mamsell
Paula, der treue Diener Franz, der kleine Fetja und
Jochen, der Kutscher, sie alle umsorgt hatten. Ein
ganzes Leben zog noch einmal an ihr vorbei, auch die
fröhlichen Jagden, die Feste, der Glanz, der im Haus
geherrscht hatte. Selbst noch in den letzten Wochen,
als das große Herrenhaus bis unter das Dach mit erho-
lungssuchenden Soldaten angefüllt war, war es ein
glückliches, frohes Senjin gewesen. Wann würde man
dort wieder frei und fröhlich lachen können?

Für Anna war es ganz selbstverständlich, daß sie
zurückkehren würde. Nur den Kampfhandlungen wollte sie entfliehen, wollte Katherina und die Leute, die
zum Gut gehörten, in Sicherheit wissen. Sie mußte
doch für sie sorgen. Was sollte denn sonst aus den
Alten, den Kranken, den Entschlußunfähigen werden?

Man konnte doch nicht einfach die Lawine der Front über sie hinwegrollen lassen. Darum war Anna mit auf die Flucht gegangen, nur darum. Verlassen, nein, verlassen hatte sie Senjin nicht.

Es war längst Abend geworden. Erschreckend kurz war die Strecke, die der Treck bislang zurückgelegt hatte. Immer wieder hatten sie anhalten müssen. Militärfahrzeuge mußten passieren. Immer wieder gab es Schwierigkeiten mit dem Vieh, mit Mensch und Wagen. Mal brach ein Rad, mal rutschte ein Fuhrwerk in den Straßengraben, oder die Störrigkeit der Tiere verursachte ein Durcheinander. Jeder half dem anderen, so gut er konnte. Schon mußte ein unbrauchbares Fuhrwerk umgeladen werden und am Straßenrand zurückbleiben. Ein Pferd mit gebrochener Hinterhand mußte einen Gnadenschuß erhalten. Endlich, irgendwann in der Nacht, klapperten die Wagen über das Kopfsteinpflaster einer Stadt. Hier gab es heißen Tee aus hilfsbereiten Händen der NSV. Für einige gab es sogar eine warme Gemüsesuppe aus einer Gulaschkanone der Wehrmacht. Es gab Schilder, die darauf hinwiesen, wo die einzelnen Trecks sich sammeln konnten, wo eine Rotkreuzstelle zu finden war, wo man weitere Verpflegung für Mensch und Tier erhalten konnte. Die einzelnen Ortsnamen an den Wagen der Trecks riefen nachbarlich vertraute Erinnerungen hervor. Aber viele waren auch fremd. Sie verrieten Anna schon durch ihr Äußeres, daß sie von weit her kamen. Es waren arme, mit vielen Kindern gesegnete Bauernfamilien in offenen, teilweise auch mit Strohgeflecht und Tierhäuten überdachten Leiterwagen. Es waren Umsiedler, für die der große Treck schon 1940 mit dem Ruf Adolf Hitlers »Heim ins Reich« begonnen hatte. Ihre Heimatdörfer hatten auch deutsche Namen wie Halbstadt, Waldheim, Steinfeld; doch sie lagen fern in der weiten Ebene Südrußlands, in der Nogaischen Steppe, in Wolhynien, in Bessarabien oder am Schwarzen Meer.

Anna war erstaunt, wie gut trotz der Unzahl der Flüchtenden immer noch alles organisiert war. Es war das einzige, was die erschöpften Menschen noch trösten konnte. Auch sie glaubte, solange es in der allgemeinen Unordnung noch eine Ordnung gäbe, könne die Gefahr, die Front, nicht allzu nah sein.

Doch diese Hoffnung war trügerisch. Der Feuerschein im Osten wurde immer röter und das Grollen der Front immer deutlicher, immer bedrohlicher.

Früh am anderen Morgen war der Senjiner Treck wieder aufgebrochen. Die Kälte hatte nicht nachgelassen. Immer noch rieselte Schnee. Plötzlich rissen Windstöße den Nebel auf. Die ersten Strahlen der aufgehenden Sonne kämpften sich durch das Grau. Immer weiter wurde die Sicht, blauer der Himmel und strahlender die Wintersonne. Wie herrlich war die Landschaft, die vor ihnen lag! Wie schnell waren nicht nur die Körper, sondern auch die Herzen der Menschen erwärmt! Ein wenig Zuversicht, ein wenig Hoffnung hatte die Sonne mit ihren Strahlen gebracht. Doch dann stürzten Flugzeuge aus dem Himmel. Sie flogen dicht über die wehrlosen Reihen der Trecks, warfen Bomben, schossen auf die erschreckten, sich hilflos unter die Wagen flüchtenden Menschen. Alles dauerte nur Sekunden. So überraschend, wie die Flugzeuge mit ihrem deutlich erkennbaren Sowjetstern gekommen waren, waren sie wieder verschwunden. Doch geblieben war ein wüstes Durcheinander. Schreiende, sterbende Menschen und Tiere, umgeworfene, zerfetzte Wagen, eine aufgebrochene Straße, Verzweiflung, Tränen und Angst.

Wieder verging kostbare Zeit, bis nach Stunden des gemeinsamen Helfens der Marsch zwischen dem zurückgelassenen, zerbrochenen und zerschossenen Hab und Gut fortgesetzt werden konnte. Beim Passieren einer Stadt gab es noch einmal etwas Hilfe: Rotkreuzschwestern sorgten für die Verletzten. Ein Geistlicher nahm sich der Toten an. Noch einmal gab es heißen Tee, doch von der anfänglichen Ordnung, die mit Hilfe von Wehrmacht und Polizei den Trecks ein Weiterkommen ermöglicht hatte, war kaum noch etwas zu spüren. Die Stadt war nur noch eine Fata Morgana der Geborgenheit. Bald waren die Straßen so verstopft, daß kaum noch ein Weiterkommen möglich war.

Immer öfter hörte Anna jetzt von Wehrmachtseinheiten, die den Treck überholten, den Ruf: »Beeilt euch! Die Russen kommen direkt in einem Keil auf euch zu!«

Am Rand eines Wäldchens hatten ein paar alte Männer und Kinder mit Handgranaten Stellung bezogen: Volkssturm! Vermutlich sollten sie die Russen aufhalten. Wie grotesk das war!

Anna und Katherina konnten die Angst, die sie empfanden, nicht mehr voreinander verbergen. Zu grausig war das Bild der Straße geworden. Längst waren die geschlossenen Trecks auseinandergerissen. Angehörige von Familien hatten sich verloren, suchten sich, doch blieb keine Zeit, sich wiederzufinden. Alles drängte und schob voran. Tier und Wagen, Menschen zu Fuß, mit Handkarren, Kinderwagen, Rucksäcken und ohne Gepäck. Unter ihnen waren Polen und Russen, die vor ihren eigenen Landsleuten davonliefen, französische Kriegsgefangene, verwundete und versprengte deutsche Soldaten, aber vor allem Frauen. Da gab es

Greisinnen und Gebärende, Mütter mit vielen Kindern, Kinder, die ihre Mütter verloren hatten, tote Säuglinge und Sterbende, die man am Wegrand dem Schnee und der Kälte überlassen mußte. Eine eigenartige Mischung von Panik und Apathie beherrschte die Menschen.

Anna gehörte zu denen, die immer mehr von der allgemeinen Panik erfaßt wurden, und immer mehr wurde diese Stimmung durch Berichte über Greueltaten sowjetischer Soldaten verstärkt. Jetzt dachte sie nicht mehr, wie sie es noch vor Stunden getan hatte, daß sie lieber in ihrem friedlichen, glücklichen Senjin hätte bleiben sollen. Jetzt dachte sie nur noch daran, das nackte Leben zu retten, schnellstens die Oder zu erreichen. Sie war ja so nah, nur noch wenige Kilometer. Es mußte gelingen. Nichts anderes beherrschte ihre Gedanken. Nur noch die Oder ...

Inzwischen war der Nachmittag angebrochen. Bald würden die letzten wärmenden Strahlen der untergehenden Sonne vor ihnen am Horizont verschwinden. Nur der Lärm und der angsteinflößende Schein der nahen Front in ihrem Rücken würden bleiben.

Anna und Katherina zitterten. Sie wußten beide, daß das nicht allein an der Kälte lag, sondern an der Anspannung und der Furcht vor dem Kommenden. Wieder dachten sie an die Verwundetentransporte, an die Rufe der Soldaten, die sie zur Eile angetrieben und behauptet hatten, daß die Russen direkt in einem Keil auf sie zukämen. Wie viele Stunden waren seitdem vergangen! Wo war die Frontlinie? Vielleicht schon vor ihnen? Vielleicht seitlich? Niemand wußte Genaues. War es vielleicht schon zu spät?

Anna horchte jetzt auf jeden Laut, auf jede Änderung der Stärke und Richtung des Einschlages von Geschossen. War es allein die Angst, oder war da wirklich schon seit einiger Zeit so ein eigenartiges, rollendes Geräusch, das langsam lauter wurde?

Anna und Katherina lauschten. Sie blickten sich um. Nichts anderes als der elende, graue Zug der Flüchtenden war zu sehen. »Ob es deutsche Panzer sein können?« fragte Anna ihre Tochter. Ein wenig Hoffnung war in ihrer Stimme. Wenn sie nur ein wenig die Front aufhalten könnten! Nur so lange, bis sie über die Oder gelangt sein würden.

Jetzt zitterte die Erde – und gleich darauf noch mehr. Und wirklich, da kamen sie seitlich über die Hügel. Panzer! Aber es waren keine deutschen Panzer, es waren russische. Sie kamen so unerwartet, so völlig überraschend, so unausweichlich, so machtvoll in großer Zahl auf das Hauptknäuel der sich inzwischen schon wieder stauenden Trecks zu, daß Anna und Katherina im Moment wie gelähmt waren.

Sekunden später hörte man Rufe: »Russische Panzer! Russische Panzer!« Zur gleichen Zeit hoben sich deren Geschützrohre. Anna riß Katherina an sich. Unwillkürlich suchten sie Schutz in ihrer Umklammerung und senkten tief die Köpfe. Doch nichts geschah. Keine Detonation! Hielten die Panzer? Drehten sie ab? Nein, immer lauter rasselten ihre Ketten, immer mehr zitterte die Erde.

Plötzlich ein qualvolles Schreien. Hilferufe. Annas und Katherinas Köpfe flogen in die Höhe. Hellwach registrierten sie jede Einzelheit, die sie sahen: Ein Panzer war mitten hineingefahren in das Knäuel der sich stauenden Trecks. Jetzt noch einer, jetzt wieder einer. Ganz langsam, mit einer grotesken Selbstverständlichkeit, zerquetschten und zermahlten sie Tier, Wagen und Mensch. Ohrenbetäubende, qualvolle Schreie, Wimmern, Bersten von Holz. Fuhrwerke kippten, Räder brachen, Schüsse fielen. Übereinander stürzten Menschen und Tiere in den tiefer gelegenen, verschneiten Acker. In der Ferne sah man brennende Wagen. Immer näher kamen die angstvollen Schreie der Verzweifelten, die bereits den Eroberern ausgeliefert waren.

Planlos rannten die Menschen im offenen Feld herum. Verwirrtes Rufen von Namen, Beten, Suchen. Wo war Anna? Wo war Katherina? Wo war Gott?

Hetzende Menschen auf endlosen Wegen.
Schreiendes Chaos, still weinende Not.
Haushoher Schnee und eisiger Regen.
Granaten und Feuer, der Himmel blutrot.

Und kein Beten und kein Flehen
Und kein Ruf in dunkler Nacht
Bringt noch Hilfe.
Aus dem All nur ein Echo höhnisch lacht.

Menschen geschändet, geplündert, getrieben.
Eine letzte Hoffnung verfault im Schutt.
Vom einstigen Leben ist nichts mehr geblieben
Als blutende Herzen. Es ist alles kaputt.

Und kein Beten und kein Flehen
Und kein Ruf in dunkler Nacht
Löst die todeswunden Leiden.
Aus dem All erstarrte Stille,
selbst kein Echo höhnisch lacht.

Epilog

Am 8. Mai 1945 waren endlich die Waffen in Europa zum Schweigen gebracht. Truman, Churchill, Stalin und de Gaulle verkündeten die bedingungslose Kapitulation Deutschlands.

Für Anna und Katherina, die das Überrollen der Front überlebt hatten, war der Friede noch weit entfernt. Das Gewicht der Leiden, das die Polen erlitten hatten, schloß Gerechtigkeit und Gelassenheit aus. Not und Strapazen, Hunger und schwere Zwangsarbeit waren die unvermeidliche Folge, die die Heimatlosen, die Besiegten, ertragen mußten.

Erst Monate nach der Kapitulation konnte Sascha, der mit Kriegsende wieder ein freier Mann mit allen Privilegien des Siegers geworden war, im Lager Paköse bei Hohensalza Anna im Lager Grossowo bei Lissa und Katherina, hochschwanger, ausfindig machen. Erschüttert und erleichtert brachte er sie zu Fremden in die britische Besatzungszone.

1956, fast acht Jahre nach der Währungsreform vom 20. Juni 1948, kam Michael dank des Abkommens, das Konrad Adenauer bei seinem Moskauer Besuch im September 1955 ausgehandelt hatte, aus sowjetischer Kriegsgefangenschaft heim.

Seine Frau Gerda hatte die Flucht nicht überlebt, aber seine vier Kinder waren kurz vor Kriegsende auf einem der letzten deutschen Kriegsschiffe von Danzig über die Ostsee nach Kiel gerettet worden. Sie fanden sich wieder.

Nur von Robert gab es keine Spur. Alle jahrelangen Bemühungen, ihn zu finden, verloren sich in Gerüchten und Vermutungen. Robert blieb verschollen.

Anna starb im Alter von 96 Jahren. Sie wurde von ihren Kindern und Sascha, von sieben Enkelkindern, neunzehn Urenkeln und vielen deutschen und polnischen Freunden zu Grabe getragen.

240 Seiten · ISBN 3-7844-2809-6

Erne Seder

Das andere Heimweh

Das Abenteuer ihres Lebens

»*Mitten im wogenden, duftenden Raps, der den tiefblauen Himmel einsäumte, habe ich damals einen Schwur getan: Wenn ich heil an Leib und Seele wieder in ein normales Leben kommen sollte, dann werde ich nie, nie vergessen, wie wertlos in Wahrheit Geld ist! Ich werde bei Unrecht nicht schweigen und mich nie mehr von Menschen demütigen oder mir Angst einjagen lassen.*« **Erne Seder**

Langen Müller

Besuchen Sie uns im Internet unter http://www.herbig.net